2024年度版

貸金業務取扱主任者

過去問題集

TAC貸金業務取扱主任者講座

JN045766

TAC出版

TAC PUBLISHING Group

はじめに

　貸金業者は、営業所ごとに、貸金業務取扱主任者を置くことが義務づけられています。しかも主任者の数と営業所等において貸金業の業務に従事する者の数が1：50以上の割合となるように主任者を置かなければなりません。つまり、貸付けを業として行う者は、貸金業務取扱主任者の資格試験に合格し、内閣総理大臣の登録を受けた者を所定の数常勤させる必要があります。そのためにも、従業者に対して貸金業務取扱主任者資格に合格させる必要があります。

　本問題集は、貸金業務取扱主任者の資格試験に合格するための過去問題集です。実際に出題された本試験問題を理解すれば、合格するために必要な学力が身に付きます。

　本書は2024年4月1日の法令等に基づいて解答・解説を作成しております（ただし、本文中、消費税の税率は出題当時のままとしています）。

　また、「貸金業務取扱主任者合格テキスト」も刊行しておりますので、併せてご活用いただきますと、学習上相乗効果を期待できます。

　本書を有効に活用し、合格を勝ち取られることを祈念しております。

TAC貸金業務取扱主任者講座

目次

Contents

第18回

（2023 年度）

問 題

◉法及び関係法令に関すること◉

問題　1

貸金業法上の用語の定義等に関する次のa〜dの記述のうち、その内容が適切なものの個数を①〜④の中から1つだけ選び、解答欄にその番号をマークしなさい。

a 貸金業者とは、貸金業法第3条第1項の登録を受けて貸金業を営む者をいい、これには貸付けに係る契約について業として保証を行う者も含まれる。

b 資金需要者等とは、資金需要者である顧客、債務者又は債務者であった者をいう。

c 住宅資金貸付契約とは、住宅の建設もしくは購入に必要な資金（住宅の用に供する土地又は借地権の取得に必要な資金を含む。）又は住宅の改良に必要な資金の貸付けに係る契約をいう。

d 手続実施基本契約とは、紛争解決等業務の実施に関し指定紛争解決機関と貸金業者との間で締結される契約をいう。

① 1個　　　② 2個　　　③ 3個　　　④ 4個

問題　2

次のa〜dの記述のうち、貸金業法第6条第1項各号のいずれかに該当する者として貸金業の登録を拒否されるものの組み合わせを①〜④の中から1つだけ選び、解答欄にその番号をマークしなさい。

a 破産手続開始の決定を受けて復権を得た日から5年を経過しない者

b 出資法^(注)の規定に違反し、罰金の刑に処せられ、その刑の執行を終わり、又は刑の執行を受けることがなくなった日から5年を経過しない者

c 貸金業法第24条の6の4（監督上の処分）第1項の規定により貸金業の登録を取り消された株式会社の取締役を当該取消しの日の30日前に退任した者であって、当該取消しの日から5年を経過しないもの

d 株式会社であって、その常務に従事する取締役がすべて、貸金業者以外の金融機関での貸付けの業務に3年以上従事した経験を有するが、貸金業者での貸付けの業務に従事した経験を有しないもの

(注) 出資法とは、出資の受入れ、預り金及び金利等の取締りに関する法律をいう。

① ab　　② ad　　③ bc　　④ cd

問題 3

貸金業者向けの総合的な監督指針における反社会的勢力による被害の防止について、監督当局が貸金業者を監督するに当たって留意することとされている事項に関する次のa〜dの記述のうち、その内容が適切なものの個数を①〜④の中から1つだけ選び、解答欄にその番号をマークしなさい。

a 反社会的勢力との関係を遮断するための対応を総括する部署（以下、本問において「反社会的勢力対応部署」という。）を整備し、反社会的勢力による被害を防止するための一元的な管理態勢が構築され、機能しているか。一元的な管理態勢の構築に当たっては、反社会的勢力対応部署において反社会的勢力に関する情報を積極的に収集・分析するとともに、当該情報を一元的に管理したデータベース

を構築し、適切に更新（情報の追加、削除、変更等）する体制となっているか。

b 反社会的勢力との取引を未然に防止するため、反社会的勢力に関する情報等を活用した適切な事前審査を実施するとともに、契約書や取引約款への暴力団排除条項の導入を徹底するなど、反社会的勢力が取引先となることを防止しているか。

c 反社会的勢力との取引が判明した場合、直ちに取引を解消することは、貸金業者が回収不能による経済的損失を被り、当該回収不能の結果として反社会的勢力が利益を得ることとなるほか、役職員の安全が脅かされる等不測の事態が危惧されるため、弁済が滞る又は不当な要求行為等があるまで、契約解消は行わないこととしているか。

d 反社会的勢力からの不当要求に対しては、あらゆる民事上の法的対抗手段を講ずるとともに、積極的に被害届を提出するなど、刑事事件化も躊躇しない対応を行うこととしているか。

①　1個　　　②　2個　　　③　3個　　　④　4個

問題　4

貸金業務取扱主任者（以下、本問において「主任者」という。）に関する次の①～④の記述のうち、その内容が適切なものを1つだけ選び、解答欄にその番号をマークしなさい。

①主任者は、その職務に関し貸金業に関する法令の規定に違反したことによりその主任者登録（注1）の取消しの処分を受けたときは、その処分の日から5年間主任者登録を受けることができない。
②主任者登録の更新は、登録講習機関（注2）が行う講習で主任者登録の有効期間満了日前6か月以内に行われるものを受けることによりなされ、更新の申請をする必要はない。
③貸金業者向けの総合的な監督指針によれば、貸金業者が営業所又は

事務所（以下、本問において「営業所等」という。）に設置する主任者は、勤務する営業所等が1つに決まっているだけでなく、営業時間内に、その営業所等に常時駐在していることが必要であるとされている。

④ 貸金業者は、その営業所等における唯一の主任者が定年退職したことにより当該営業所等に主任者を欠くに至ったときは、その日から2週間以内に新たな主任者を設置するか、又は当該営業所等を廃止しなければならない。

（注1） 主任者登録とは、貸金業法第24条の25（貸金業務取扱主任者の登録）第1項の登録をいう。

（注2） 登録講習機関とは、貸金業法第24条の36（登録講習機関の登録）第1項に規定する内閣総理大臣の登録を受けた者をいう。

問題 ⑤

貸金業法第13条（返済能力の調査）第3項及び同法第13条の3（基準額超過極度方式基本契約に係る調査）第3項に規定する内閣府令で定めるもの（貸金業法施行規則第10条の17第1項に規定される源泉徴収票その他の当該個人顧客の収入又は収益その他の資力を明らかにする書面等。以下、本問において「年収証明書」という。）に関する次のa～dの記述のうち、その内容が適切なものの組み合わせを①～④の中から1つだけ選び、解答欄にその番号をマークしなさい。

a 貸金業者は、これまで契約を一切締結していない個人顧客との間で、貸付けの金額が60万円の貸付けに係る契約を締結しようとする場合において、指定信用情報機関が保有する信用情報を使用して返済能力の調査を行った結果、当該顧客に対する他の貸金業者の貸付けの残高が30万円であり、自らの貸付けの金額と他の貸金業者の貸付けの残高の合計額が100万円未満であることが判明した。この場

合、当該貸金業者は、当該顧客から年収証明書の提出又は提供を受ける必要はない。

b 貸金業者は、これまで契約を一切締結していない個人顧客との間で貸付けに係る契約を締結するに際し、年収証明書の提出又は提供を受けなければならない場合において、年収証明書として給与の支払明細書の提出を受けるときは、当該給与の支払明細書は、直近1年以内の間に発行された任意の2か月分以上のものでなければならない。

c 貸金業者向けの総合的な監督指針（以下、本問において「監督指針」という。）によれば、年収証明書のうちの所得証明書について、例えば、行政サービスの一環として地方公共団体が交付する所得・課税証明書は、地方税法等に発行の根拠がなくても、所得証明書に含まれるとされている。

d 監督指針によれば、個人顧客につき貸金業法第13条第3項本文各号のいずれか又は同法第13条の3第3項本文に該当することを確認した場合において、当該個人顧客から年収証明書の提出を受けられないなど当該個人顧客の年収を把握できないときは、当該個人顧客の返済能力を確認できないことから、貸金業法第13条の2（過剰貸付け等の禁止）第1項により貸付けの契約（極度方式貸付けに係る契約を含む。）を締結できないことに留意する必要があるとされている。

① ab　　② ad　　③ bc　　④ cd

問題 6

貸金業法第13条の2（過剰貸付け等の禁止）第2項に規定する個人過剰貸付契約から除かれる契約として貸金業法施行規則第10条の21に規定する契約（以下、本問において「除外契約」という。）に関する次のa〜dの記述のうち、その内容が適切なものの個数を①〜

④の中から１つだけ選び、解答欄にその番号をマークしなさい。

a 住宅の改良に必要な資金の貸付けに係る契約であっても、当該住宅を担保としないものは、除外契約に該当しない。

b 自動車の購入に必要な資金の貸付けに係る契約であっても、当該自動車の所有権を貸金業者が取得し、又は当該自動車が譲渡により担保の目的となっていないものは、除外契約に該当しない。

c 個人顧客の親族の健康保険法第115条第１項及び第147条に規定する高額療養費を支払うために必要な資金の貸付けに係る契約であっても、当該親族が当該個人顧客と生計を一にしていないものは、除外契約に該当しない。

d 個人顧客の不動産を担保とする貸付けに係る契約であって、当該個人顧客の返済能力を超えないと認められるものであっても、当該不動産が当該個人顧客の居宅であるものは、除外契約に該当しない。

① 1個　　② 2個　　③ 3個　　④ 4個

問題 ⑦

貸金業者Ａが、個人顧客Ｂとの間で極度方式基本契約（以下、本問において「本件基本契約」という。）を締結している場合において、貸金業法第13条の３第２項に基づく、３か月以内の期間（以下、本問において「所定の期間」という。）ごとに、指定信用情報機関が保有する当該個人顧客に係る信用情報を使用して、本件基本契約が基準額超過極度方式基本契約に該当するかどうかの調査（以下、本問において「本件調査」という。）を行う場合等に関する次の①〜④の記述のうち、その内容が適切なものを１つだけ選び、解答欄にその番号をマークしなさい。なお、Ａは、Ｂとの間で本件基本契約以外の極度方式基本契約を締結していないものとする。

① Aは、本件調査をしなければならない場合において、Bに係る極度方式個人顧客合算額が80万円であったときは、本件調査を行うに際し、Bから源泉徴収票その他のBの収入又は収益その他の資力を明らかにする事項を記載し、又は記録した書面又は電磁的記録として内閣府令で定めるものの提出又は提供を受けなければならない。

② Aは、所定の期間の末日における本件基本契約に基づく極度方式貸付けの残高が10万円であるときは、本件調査をする必要がない。

③ Aは、Bに対し、利息の支払の遅延を理由に本件基本契約に基づく新たな極度方式貸付けを停止する措置を講じている。この場合、Aは、所定の期間の末日における本件基本契約に基づく極度方式貸付けの残高が20万円であるときは、本件調査をしなければならない。

④ Aは、本件調査をしたところ、本件基本契約は、基準額超過極度方式基本契約に該当すると認められた。この場合、Aは、本件基本契約に基づく新たな極度方式貸付けの停止又は本件基本契約の解除のいずれかの措置を講じなければならない。

問題 8

貸金業の業務に関する広告又は勧誘についての次の①～④の記述のうち、その内容が適切なものを1つだけ選び、解答欄にその番号をマークしなさい。

① 貸金業者の従業者が、当該貸金業者の貸金業の業務に関して顧客に対し勧誘をするに際し、貸付けの条件について著しく事実に相違する説明をした場合、当該貸金業者は、行政処分の対象となるが、刑事罰の対象とはならない。

② 日本貸金業協会が定める貸金業の業務運営に関する自主規制基本規則（以下、本問において「自主規制規則」という。）によれば、協会員は、個人向け貸付けの契約に係る広告をテレビCM、新聞広告、雑誌広告及び電話帳広告に出稿するに当たり、協会が設ける審査機

関から承認を得なければならないとされている。

③自主規制規則によれば、協会員は、貸金業の業務に関して勧誘をした場合において、当該勧誘を受けた資金需要者等が、勧誘を引き続き受けることを希望しない旨の明確な意思の表示を行ったときは、当該意思表示のあった日から最低3か月間は当該勧誘に係る取引及びこれと類似する取引の勧誘を見合わせることを目処として対応しなければならないとされている。

④貸金業者が、その貸金業の業務に関して広告又は勧誘をする場合において、借入れが容易であることを過度に強調することにより、資金需要者等の借入意欲をそそるような表示又は説明をしたときは、当該貸金業者がその登録を受けた内閣総理大臣又は都道府県知事は、当該貸金業者に対して、その登録を取り消すことはできないが、その必要の限度において、業務の方法の変更その他業務の運営の改善に必要な措置を命ずることができる。

問題 ⑨

貸金業法第16条の2（契約締結前の書面の交付）に関する次の①〜④の記述のうち、その内容が適切なものを1つだけ選び、解答欄にその番号をマークしなさい。

①貸金業者は、顧客との間で極度方式基本契約を締結しようとする場合には、当該契約を締結するまでに、内閣府令で定めるところにより、貸金業法第16条の2第2項に規定する書面（当該極度方式基本契約における契約締結前の書面）を当該顧客に交付しなければならないが、当該書面の記載事項には、契約年月日、契約の相手方の商号、名称又は氏名及び住所等が含まれる。

②貸金業者は、顧客との間で極度方式貸付けに係る契約を締結しようとする場合には、当該契約を締結するまでに、内閣府令で定めるところにより、貸金業法第16条の2第1項に規定する書面（当該極

度方式貸付けに係る契約における契約締結前の書面）を当該顧客に交付しなければならない。

③ 貸金業者向けの総合的な監督指針によれば、貸金業法第16条の2に規定する契約締結前の書面を交付後、契約締結前に法令で定められた記載事項の内容に変更が生じた場合、改めて、当該契約の相手方となろうとする者に対し、契約締結前の書面の再交付を要しないことに留意する必要があるとされている。

④ 貸金業者は、貸付けに係る契約について、保証人となろうとする者との間で保証契約を締結しようとする場合には、当該保証契約を締結するまでに、貸金業法施行規則第12条の2第7項第1号に規定する書面（当該保証契約の概要を記載した書面）及び貸金業法施行規則第12条の2第7項第2号に規定する書面（当該保証契約の詳細を記載した書面）の両方を同時に当該保証人となろうとする者に交付しなければならない。

問題 ⑩

貸金業者Ａは、個人顧客Ｂとの間で貸付けに係る契約（以下、本問において「本件貸付契約」という。）を締結した後、Ｃとの間で本件貸付契約についての保証契約を締結することとした。この場合に関する次のa～dの記述のうち、その内容が適切なものの組み合わせを①～④の中から１つだけ選び、解答欄にその番号をマークしなさい。なお、本件貸付契約は、金銭の貸付けに係る契約であって、極度方式基本契約、極度方式貸付けに係る契約、手形の割引の契約及び売渡担保の契約ではないものとする。

a Ａは、Ｃとの間で保証契約を締結したときは、遅滞なく、貸金業法第17条第3項に掲げる事項について当該保証契約の内容を明らかにする書面を本件貸付契約の相手方であるＢに交付しなければならない。

b Aは、Cとの間で保証契約を締結したときは、遅滞なく、貸金業法第17条第3項に規定する書面（以下、本問において「当該保証契約における契約締結時の書面」という。）をCに交付しなければならないが、CがBと連帯して債務を負担するときは、当該保証契約における契約締結時の書面に、民法第454条（連帯保証の場合の特則）の規定の趣旨を記載しなければならない。

c Aは、Cとの間で保証契約を締結した後、当該保証契約に基づく債務の弁済の方式を変更した場合において、当該変更がCの利益となる変更であるときは、変更後の当該保証契約における契約締結時の書面をCに再交付する必要はない。

d Aは、Cとの間で保証契約を締結した場合は、遅滞なく、貸金業法第17条第1項各号に掲げる事項について本件貸付契約の内容を明らかにする書面をCに交付しなければならない。

① ab   ② ac   ③ bd   ④ cd

問題 ⑪

貸金業者Aは、個人顧客Bとの間で極度額を30万円とする極度方式基本契約（以下、本問において「本件基本契約」という。）を締結し、貸金業法第17条第2項に規定する書面（以下、本問において「本件基本契約に係る書面」という。）をBに交付した。この場合に関する次のa〜dの記述のうち、その内容が適切なものの組み合わせを①〜④の中から1つだけ選び、解答欄にその番号をマークしなさい。なお、本件基本契約は、金銭の貸付けに係る契約であって、手形の割引の契約及び売渡担保の契約ではないものとする。

a Aは、Bと合意の上で、本件基本契約における極度額を15万円に引き下げた後に20万円に引き上げた。この場合、Aは、変更後の内容が記載された本件基本契約に係る書面をBに再交付する必要は

ない。

b Aは、Bと合意の上で、本件基本契約における各回の返済期日及び返済金額の設定の方式を変更し、各回の返済金額を 15,000 円から 10,000 円に引き下げた。この場合、Aは、変更後の内容が記載された本件基本契約に係る書面をBに再交付する必要はない。

c Aは、Bと合意の上で、本件基本契約における貸付けの利率を年1割2分（12%）から年9分（9％）に引き下げた。この場合、Aは、変更後の内容が記載された本件基本契約に係る書面をBに再交付しなければならない。

d Aは、貸金業の登録の更新を受け、その登録番号の括弧書（登録回数）に変更が生じた。この場合、Aは、変更後の内容が記載された本件基本契約に係る書面をBに再交付する必要はない。

① ab   ② ad   ③ bc   ④ cd

問題 ⑫

貸金業者が貸金業法に基づき保存すべきものに関する次の①～④の記述のうち、その内容が適切なものを1つだけ選び、解答欄にその番号をマークしなさい。

① 貸金業者は、貸金業法第12条の4第2項に規定する従業者名簿を、最終の記載をした日から10年間保存しなければならない。

② 貸金業者は、顧客と貸付けに係る契約（極度方式基本契約及び極度方式貸付けに係る契約ではないものとする。）を締結した場合には、内閣府令で定めるところにより、貸金業法第13条（返済能力の調査）第1項に規定する調査に関する記録を作成し、当該記録をその作成の日から10年間保存しなければならない。

③ 貸金業者は、個人顧客との間で締結した極度方式基本契約が基準額超過極度方式基本契約に該当するかどうかの調査をした場合には、

内閣府令で定めるところにより、当該調査に関する記録を作成し、当該記録をその作成の日から10年間保存しなければならない。

④貸金業者は、貸金業法第19条の帳簿を、貸付けの契約ごとに、当該契約を締結した日から少なくとも10年間保存しなければならない。

問題　⑬

貸金業者が貸付けに係る契約に基づく債権を譲渡する場合に関する次の①〜④の記述のうち、その内容が適切なものを1つだけ選び、解答欄にその番号をマークしなさい。なお、本問における債権は、抵当証券法第1条第1項に規定する抵当証券に記載された債権ではないものとする。

①貸金業者は、貸付けに係る契約に基づく債権を他人に譲渡するに当たっては、譲受人が貸金業者である場合を除き、譲受人に対し、当該債権が貸金業者の貸付けに係る契約に基づいて発生したことその他内閣府令で定める事項、及びその者が当該債権に係る貸付けの契約に基づく債権に関してする行為について貸金業法第24条（債権譲渡等の規制）第1項に規定する条項の適用がある旨を、内閣府令で定める方法により、通知しなければならない。

②貸金業者は、貸付けに係る契約（極度方式基本契約及び極度方式貸付けに係る契約ではないものとする。）に基づく債権を他人に譲渡した。この場合、貸金業法に規定する当該債権の内容を明らかにする書面を当該債権の債務者に遅滞なく交付しなければならないのは、当該債権の譲渡人たる貸金業者である。

③貸金業者は、貸付けに係る契約に基づく債権を他人に譲渡した場合には、当該債権に係る貸金業法第19条に規定する帳簿で当該貸金業者が作成したものを当該債権の譲受人に引き渡さなければならず、当該貸金業者はこれにより当該帳簿の保存義務を免れる。

④貸金業者は、貸付けに係る契約に基づく債権を他人に譲渡した場合、法令の規定により貸金業法第24条の規定を適用しないこととされるときを除き、その日から2週間以内に、その旨をその登録をした内閣総理大臣又は都道府県知事に届け出なければならない。

問題　⑭

貸金業者向けの総合的な監督指針（以下、本問において「監督指針」という。）に規定する不祥事件（貸金業法施行規則第26条の25第1項第4号に規定する「役員又は使用人に貸金業の業務に関し法令に違反する行為又は貸金業の業務の適正な運営に支障を来す行為」をいう。）に関する次のa～dの記述のうち、その内容が適切なものの個数を①～④の中から1つだけ選び、解答欄にその番号をマークしなさい。

a　監督指針によれば、貸金業の業務に関し法令に違反する行為のほか、貸金業の業務に関し、資金需要者等の利益を損なうおそれのある詐欺、横領、背任等や、貸金業の業務に関し、資金需要者等から告訴、告発され又は検挙された行為は、不祥事件に該当するとされている。

b　監督指針によれば、監督当局は、貸金業者において不祥事件が発覚し、当該貸金業者から第一報があった場合は、社内規則等に則った内部管理部門への迅速な報告及び経営陣への報告、刑罰法令に抵触しているおそれのある事実については、警察等関係機関等への通報、独立した部署（内部監査部門等）での不祥事件の調査・解明の実施を確認するものとされている。

c　監督指針によれば、不祥事件と貸金業者の業務の適切性については、「不祥事件の発覚後の対応は適切か」、「不祥事件への経営陣の関与はないか、組織的な関与はないか」、「不祥事件の内容が資金需要者等に与える影響はどうか」、「内部牽制機能が適切に発揮されているか」、「再発防止のための改善策の策定や自浄機能は十分か、関係者

の責任の追及は明確に行われているか」、「資金需要者等に対する説明や問い合わせへの対応等は適切か」の着眼点に基づき検証を行うこととされている。

d 監督指針によれば、監督当局は、不祥事件の届出があった場合には、事実関係（当該行為が発生した営業所等、当該行為者の氏名・職名・職歴（貸金業務取扱主任者である場合にはその旨）、当該行為の概要、発覚年月日、発生期間、発覚の端緒）、発生原因分析、改善・対応策等について深度あるヒアリングを実施し、必要に応じて貸金業法第24条の6の10（報告徴収及び立入検査）に基づき報告書を徴収することにより、貸金業者の自主的な業務改善状況を把握することとされている。

① 1個   ② 2個   ③ 3個   ④ 4個

問題 ⑮

貸金業者Aは、個人顧客Bとの間で、元本額100万円、利息を年1割8分（18%）、期間を1年とする営業的金銭消費貸借契約を締結して100万円をBに貸し付け、当該契約について、業として保証を行うCとの間で保証契約を締結した。Bは、Cとの間で、当該保証契約に基づきCが負う保証債務について、Cに元本額の3分（3%）の保証料を支払う旨の保証料の契約を締結した。この場合に関する次のa～dの記述のうち、その内容が適切なものの個数を①～④の中から1つだけ選び、解答欄にその番号をマークしなさい。

a Aは、Bとの間の営業的金銭消費貸借契約における利息の約定につき、出資法 (注) 上、刑事罰の対象とならない。

b Cは、Bとの間の保証料の契約につき、出資法上、刑事罰の対象とならない。

c AとBとの間の営業的金銭消費貸借契約における利息の約定は、利

息制限法上、その全部について有効である。

d　BとCとの間の保証料の契約は、利息制限法上、その全部について有効である。

（注）出資法とは、出資の受入れ、預り金及び金利等の取締りに関する法律をいう。

①　1個　　　②　2個　　　③　3個　　　④　4個

問題 ⑯

みなし利息に関する次のa～dの記述のうち、利息制限法上、その内容が適切なものの組み合わせを①～④の中から1つだけ選び、解答欄にその番号をマークしなさい。

a　貸金業者は、顧客との間で締結した営業的金銭消費貸借契約において、顧客が金銭の受領又は弁済のために利用する現金自動支払機その他の機械の利用料として、20,000円の弁済を受領する際に220円（消費税額等相当額を含む。）を当該顧客から受領した。この場合、当該利用料は、利息とみなされない。

b　貸金業者は、顧客との間で締結した営業的金銭消費貸借契約において、契約の締結及び債務の弁済の費用として公租公課の支払に充てられるべきものを当該顧客から受領した。この場合、当該費用は、利息とみなされない。

c　貸金業者は、顧客との間で締結した営業的金銭消費貸借契約において、口座振替の方法による弁済につき、当該顧客が弁済期に弁済できなかったため、当該顧客の要請を受けて行った再度の口座振替手続に要した費用（消費税額等相当額を含む。）を当該顧客から受領した。この場合、当該費用は、利息とみなされる。

d　貸金業者は、顧客との間で締結した営業的金銭消費貸借契約におい

て、金銭の貸付け及び弁済に用いるため当該契約締結時に当該顧客にカードを交付し、当該カードの発行の手数料（消費税額等相当額を含む。）を受領した。この場合、当該手数料は、利息とみなされない。

① ab　　② ac　　③ bd　　④ cd

問題 ⑰

貸金業法第８条（変更の届出）に関する次の①～④の記述のうち、その内容が適切でないものを１つだけ選び、解答欄にその番号をマークしなさい。

①貸金業者は、営業所又は事務所ごとに置かれる貸金業務取扱主任者の氏名及び登録番号に変更があったときは、その日から２週間以内に、その旨をその登録をした内閣総理大臣又は都道府県知事（以下、本問において「登録行政庁」という。）に届け出なければならない。
②株式会社である貸金業者は、その取締役に変更があったときは、その日から２週間以内に、その旨を登録行政庁に届け出なければならない。
③貸金業者は、その業務に関して広告又は勧誘をする際に表示等をする営業所又は事務所のホームページアドレスを変更しようとするときは、あらかじめ、その旨を登録行政庁に届け出なければならない。
④貸金業者は、その業務の種類及び方法を変更しようとするときは、あらかじめ、その旨を登録行政庁に届け出なければならない。

問題 ⑱

貸金業法第10条（廃業等の届出）に関する次の①～④の記述のうち、その内容が適切でないものを１つだけ選び、解答欄にその番号をマークしなさい。

①貸金業者であるＡ株式会社が破産手続開始の申立てを行った場合、Ａ社は、当該申立てを行った日から30日以内に、その旨を貸金業の登録をした内閣総理大臣又は都道府県知事（以下、本問において「登録行政庁」という。）に届け出なければならない。

②個人である貸金業者Ｂが死亡した場合、その相続人Ｃは、Ｂが死亡したことを知った日から30日以内に、その旨を登録行政庁に届け出なければならない。

③貸金業者であるＤ株式会社がＥ株式会社との合併により消滅した場合、Ｄ社の代表取締役であったＦは、当該合併によりＤ社が消滅した日から30日以内に、その旨を登録行政庁に届け出なければならない。

④貸金業者であるＧ株式会社が金融サービスの提供に関する法律第12条の登録（貸金業貸付媒介業務の種別に係るものに限る。）を受けた場合、Ｇ社は、当該登録を受けた日から30日以内に、その旨を登録行政庁に届け出なければならない。

問題 ⑲

貸金業者向けの総合的な監督指針（以下、本問において「監督指針」という。）における経営管理等及び業務の適切性に関する次の①～④の記述のうち、その内容が<u>適切でない</u>ものを１つだけ選び、解答欄にその番号をマークしなさい。

①監督指針では、社内規則等については、貸金業者のそれぞれの規模・特性に応じて、創意・工夫を生かし、法令及び法の趣旨を踏まえ自主的に策定する必要があるが、その内容については貸金業協会の策定する自主規制規則に則った内容が求められるとされている。

②監督指針では、適切な内部監査態勢構築の観点から、他に貸金業の業務に従事する者がいない個人の貸金業者においては、当該個人が貸金業法に規定された貸金業務取扱主任者であることをかんがみ、

内部監査に代わる措置として自己の行う貸金業に関する業務の検証を行う場合には、自己検証を実施する頻度が少なくとも年1回以上となっているか等を踏まえ、業務の適切性を確保するために十分な態勢を整備しているか、等が着眼点とされている。

③監督指針では、貸金業者が貸金市場の担い手としての自らの役割を十分に認識して、法令及び社内規則等を厳格に遵守し、健全かつ適切な業務運営に努めることは、貸金業者に対する資金需要者等からの信頼を確立することとなり、ひいては貸金市場の健全性を確保する上で極めて重要であるとされている。

④監督指針では、金融機関においては、経営者保証に関し、経営者保証に関するガイドライン（以下、本問において「ガイドライン」という。）の趣旨や内容を十分に踏まえた適切な対応を行うことにより、ガイドラインを融資慣行として浸透・定着させていくことが求められている。

問題 ⑳

貸金業者の禁止行為等に関する次の①～④の記述のうち、その内容が適切でないものを1つだけ選び、解答欄にその番号をマークしなさい。

①貸金業者は、その貸金業の業務に関し、保証人となろうとする者に対し、主たる債務者が弁済することが確実であると誤解させるおそれのあることを告げる行為をしてはならない。

②貸金業者は、貸付けの契約（住宅資金貸付契約その他の内閣府令で定める契約を除く。）の相手方又は相手方となろうとする者の死亡によって保険金の支払を受けることとなる保険契約を締結してはならない。

③貸金業者は、その貸金業の業務に関して広告又は勧誘をするときは、他の貸金業者の利用者又は返済能力がない者を対象として勧誘する旨の表示又は説明をしてはならない。

④金銭の貸借の媒介を行った貸金業者は、当該媒介により締結された貸付けに係る契約の債務者から当該媒介の手数料を受領した場合において、当該契約につき更新（媒介のための新たな役務の提供を伴わないと認められる法律行為として内閣府令で定めるものを含む。）があったときは、これに対する新たな手数料を受領し、又はその支払を要求してはならない。

問題　㉑

株式会社である貸金業者Ａが行う貸金業法第13条に規定する返済能力の調査に関する次の①〜④の記述のうち、その内容が適切でないものを1つだけ選び、解答欄にその番号をマークしなさい。

① Ａは、法人である顧客Ｂとの間で、貸付けの契約を締結しようとする場合には、Ｂの返済能力の調査を行うに際し、指定信用情報機関が保有する信用情報を使用する必要はない。

② Ａは、個人である顧客Ｂとの間で、極度額を30万円とする極度方式基本契約（以下、本問において「本件基本契約」という。）を締結した後、Ｂの返済能力は低下していないが、Ｂと連絡をとることができないことにより、本件基本契約における極度額を一時的に10万円に減額していた場合において、Ｂと連絡することができたことにより、極度額をその減額の前の30万円まで増額するときは、指定信用情報機関が保有する信用情報を使用したＢの返済能力の調査を行う必要はない。

③ Ａは、個人である顧客Ｂとの間で、本件基本契約に基づく極度方式貸付けに係る契約を締結しようとする場合、当該極度方式貸付けの金額が5万円を超え、かつ、当該極度方式貸付けの金額と本件基本契約に基づく極度方式貸付けの残高の合計額が10万円を超えるときを除き、指定信用情報機関が保有する信用情報を使用したＢの返済能力の調査を行う必要はない。

④ Aは、個人である顧客Bとの間で、手形（融通手形を除く。）の割引を内容とする契約を締結しようとする場合には、Bの返済能力の調査を行うに際し、指定信用情報機関が保有する信用情報を使用する必要はない。

問題 ㉒

過剰貸付け等の禁止に関する次の①～④の記述のうち、その内容が適切でないものを1つだけ選び、解答欄にその番号をマークしなさい。なお、本問における貸付けに係る契約は、極度方式基本契約及び極度方式貸付けに係る契約ではないものとする。

① 貸金業者Aは、法人顧客Bとの間の貸付けに係る契約の締結に際し、当該契約がBの返済能力を超える貸付けの契約と認められるときは、当該契約を締結してはならない。

② 貸金業者Aと現に事業を営んでいない個人顧客Cとの間で、Cが新たな事業を行うために必要な資金の貸付けに係る契約であって、事業計画、収支計画及び資金計画の確認その他の方法により確実に当該事業の用に供するための資金の貸付けであると認められ、かつ、Cの事業計画、収支計画及び資金計画に照らし、Cの返済能力を超えない貸付けに係る契約であると認められるものは、貸金業法第13条の2第2項に規定する当該個人顧客の利益の保護に支障を生ずることがない契約として内閣府令で定めるものに該当する。

③ 個人事業者Dが5年前から継続して行っている事業から得た所得税法上の総収入金額は、貸金業法施行規則第10条の22に規定する年間の給与に類する定期的な収入の金額等に該当する。

④ 貸金業者Aは、個人顧客Eとの間で、貸金業法施行規則第10条の21（個人過剰貸付契約から除かれる契約）第1項第1号に該当する不動産の建設に必要な資金の貸付けに係る契約を締結し、Eから当該契約に係る同条第2項第1号に該当する建設工事の請負契約書の

写しの提出を受けた。この場合、Aは、当該写し又はこれらに記載された情報の内容を記録した電磁的記録を当該契約に定められた最終の返済期日（当該契約に基づく債権が弁済その他の事由により消滅したときにあっては、当該債権の消滅した日）までの間保存しなければならない。

問題 ㉓

貸金業法第13条の2（過剰貸付け等の禁止）第2項に規定する個人顧客の利益の保護に支障を生ずることがない契約として貸金業法施行規則第10条の23で定めるもの（以下、本問において「例外契約」という。）に関する次の①～④の記述のうち、その内容が**適切でない**ものを1つだけ選び、解答欄にその番号をマークしなさい。

① 事業を営む個人顧客に対する貸付けに係る契約であって、実地調査、当該個人顧客の直近の確定申告書の確認その他の方法により当該事業の実態が確認されていること、又は当該個人顧客の事業計画、収支計画及び資金計画に照らし、当該個人顧客の返済能力を超えない貸付けに係る契約であると認められることのいずれかの要件を満たすものは、例外契約に該当する。

② 預金保険法第2条第1項に規定する金融機関からの貸付け（以下、本問において「正規貸付け」という。）が行われるまでのつなぎとして行う貸付けに係る契約（極度方式基本契約を除く。）であって、正規貸付けが行われることが確実であると認められ、かつ、返済期間が1か月を超えないものは、例外契約に該当する。

③ 個人顧客が特定費用^(注)を支払うために必要な資金の貸付けに係る契約（極度方式基本契約ではないものとする。）として当該個人顧客と貸金業者との間に締結される契約であって、当該契約が当該個人顧客の返済能力を超えない貸付けに係る契約であると認められ、当該契約の貸付けの金額が10万円であり（当該個人顧客は、当該

契約以外の貸付けに係る契約を一切締結していないものとする。）、返済期間が1年であるものは、例外契約に該当しない。

④ 個人顧客が既に貸金業者以外の者と締結した契約に基づき負担している債務（以下、本問において「既存債務」という。）を弁済するために必要な資金の貸付けに係る契約であって、当該個人顧客が当該契約に基づき将来支払うべき返済金額の合計額が既存債務について将来支払うべき返済金額の合計額を上回らないが、当該契約の1か月の負担が既存債務に係る1か月の負担を上回るものは、例外契約に該当しない。

(注) 特定費用とは、外国において緊急に必要となった費用のほか、社会通念上緊急に必要と認められる費用をいう。

問題 24

貸金業法第15条（貸付条件の広告等）及び同法第16条（誇大広告の禁止等）に関する次の①～④の記述のうち、その内容が適切でないものを1つだけ選び、解答欄にその番号をマークしなさい。

① 貸金業者は、貸付条件の広告等を行うに当たっては、貸付けに関し貸金業者が受け取る書面の内容を表示しなければならない。

② 貸金業者向けの総合的な監督指針によれば、貸金業法第15条第2項に規定する「広告」とは、ある事項を随時又は継続して広く宣伝するため、一般の人に知らせることをいい、例えば、テレビコマーシャル、新聞紙への掲載、広告塔又は立て看板への表示、チラシ又はリーフレットの配布、インターネット上の表示はすべて広告に当たるとされている。

③ 貸金業者は、その貸金業の業務に関して広告又は勧誘をするときは、資金需要者等の返済能力を超える貸付けの防止に配慮するとともに、その広告又は勧誘が過度にわたることがないように努めなけ

ればならない。

④貸金業者は、貸付けの条件について広告をするとき、又は書面もしくはこれに代わる電磁的記録を送付して勧誘（広告に準ずるものとして内閣府令で定めるものに限る。）をするときは、営業所又は事務所の電話番号については、これに貸金業者登録簿に登録されたもの以外のものを表示し、又は記録してはならない。

問題 25

特定公正証書に係る制限等に関する次の①〜④の記述のうち、その内容が適切でないものを1つだけ選び、解答欄にその番号をマークしなさい。

①貸金業を営む者は、貸付けの契約について、債務者等から、当該債務者等が特定公正証書（債務者等が貸付けの契約に基づく債務の不履行の場合に直ちに強制執行に服する旨の陳述が記載された公正証書をいう。以下、本問において同じ。）の作成を公証人に嘱託することを代理人に委任することを証する書面を取得してはならない。

②貸金業を営む者は、貸付けの契約について、債務者等が特定公正証書の作成を公証人に嘱託することを代理人に委任する場合には、当該代理人の選任に関し推薦その他これに類する関与をしてはならない。

③貸金業者は、貸付けの契約について、特定公正証書の作成を公証人に嘱託した場合には、遅滞なく、内閣府令で定めるところにより、債務者等となるべき資金需要者等に対し、当該貸付けの契約に基づく債務の不履行の場合には、特定公正証書により、債務者等が直ちに強制執行に服することとなる旨及び債務者等の法律上の利益に与える影響に関する事項として内閣府令で定めるものについて書面を交付し、説明しなければならない。

④貸金業を営む者は、貸付けの契約について、公的給付(注1)がその

受給権者である債務者等又は債務者等の親族その他の者（以下、本問において「特定受給権者」という。）の預金又は貯金の口座に払い込まれた場合に当該預金又は貯金の口座に係る資金から当該貸付けの契約に基づく債権の弁済を受けることを目的として、当該特定受給権者の預金通帳等^(注2)の引渡しもしくは提供を求め、又はこれらを保管する行為をしてはならない。

(注1) 公的給付とは、法令の規定に基づき国又は地方公共団体がその給付に要する費用又はその給付の事業に関する事務に要する費用の全部又は一部を負担し、又は補助することとされている給付（給与その他対価の性質を有するものを除く。）であって、法令の規定により譲り渡し、担保に供し、又は差し押さえることができないこととされているものをいう。

(注2) 預金通帳等とは、当該預金もしくは貯金の口座に係る通帳もしくは引出用のカードもしくは当該預金もしくは貯金の引出しもしくは払込みに必要な情報その他当該預金もしくは貯金の引出しもしくは払込みに必要なものとして政令で定めるもの又は年金証書その他特定受給権者が公的給付を受給することができることを証する書面その他のものをいう。

問題　26

貸金業者に対する監督等に関する次の①～④の記述のうち、その内容が適切でないものを1つだけ選び、解答欄にその番号をマークしなさい。

① 貸金業者は、事業年度ごとに、内閣府令で定めるところにより、貸金業に係る事業報告書を作成し、毎事業年度経過後3か月以内に、これをその登録をした内閣総理大臣又は都道府県知事（以下、本問において「登録行政庁」という。）に提出しなければならない。

② 登録行政庁は、貸金業法を施行するため必要があると認めるときは、その登録を受けた貸金業者に対して、その業務に関し報告又は資料の提出を命ずることができる。

③ 登録行政庁は、その登録を受けた貸金業者が貸金業法第12条の5（暴力団員等の使用の禁止）の規定に違反して、暴力団員等をその業務に従事させた場合、その登録を取り消し、又は当該貸金業者に対してその業務の停止を命ずることができる。

④ 登録行政庁は、その登録を受けた貸金業者が正当な理由がないのに当該登録を受けた日から6か月以内に貸金業を開始しない場合には、その登録を取り消すことができる。

問題 **27**

AとBとの間の複数の営業的金銭消費貸借契約（以下、本問において、「第一契約」、「第二契約」又は「第三契約」という。）に関する次の①〜④の記述のうち、利息制限法上、その内容が適切でないものを1つだけ選び、解答欄にその番号をマークしなさい。

① Aは、Bとの間で、元本を10万円とし利息を年1割8分（18%）とする営業的金銭消費貸借契約（第一契約）を締結し10万円をBに貸し付けた。Aは、Bが第一契約に基づく債務を完済した後に、Bとの間で元本を5万円とし利息を年2割（20%）とする営業的金銭消費貸借契約（第二契約）を締結し5万円をBに貸し付けた。この場合、第二契約における利息の約定は、有効である。

② Aは、Bとの間で、元本を20万円とし利息を年1割8分（18%）とする営業的金銭消費貸借契約（第一契約）を締結し20万円をBに貸し付けると同時に、元本を80万円とし利息を年1割5分（15%）とする営業的金銭消費貸借契約（第二契約）を締結し80万円をBに貸し付けた。この場合、第一契約における利息の約定は、年15%を超過する部分に限り無効となる。

③ Aは、Bとの間で、元本を60万円とし利息を年1割8分（18%）とする営業的金銭消費貸借契約（第一契約）を締結し60万円をBに貸し付けた。Aは、第一契約に基づく債務の元本残高が30万円である時点において、Bとの間で元本を80万円とし利息を年1割8分（18%）とする営業的金銭消費貸借契約（第二契約）を締結し80万円をBに貸し付けた。この場合、第二契約における利息の約定は、年1割5分（15%）を超過する部分に限り無効となる。

④ Aは、Bとの間で、元本を50万円とし利息を年1割8分（18%）とする営業的金銭消費貸借契約（第一契約）を締結し50万円をBに貸し付けた後、まだ、BがAに対して第一契約に係る債務を一切弁済していない時点で、Bとの間で、元本を5万円とし利息を年2割（20%）とする営業的金銭消費貸借契約（第二契約）を締結しBに5万円を貸し付けると同時に、元本を50万円とし利息を年1割8分（18%）とする営業的金銭消費貸借契約（第三契約）を締結しBに50万円を貸し付けた。この場合、第二契約、第三契約における利息の約定のうち、第二契約における年1割8分（18%）を超過する部分の利息の約定に限り無効となる。

●貸付け及び貸付けに付随する取引に関する法令及び実務に関すること●

問題 28

意思能力及び行為能力に関する次の①～④の記述のうち、民法上、その内容が適切なものを1つだけ選び、解答欄にその番号をマークしなさい。

① 法律行為の当事者が意思表示をした時に意思能力を有しなかったときは、その法律行為は、取り消すことができる。

② 未成年者は、権利を得る法律行為をする場合にはその法定代理人の同意を得なければならないが、義務を免れる法律行為をする場合に

はその法定代理人の同意を得る必要はない。

③成年被後見人の法律行為（日用品の購入その他日常生活に関する行為を除く。）は、あらかじめ成年後見人の同意を得ていた場合であっても、取り消すことができる。

④被保佐人は、あらかじめ保佐人の同意を得なくても、金銭の借入れ及びその返済をすることができる。

問題 ㉙

無効及び取消しに関する次の①〜④の記述のうち、民法上、その内容が適切なものを１つだけ選び、解答欄にその番号をマークしなさい。

①無効な行為は、当事者がその行為の無効であることを知って追認をしたときは、初めから有効であったものとみなされる。

②行為能力の制限によって取り消すことができる行為について、制限行為能力者は、その法定代理人、保佐人又は補助人の同意を得なければ、その行為を取り消すことができない。

③取り消すことができる行為は、取り消されるまで有効であり、取り消されたときに、取り消された時から将来に向かって無効となる。

④錯誤、詐欺又は強迫によって取り消すことができる行為の追認は、取消しの原因となっていた状況が消滅し、かつ、取消権を有することを知った後にしなければ、その効力を生じない。

問題 ㉚

時効に関する次の①〜④の記述のうち、民法上、その内容が適切なものを１つだけ選び、解答欄にその番号をマークしなさい。

①債権は、債権者が権利を行使することができることを知った時から10年間行使しないとき、又は権利を行使することができる時から

20年間行使しないときは、時効によって消滅する。

②当事者は、あらかじめ時効の利益を放棄したときは、時効を援用することができない。

③時効の完成猶予又は更新は、完成猶予又は更新の事由が生じた当事者、その承継人及び当該時効の完成猶予又は更新により利害関係が生じるすべての者の間において、その効力を有する。

④確定判決又は確定判決と同一の効力を有するものによって確定した権利については、確定の時に弁済期の到来していない債権を除き、10年より短い時効期間の定めがあるものであっても、その時効期間は、10年とされる。

問題 ㉛

債権の目的及び効力に関する次の①〜④の記述のうち、民法上、その内容が適切なものを1つだけ選び、解答欄にその番号をマークしなさい。

①債権の目的が特定物の引渡しであるときは、債務者は、その引渡しをするまで、契約その他の債権の発生原因及び取引上の社会通念に照らして定まる善良な管理者の注意をもって、その物を保存しなければならない。

②債務の不履行に対する損害賠償の請求は、これによって通常生ずべき損害の賠償をさせることをその目的とし、特別の事情によって生じた損害については、損害賠償の対象とならない。

③債権者は、債務者が金銭債務の履行をしない場合、その不履行が不可抗力によるものであるときを除き、これによって生じた損害の賠償を請求することができる。

④債権者と債務者との間で金銭債務の不履行について賠償額の予定をしなかったときは、債権者は、その債務不履行による損害賠償については、その損害額を証明しなければならない。

AのBに対する貸付金債権（以下、本問において「本件債権」という。）の譲渡に関する次の①～④の記述のうち、民法上、その内容が適切なものを１つだけ選び、解答欄にその番号をマークしなさい。

① 本件債権については、AとBとの間で、第三者への譲渡を禁止する旨の特約がなされていたにもかかわらず、Aは本件債権を第三者Cに譲渡した。この場合、本件債権の譲渡は無効であり、Cは、本件債権を取得することができない。

② Aは、本件債権をCに譲渡し、Cへの本件債権の譲渡についてBに対し確定日付のある証書によらない通知をした。この場合、Cは、本件債権の譲渡をBに対抗することができず、Bは、Cからの本件債権の弁済の請求を拒むことができる。

③ Aは、本件債権をCとDに二重に譲渡した。Bが、Cへの本件債権の譲渡について確定日付のある証書によらない承諾をした後、BからCに本件債権の弁済がなされる前に、Dへの本件債権の譲渡について、Aが確定日付のある証書による通知をし、当該通知がBに到達した。この場合、Cは、本件債権の譲渡をDに対抗することができず、Bは、Cからの本件債権の弁済の請求を拒むことができる。

④ Aは、本件債権をCとDに二重に譲渡し、そのいずれについても確定日付のある証書によりBに通知をした。Dへの本件債権の譲渡についての通知は、Cへの本件債権の譲渡についての通知がBに到達するより早くBに到達したが、確定日付のある証書に付された日付は、Dへの譲渡についての日付よりCへの譲渡についての日付の方が早い日付であった。この場合、債権が二重に譲渡された場合の優劣は確定日付の先後で決せられるので、Bは、Cからの本件債権の弁済の請求を拒むことができない。

問題 ㉝

AのBに対する金銭債権を「甲債権」とし、BのAに対する金銭債権を「乙債権」とする。甲債権と乙債権の相殺に関する次の①～④の記述のうち、民法及び民事執行法上、その内容が適切なものを1つだけ選び、解答欄にその番号をマークしなさい。

① Aに対して金銭債権を有するCの申立てにより甲債権が差押えを受けた。この場合、Aは、甲債権と乙債権とを相殺することができる。
② 乙債権の弁済期は到来しているが、甲債権の弁済期は到来していない。この場合、Aは、甲債権と乙債権とを相殺することができない。
③ Aが甲債権を取得した後に、Bに対して金銭債権を有するDの申立てにより乙債権が差押えを受けた。この場合、Aは、甲債権と乙債権との相殺をもってDに対抗することができない。
④ 甲債権及び乙債権が相殺適状となった後、甲債権が時効により消滅した。この場合、Aは、甲債権と乙債権とを相殺することができない。

問題 ㉞

貸主をAとし借主をBとする金銭消費貸借契約に関する次の①～④の記述のうち、民法上、その内容が適切なものを1つだけ選び、解答欄にその番号をマークしなさい。

① Aは、Bとの間で、書面でする金銭消費貸借契約を締結した。この場合、Bは、当該契約に基づきAから借入金を受け取る前であれば、当該契約を解除することができる。
② Aは、Bとの間の金銭消費貸借契約において、利息の約定をせずにBに金銭を貸し付けた。この場合、Aは、Bに対し法定利息を請求することができる。
③ Aは、Bとの間の金銭消費貸借契約において、貸付金を10回の分

割で返済する旨の約定をしてBに金銭を貸し付けた。この場合において、Bが各回の借入金債務について、そのうちの1回でも債務の履行を遅滞したときは、Aは、Bに対し、残債務全部の一括弁済を請求することができる。

④ Aは、利息を定めてBとの間で金銭消費貸借契約を締結したが、Bは利息の支払を1年以上延滞し、Aが催告をしてもBはその利息を支払わなかった。この場合であっても、Aは、利息を元本に組み入れることはできない。

問題 35

犯罪による収益の移転防止に関する法律についての次の①～④の記述のうち、その内容が適切なものを1つだけ選び、解答欄にその番号をマークしなさい。

① 貸金業者が、自然人である顧客の取引時確認として確認しなければならない事項は、氏名、住居、生年月日、職業及び収入である。

② 貸金業者が、自然人である顧客の取引時確認として本人特定事項の確認をするために、当該顧客の運転免許証の提示を受ける場合には貸金業者が当該運転免許証の提示を受ける日において有効なもの、また住民票の写しの提示を受ける場合には貸金業者が当該住民票の写しの提示を受ける日前6か月以内に作成されたものに限られる。

③ 貸金業者が、自然人である顧客の取引時確認として本人特定事項の確認をするために運転免許証の提示を受ける場合、その原本ではなく写しの提示を受けることも認められている。

④ 貸金業者が、既に取引をしたことのある顧客との間で金銭の貸付けを内容とする契約を締結する場合、過去の取引において取引時確認を行っているときであっても、契約を締結する都度、当該顧客の取引時確認をしなければならない。

問題 ③36

意思表示に関する次の①～④の記述のうち、民法上、その内容が<u>適切でないもの</u>を１つだけ選び、解答欄にその番号をマークしなさい。

① Aは、Bに甲建物を売却するつもりがないのに、Bと通謀して、甲建物をBに売却する旨の虚偽の売買契約を締結し、AからBへの甲建物の所有権移転登記を経た。この場合において、AとBが通謀して虚偽の売買契約を締結した事情を知らない第三者CがBから甲建物を買い受けたときは、Aは、AB間の契約は虚偽表示により無効である旨をCに対抗することができない。

② Aは、Bが所有する甲土地の近隣に鉄道の駅が新設される計画を知り、Bとの間で、甲土地を購入する旨の売買契約を締結した。しかし、当該駅新設の計画は、当該売買契約の締結前に既に中止となっていたが、Aはそれを知らなかった。この場合において、Aは、当該駅新設が甲土地を購入する動機である旨をBに表示していなかったときは、Bに対し、当該売買契約を錯誤により取り消すことができない。

③ Aは、Bの詐欺により、Bとの間でBに甲絵画を売却する旨の売買契約を締結し、Bに甲絵画を引き渡した後、Bは、詐欺の事情を知らず、知らないことに過失のない第三者Cに甲絵画を売却した。その後、Aは、詐欺による意思表示を理由としてAB間の売買契約を取り消した場合、その取消しをCに対抗することができない。

④ Aは、Bの強迫により、Bとの間でBに甲土地を売却する旨の売買契約を締結し、AからBへの甲土地の所有権移転登記を経た後、Bは、強迫の事情を知らず、知らないことに過失のない第三者Cに甲土地を売却した。その後、Aは、強迫による意思表示を理由としてAB間の売買契約を取り消した場合、その取消しをCに対抗することができない。

問題 ㊲

期間の計算に関する次の①～④の記述のうち、民法上、その内容が<u>適切でないもの</u>を1つだけ選び、解答欄にその番号をマークしなさい。

① 10月1日午前10時30分から6時間という期間を定めた場合、その期間は、即時から起算されるので、午後4時30分をもって満了する。

② ある事実を知った日から2週間以内に届け出ることが法令により義務付けられている場合において、当該事実を10月1日午前10時に知ったときは、当該事実の届出の期限は10月15日となる。

③ 期間の末日が日曜日、国民の祝日に関する法律に規定する休日その他の休日に当たるときは、期間は、その前日に満了する。

④ 10月31日午前0時から1か月という期間を定めた場合、その期間は、11月においてその起算日に応当する31日はないので、11月30日をもって満了する。

問題 ㊳

質権及び抵当権に関する次の①～④の記述のうち、民法上、その内容が<u>適切でないもの</u>を1つだけ選び、解答欄にその番号をマークしなさい。

① 債権を目的とする質権の設定は、第三債務者への質権の設定の通知又は第三債務者の承諾がなければ、第三債務者に対抗することができない。

② 貸金債権を被担保債権として売買代金債権に質権を設定した場合、質権者は、売買代金債権の額が貸金債権の額を超えていても、売買代金債権の全部を直接に取り立てることができる。

③ 根抵当権者は、確定した元本並びに利息その他の定期金及び債務の

不履行によって生じた損害の賠償の全部について、極度額を限度として、その根抵当権を行使することができる。

④根抵当権の被担保債権の元本の確定前においては、後順位の抵当権者その他の第三者の承諾を得ることなく、根抵当権の担保すべき債権の範囲の変更をすることができる。

問題 ㊴

保証に関する次の①～④の記述のうち、民法上、その内容が適切でないものを1つだけ選び、解答欄にその番号をマークしなさい。

①保証人の負担が債務の目的又は態様において主たる債務より重いときは、主たる債務の限度に減縮されるため、保証人は、その保証債務についてのみ、違約金又は損害賠償の額を約定することはできない。

②保証人は、主たる債務者と連帯して債務を負担したときは、民法第452条（催告の抗弁）及び同第453条（検索の抗弁）のいずれの権利も有しない。

③行為能力の制限によって取り消すことができる債務を保証した者は、保証契約の時にその取消しの原因を知っていた場合において、主たる債務が不履行となり又はその債務が取り消されたときは、これと同一の目的を有する独立の債務を負担したものと推定される。

④債務者が保証人を立てる義務を負う場合には、債権者が保証人を指名したときを除き、その保証人は、行為能力者であること及び弁済する資力を有することのいずれの要件も具備する者でなければならない。

問題 ㊵

Aは、配偶者B、子C及びD、並びにDの子でありAの孫であるEを

遺して死亡した。この場合の相続に関する次の①～④の記述のうち、民法上、その内容が<u>適切でない</u>ものを1つだけ選び、解答欄にその番号をマークしなさい。

① B、C及びDが単純承認した場合は、C及びDの法定相続分はそれぞれ4分の1である。
② Aは、遺言で、共同相続人B、C及びDの相続分について法定相続分と異なる相続分を指定していた場合であっても、Aの債権者は、B、C及びDに対し、その法定相続分に応じてその権利を行使することができる。
③ Bは、相続財産の一部を費消したときは、単純承認をしたものとみなされる。
④ Dが相続放棄をしたときは、B、C及びEが共同相続人となる。

問題 ㊶

手形法及び電子記録債権法に関する次の①～④の記述のうち、その内容が<u>適切でない</u>ものを1つだけ選び、解答欄にその番号をマークしなさい。

① 詐欺によって振り出された約束手形を裏書により譲り受けた所持人は、当該事情を知らず、かつ知らないことにつき過失がなかった。この場合、当該約束手形の振出人は、当該所持人から手形金の支払を請求されたときは、詐欺を理由とする手形行為取消しの抗弁をもって、当該所持人に対抗することができる。
② 裏書が連続している約束手形の所持人は、正当な権利者と推定されるため、正当な権利者であることを証明しなくても手形上の債務者に対し手形金の支払を求めることができる。
③ 電子記録債権は、保証記録に係るもの及び電子記録保証をした者が電子記録債権法第35条第1項の規定により取得する特別求償権を

除き、発生記録をすることによって生ずる。

④電子記録名義人に対してした電子記録債権についての支払は、その支払をした者に悪意又は重大な過失がない限り、当該電子記録名義人がその支払を受ける権利を有しない場合であっても、その効力を有する。

問題 42

民事訴訟法に関する次の①～④の記述のうち、その内容が<u>適切でない</u>ものを1つだけ選び、解答欄にその番号をマークしなさい。

①当事者は、訴えについて法令に専属管轄の定めがある場合を除き、第一審に限り、合意により管轄裁判所を定めることができる。
②地方裁判所における訴えの提起は、訴状を裁判所に提出してしなければならないが、簡易裁判所においては、訴えは口頭で提起することができる。
③商業登記簿に支配人として登記された支配人は、民事訴訟における訴訟代理人となることができる。
④地方裁判所に提起された民事訴訟において、当事者は、口頭弁論の続行の期日に裁判所に出頭しなかったとしても、準備書面を裁判所に提出している場合には、口頭弁論において当該準備書面に記載した事項を陳述したものとみなされる。

●資金需要者等の保護に関すること●

問題 43

個人情報の保護に関する法律についての次の①～④の記述のうち、その内容が適切なものを1つだけ選び、解答欄にその番号をマークしなさい。

①取得時に生存する特定の個人を識別することができなかった情報は、取得後に新たな情報が付加され、又は照合された結果、生存する特定の個人を識別できるに至っても、個人情報に該当しない。

②個人データとは、氏名、生年月日など複数の情報を含む個人情報の集合体をいい、個人情報データベース等を構成するものに限られない。

③特定の個人の身体の一部の特徴を電子計算機の用に供するために変換した文字、番号、記号その他の符号であって、当該特定の個人を識別することができるもののうち、政令で定めるものは、個人識別符号に該当し、生存する個人に関する情報であって、個人識別符号が含まれるものは個人情報となる。

④個人関連情報とは、生存する個人に関する情報であって、個人情報、仮名加工情報及び匿名加工情報のいずれかに該当するものをいう。

問題 ④④

消費者契約法に関する次の①～④の記述のうち、その内容が適切なものを1つだけ選び、解答欄にその番号をマークしなさい。

①適格消費者団体は、事業者が、消費者契約の締結について勧誘をするに際し、不特定かつ多数の消費者に対して重要事項について事実と異なることを告げる行為を現に行い又は行うおそれがあるときは、その事業者に対し、当該行為の停止もしくは予防又は当該行為に供した物の廃棄もしくは除去その他の当該行為の停止もしくは予防に必要な措置をとることを請求することができる。

②事業者が消費者契約の締結について勧誘をするに際し、当該事業者に対し、消費者が、その住居又はその業務を行っている場所から退去すべき旨の意思を示したにもかかわらず、当該事業者がそれらの場所から退去しないことにより困惑し、それによって当該消費者契約の申込み又はその承諾の意思表示をしたときは、当該消費者契約

は、無効となる。

③消費者契約において、消費者の不作為をもって当該消費者が新たな消費者契約の申込み又はその承諾の意思表示をしたものとみなす条項その他の法令中の公の秩序に関しない規定の適用による場合に比して消費者の権利を制限し又は消費者の義務を加重する消費者契約の条項であって、民法第1条第2項に規定する基本原則に反して消費者の利益を一方的に害するものが含まれている場合、当該消費者は、当該消費者契約を取り消すことができる。

④消費者契約法に基づき消費者に認められる取消権は、追認をすることができる時から6か月間行わないときは、時効によって消滅する。当該消費者契約の締結の時から5年を経過したときも、同様とする。

問題 45

個人情報の保護に関する法律（以下、本問において「法」という。）についての次の①～④の記述のうち、その内容が適切でないものを1つだけ選び、解答欄にその番号をマークしなさい。

①本人 (注) は、個人情報取扱事業者に対し、当該本人が識別される保有個人データの電磁的記録の提供による方法その他の個人情報保護委員会規則で定める方法による開示を請求することができる。

②本人は、個人情報取扱事業者に対し、当該本人が識別される保有個人データの内容が事実でないときは、当該保有個人データの内容の訂正、追加又は削除を請求することができる。

③本人が、個人情報取扱事業者に対し、当該本人が識別される保有個人データについて利用の停止又は消去（以下、本問において「利用停止等」という。）を請求することができるのは、当該保有個人データが法第18条（利用目的による制限）もしくは法第19条（不適正な利用の禁止）の規定に違反して取り扱われているとき、又は法第20条（適正な取得）の規定に違反して取得されたものであるとき

に限られる。

④個人情報取扱事業者は、法第35条（利用停止等）第1項又は第5項の規定による請求に係る保有個人データの全部又は一部について利用停止等を行ったとき又は利用停止等を行わない旨の決定をしたときは、本人に対し、遅滞なく、その旨を通知しなければならない。

（注）本人とは、個人情報によって識別される特定の個人をいう。

問題 ④⑥

次の①～④の記述のうち、不当景品類及び不当表示防止法（以下、本問において「景品表示法」という。）上、その内容が適切でないものを1つだけ選び、解答欄にその番号をマークしなさい。

①事業者が、商品の価格その他の取引条件について、実際のものよりも取引の相手方に著しく有利であると一般消費者に誤認される表示（有利誤認表示）をしたおそれがある場合、内閣総理大臣は、当該事業者に対して、期間を定めて、当該表示の裏付けとなる合理的な根拠を示す資料の提出を求めることができ、当該資料の提出を求めたにもかかわらず、当該事業者がその期間内に当該資料を提出しないときは、当該表示は、景品表示法第5条（不当な表示の禁止）第2号に規定する、不当な表示とみなされる。

②内閣総理大臣は、景品表示法第4条（景品類の制限及び禁止）の規定による制限もしくは禁止もしくは第5条第3号の規定による指定をし、又はこれらの変更もしくは廃止をしようとするときは、内閣府令で定めるところにより、公聴会を開き、関係事業者及び一般の意見を求めるとともに、消費者委員会の意見を聴かなければならない。

③表示とは、顧客を誘引するための手段として、事業者が自己の供給する商品又は役務の内容又は取引条件その他これらの取引に関する

事項について行う広告その他の表示であって、内閣総理大臣が指定するものをいう。

④ 景品類とは、顧客を誘引するための手段として、その方法が直接的であるか間接的であるかを問わず、くじの方法によるかどうかを問わず、事業者が自己の供給する商品又は役務の取引（不動産に関する取引を含む。）に付随して相手方に提供する物品、金銭その他の経済上の利益であって、内閣総理大臣が指定するものをいう。

問題 ㊸47

日本貸金業協会が定める紛争解決等業務に関する規則についての次の①〜④の記述のうち、その内容が<u>適切でない</u>ものを1つだけ選び、解答欄にその番号をマークしなさい。

① 貸金業務関連紛争とは、貸金業務等関連苦情のうち、当該苦情の相手方である貸金業者と当該苦情に係る契約者等の自主的な交渉では解決ができないものであって、当事者が和解をすることができるものをいう。

② 紛争解決手続開始の申立ては、加入貸金業者との間で貸金業務関連紛争のある契約者等のみが行うことができ、加入貸金業者から行うことはできない。

③ 紛争解決手続において、当事者双方が紛争解決委員の和解案を受諾したときには、その時点で当該和解案の内容で和解が成立したものとされる。

④ 当事者である協会員等は、紛争解決委員から特別調停案の提示を受けた場合において、当該特別調停案の受諾を拒むときには、拒否の事由を明らかにして書面により行わなければならない。

◉財務及び会計に関すること◉

問題 48

企業会計原則（大蔵省企業会計審議会発表）の一般原則に関する次の①～④の記述のうち、その内容が適切なものを1つだけ選び、解答欄にその番号をマークしなさい。

① 株主総会提出のため、信用目的のため、租税目的のため等、種々の目的のために異なる形式の財務諸表を作成してはならない。これを一般に単一性の原則という。

② 自己資本と他人資本とを明確に区別し、純資産と負債とを混同してはならない。これを一般に総資本区分の原則という。

③ 企業会計は、その処理の原則及び手続を毎期継続して適用し、みだりにこれを変更してはならない。これを一般に継続性の原則という。

④ 企業の財政状態に影響を及ぼす多額の取引については、その取引の内容をできる限り詳細かつ正確に注記しなければならない。これを一般に正確性の原則という。

問題 49

財務諸表等の用語、様式及び作成方法に関する規則に規定する損益計算書に関する次の①～④の記述のうち、その内容が適切なものを1つだけ選び、解答欄にその番号をマークしなさい。

① 売上高から売上原価を控除した額（売上原価が売上高をこえる場合は、売上原価から売上高を控除した額）は、営業利益金額又は営業損失金額として表示しなければならない。

② 売上総利益金額から販売費及び一般管理費の合計額を控除した額（販売費及び一般管理費の合計額が売上総利益金額をこえる場合は、

販売費及び一般管理費の合計額から売上総利益金額を控除した額）を経常利益金額もしくは経常損失金額として表示し、又は売上総損失金額に販売費及び一般管理費の合計額を加えた額を経常損失金額として表示しなければならない。

③営業利益金額又は営業損失金額に、営業外収益の金額を加減し、次に営業外費用の金額を加減した額を、営業外利益金額又は営業外損失金額として表示しなければならない。

④経常利益金額又は経常損失金額に特別利益の金額を加減し、次に特別損失の金額を加減した額を、税引前当期純利益金額又は税引前当期純損失金額として表示しなければならない。

問題 50

財務諸表等の用語、様式及び作成方法に関する規則に規定するキャッシュ・フロー計算書に関する次の①～④の記述のうち、その内容が適切でないものを1つだけ選び、解答欄にその番号をマークしなさい。

①売上債権、棚卸資産、仕入債務により生じた資産及び負債の増加額又は減少額は、営業活動によるキャッシュ・フローの区分に掲記される。

②社債の発行による収入、社債の償還による支出、株式の発行による収入は、投資活動によるキャッシュ・フローの区分に掲記される。

③有形固定資産の取得による支出、有形固定資産の売却による収入は、投資活動によるキャッシュ・フローの区分に掲記される。

④長期借入れによる収入、長期借入金の返済による支出は、財務活動によるキャッシュ・フローの区分に掲記される。

第17回

（2022年度）

問 題

●法及び関係法令に関すること●

問題　1

貸金業法上の用語の定義等に関する次のa～dの記述のうち、その内容が適切なものの個数を①～④の中から1つだけ選び、解答欄にその番号をマークしなさい。

a　貸金業とは、金銭の貸付け又は金銭の貸借の媒介で営利の目的をもって行うものをいう。

b　個人信用情報とは、個人を相手方とする貸付けに係る契約（極度方式基本契約その他の内閣府令で定めるものを除く。）に係る貸金業法第41条の35（個人信用情報の提供）第1項各号に掲げる事項をいうが、個人信用情報には、個人顧客の氏名、住所、生年月日のほか、当該個人顧客が運転免許証等^(注)の交付を受けている場合における運転免許証等の番号も含まれる。

c　住宅資金貸付契約とは、住宅の建設又は購入に必要な資金（住宅の用に供する土地又は借地権の取得に必要な資金を含む。）の貸付けに係る契約をいい、住宅の改良に必要な資金の貸付けに係る契約は、住宅資金貸付契約に含まれない。

d　紛争解決手続とは、貸金業務関連紛争（貸金業務に関する紛争で当事者が和解をすることができるものをいう。）について裁判上の和解により解決を図る手続をいう。

（注）運転免許証等とは、道路交通法第92条第1項に規定する運転免許証又は同法第104条の4第5項に規定する運転経歴証明書をいう。

①　1個　　　②　2個　　　③　3個　　　④　4個

問題 **2**

貸金業法第3条（登録）に規定する貸金業者の登録等に関する次のa
～dの記述のうち、その内容が適切なものの組み合わせを①～④の中
から1つだけ選び、解答欄にその番号をマークしなさい。

a 貸金業の登録を受けようとする者が、貸金業法第4条第1項の規定
　に基づき内閣総理大臣又は都道府県知事に提出する登録申請書（以
　下、本問において「登録申請書」という。）には、営業所又は事務所（以
　下、本問において「営業所等」という。）ごとに置かれる貸金業務
　取扱主任者の氏名及び住所を記載しなければならない。

b 貸金業者の支店（従たる営業所等）であってその貸付けに関する業
　務に従事する使用人の数が50人であるものにおいて、当該支店の
　業務を統括する者の権限を代行し得る地位にある者があるときは、
　支店次長、副支店長、副所長その他いかなる名称を有する者である
　かを問わず、その者の氏名を登録申請書に記載しなければならない。

c 登録申請書に記載する、その業務に関して広告又は勧誘をする際に
　表示等をする営業所等の電話番号については、場所を特定するもの
　並びに当該場所を特定するものに係る着信課金サービス及び統一番
　号サービスに係るものに限られる。

d 登録申請書に記載する営業所等のうち、代理店とは、貸金業者の委
　任を受けて、当該貸金業者のために貸付けに関する業務の全部又は
　一部を代理した者が、当該業務を営む施設又は設備をいい、代理店
　には銀行の現金自動設備が含まれる。

① 　a b 　　　 ② 　a d 　　　 ③ 　b c 　　　 ④ 　c d

問題 3

貸金業者であるＡの登録行政庁^(注)への届出に関する次の①〜④の記述のうち、その内容が適切なものを１つだけ選び、解答欄にその番号をマークしなさい。

① Ａは、営業所の所在地を変更した場合、その日から２週間以内に、その旨を登録行政庁に届け出なければならない。

② Ａは、その業務の種類を変更し新たに極度方式貸付けを行おうとする場合、あらかじめその旨を登録行政庁に届け出なければならない。

③ Ａは、貸金業を廃止した場合、その日から２週間以内に、その旨を登録行政庁に届け出なければならない。

④ Ａは、その役員に貸金業の業務に関し法令に違反する行為があったことを知った場合、その日から２週間以内に、その旨を登録行政庁に届け出なければならない。

（注）登録行政庁とは、貸金業者が貸金業の登録をした内閣総理大臣又は都道府県知事をいう。

問題 4

次のa〜dの記述のうち、貸金業法施行規則第 10 条の５（委託業務の的確な遂行を確保するための措置）の規定により、貸金業者が、貸金業の業務を第三者に委託する場合において、当該業務の内容に応じて講じなければならない措置として適切なものの個数を①〜④の中から１つだけ選び、解答欄にその番号をマークしなさい。

a 当該業務を的確、公正かつ効率的に遂行することができる能力を有する者に委託するための措置

b 当該業務の委託を受けた者（以下、本問において「受託者」という。）

における当該業務の実施状況を、定期的に又は必要に応じて確認すること等により、受託者が当該業務を的確に遂行しているかを検証し、必要に応じ改善させる等、受託者に対する必要かつ適切な監督等を行うための措置

c 受託者が当該業務を適切に行うことができない事態が生じた場合には、他の適切な第三者に当該業務を速やかに委託する等、当該業務に係る資金需要者等の保護に支障が生じること等を防止するための措置

d 貸金業者の業務の健全かつ適切な運営を確保し、当該業務に係る資金需要者等の保護を図るため必要がある場合には、当該業務の委託に係る契約の変更又は解除をする等の必要な措置を講ずるための措置

① 1個   ② 2個   ③ 3個   ④ 4個

問題 5

貸金業における金融ADR制度に関する次のa～dの記述のうち、その内容が適切なものの組み合わせを①～④の中から1つだけ選び、解答欄にその番号をマークしなさい。

a 貸金業者は、指定紛争解決機関である日本貸金業協会に加入していない場合、当該協会との手続実施基本契約を締結する措置に代えて内閣府令で定める貸金業務に関する苦情処理措置及び紛争解決措置を講じなければならない。

b 貸金業者は、貸金業法第12条の2の2（指定紛争解決機関との契約締結義務等）第1項の規定により手続実施基本契約を締結する措置を講じた場合には、当該手続実施基本契約の相手方である指定紛争解決機関の商号又は名称を公表しなければならない。

c 紛争解決委員は、紛争解決手続において、貸金業務関連紛争の解決

に必要な和解案を作成し、当事者に対し、その受諾を勧告すること
ができ、加入貸金業者^(注)は、紛争解決委員から和解案が提示され、
受諾を勧告されたときは、これを拒否することはできない。

d 指定紛争解決機関は、当事者である加入貸金業者に係る資金需要者
　等の申出があるときは、紛争解決手続における和解で定められた義
　務の履行状況を調査し、当該加入貸金業者に対して、その義務の履
　行を勧告することができる。

（注）加入貸金業者とは、指定紛争解決機関と手続実施基本契約を締
　　　結した貸金業者をいう。

　　① ａｂ　　　② ａｃ　　　③ ｂｄ　　　④ ｃｄ

問題 ❻

貸金業者Ａは、甲及び乙の２か所の営業所を設置して貸金業を営んで
いるが、甲営業所において 50 人の従業者を貸金業の業務に従事させ
ており、乙営業所では 40 人の従業者を貸金業の業務に従事させてい
る。この場合に関する次のａ～ｄの記述のうち、その内容が適切なも
のの個数を①～④の中から１つだけ選び、解答欄にその番号をマーク
しなさい。

a Ａは、甲営業所における唯一の貸金業務取扱主任者Ｂが定年退職し
　たため甲営業所において常時勤務する者でなくなった場合、甲営業
　所で引き続き貸金業の業務を継続するときは、２週間以内に、新た
　な貸金業務取扱主任者を甲営業所に置かなければならない。

b Ａは、甲営業所において、従業者の数を 60 人増員して 110 人とし、
　全員を貸金業の業務に従事させる場合、貸金業務取扱主任者を甲営
　業所に３人以上置かなければならない。

c Ａは、乙営業所における唯一の貸金業務取扱主任者Ｃが急に失踪し

常時勤務する者でなくなった場合、乙営業所で貸金業の業務を継続するときは、30日以内の期間で、新たな貸金業務取扱主任者を乙営業所に置くまでの間、甲営業所の貸金業務取扱主任者Dを甲営業所と乙営業所の両方の貸金業務取扱主任者として兼務させることができる。

d Aは、新たに乙営業所の同一敷地内に現金自動設備を設置する場合、乙営業所に少なくとも2人以上の貸金業務取扱主任者を置かなければならない。

①　1個　　②　2個　　③　3個　　④　4個

貸金業法上の禁止行為等に関する次のa～dの記述のうち、その内容が適切なものの組み合わせを①～④の中から1つだけ選び、解答欄にその番号をマークしなさい。

a 貸金業者は、暴力団員等をその業務に従事させ、又はその業務の補助者として使用してはならない。

b 貸金業者は、貸付けに係る契約について、保証業者と保証契約を締結した場合、遅滞なく、当該保証業者への照会その他の方法により、当該保証業者と当該貸付けに係る契約の相手方との間における保証料に係る契約の締結の有無、及び当該保証料に係る契約を締結した場合における保証料の額を確認しなければならない。

c 貸金業者は、住宅資金貸付契約の相手方又は相手方となろうとする者の死亡によって保険金の支払を受けることとなる保険契約を締結しようとする場合には、当該保険契約において、自殺による死亡を保険事故としてはならない。

d 貸金業者が、その貸金業の業務に関し、資金需要者等に対し、虚偽のことを告げる行為をした場合、当該行為は刑事罰の対象となる。

① ab ② ad ③ bc ④ cd

株式会社である貸金業者Ａが行う個人顧客Ｂについての貸金業法第
13条に規定する返済能力の調査に関する次の①～④の記述のうち、
その内容が適切なものを1つだけ選び、解答欄にその番号をマークし
なさい。

① Ａは、Ｂとの間で、他の貸金業者を債権者とする金銭の貸借の媒介
に係る契約を締結しようとする場合、Ｂの返済能力の調査を行うに
際し、指定信用情報機関が保有する信用情報を使用しなければなら
ない。

② Ａは、Ｂが貸金業者から全く借入れをしていない場合において、Ｂ
との間で、初めて、元本を50万円とする貸付けに係る契約を締結
しようとするときは、Ｂの返済能力の調査を行うに際し、Ｂから、
Ｂの源泉徴収票その他のＢの収入又は収益その他の資力を明らかに
する事項を記載し、又は記録した書面又は電磁的記録として内閣府
令で定めるもの（以下、本問において「資力を明らかにする書面等」
という。）の提出又は提供を受けなければならない。

③ Ａは、Ｂとの間で、初めて、貸付けに係る契約を締結するに当たり、
Ｂの返済能力の調査を行うに際し、Ｂの資力を明らかにする書面等
の提出又は提供を受けなければならない場合において、Ｂが、契約
締結の前に転職により勤務先を変更していたため、変更後の勤務先
では1か月分の給与の支払しか受けていなかったときは、Ｂから、
当該変更後の勤務先で発行された1か月分の給与の支払明細書の写
しのみの提出又は提供を受ければ足りる。

④ Ａは、Ｂとの間で、貸付けに係る契約（極度方式基本契約及び極度
方式貸付けに係る契約ではないものとする。）を締結した場合、返
済能力の調査に関する記録を当該貸付けに係る契約に定められた最

終の返済期日（当該貸付けに係る契約に基づく債権が弁済その他の事由により消滅したときは、当該債権の消滅した日）までの間保存しなければならない。

問題 ⑨

株式会社である貸金業者Ａが保証契約を締結しようとしている。この場合における次の①～④の記述のうち、その内容が適切なものを１つだけ選び、解答欄にその番号をマークしなさい。

① Ａは、個人顧客Ｂと極度方式基本契約を締結するに当たり、当該基本契約について個人である保証人となろうとする者Ｃとの間で保証契約を締結しようとする場合、Ｃから、Ｃの貸金業法第13条（返済能力の調査）第３項に規定する源泉徴収票その他のＣの収入又は収益その他の資力を明らかにする事項を記載し、又は記録した書面又は電磁的記録として内閣府令で定めるものの提出又は提供を受けなければならない。

② Ａは、個人顧客Ｂと貸付けに係る契約を締結するに当たり、当該契約について個人である保証人となろうとする者Ｃとの間で保証契約を締結しようとする場合、当該保証契約を締結するまでに、当該保証契約の内容を説明する書面及び当該保証の対象となる貸付けに係る契約の内容を説明する書面の両書面を、Ｃに対して交付しなければならない。

③ Ａは、個人顧客Ｂと貸付けに係る契約を締結するに当たり、当該契約について法人である保証人となろうとする者Ｃとの間で保証契約を締結しようとする場合、Ｃについて貸金業法第13条第１項に規定する返済能力の調査をする必要はない。

④ Ａは、個人顧客Ｂと貸付けに係る契約（極度方式貸付けに係る契約その他の内閣府令で定める貸付けの契約を除く。）を締結するに当たり、当該契約について個人である保証人となろうとする者Ｃとの

間で保証契約を締結しようとする場合、Bだけでなく、Cについて
も指定信用情報機関が保有する信用情報を使用して、貸金業法第
13条第1項に規定する返済能力の調査をしなければならない。

問題 ⑩

次の①〜④の記述のうち、貸金業法第13条の2（過剰貸付け等の禁
止）第2項に規定する個人顧客の利益の保護に支障を生ずることがな
い契約として貸金業法施行規則第10条の23で定めるものに該当す
るものを1つだけ選び、解答欄にその番号をマークしなさい。

① 貸金業者が、個人顧客との間で締結する、自動車の購入に必要な資
　金の貸付けに係る契約のうち、当該自動車の所有権を貸金業者が取
　得し、又は当該自動車が譲渡により担保の目的となっているもの
② 貸金業者が、個人顧客との間で締結する、金融機関（預金保険法第
　2条第1項に規定する金融機関をいう。）からの貸付けが行われる
　までのつなぎとして行う貸付けに係る契約であって、返済期間が1
　か月を超えるもの
③ 貸金業者が、個人顧客との間で締結する、個人顧客又は当該個人顧
　客の親族で当該個人顧客と生計を一にする者の緊急に必要と認めら
　れる医療費（所得税法第73条第2項に規定する医療費をいう。）を
　支払うために必要な資金の貸付けに係る契約（高額療養費に係る貸
　金業法施行規則第10条の21第1項第4号に掲げる契約を除く。）
　であって、当該個人顧客の返済能力を超えないと認められるもの（当
　該個人顧客が現に当該貸付けに係る契約を締結していない場合に限
　る。）
④ 貸金業者が、個人顧客との間で締結する、当該個人顧客が貸金業者
　でない者と締結した貸付けに係る契約に基づき既に負担している債
　務（以下、本問において「既存債務」という。）を弁済するために
　必要な資金の貸付けに係る契約であって、当該個人顧客が当該契約

に基づき将来支払うべき返済金額の合計額が既存債務について将来
支払うべき返済金額の合計額を上回るが、当該契約の1か月の負担
が既存債務に係る1か月の負担を上回らないもの

問題 ⑪

貸金業法第14条（貸付条件等の掲示）及び同法第23条（標識の掲
示）に関する次の①～④の記述のうち、その内容が適切なものを1つ
だけ選び、解答欄にその番号をマークしなさい。

① 貸金業者が、貸付条件等の掲示として、営業所又は事務所（以下、
本問において「営業所等」という。）ごとに掲示しなければならな
い事項には、当該貸金業者の商号、名称又は氏名及び登録番号が含
まれる。
② 貸金業者が、貸付条件等の掲示として、営業所等ごとに掲示しなけ
ればならない事項には、金銭の貸付けにあっては、「主な返済の例」
が含まれる。
③ 貸金業者は、営業所等ごとに、顧客の見やすい場所に、内閣府令で
定める様式の標識（以下、本問において「標識」という。）を掲示
すれば足りる。
④ 貸金業者は、その営業所等のうち現金自動設備については、標識を
掲示する必要はない。

問題 ⑫

貸金業法第17条（契約締結時の書面の交付）第6項及び同法第18
条（受取証書の交付）第3項に規定する「一定期間における貸付け及
び弁済その他の取引の状況を記載した書面として内閣府令で定めるも
の」（以下、本問において「マンスリーステートメント」という。）の
交付に関する次のa～dの記述のうち、その内容が適切なものの個数

を①〜④の中から1つだけ選び、解答欄にその番号をマークしなさい。

a 貸金業者向けの総合的な監督指針（以下、本問において「監督指針」という。）によれば、監督当局は、書面の交付義務に関する貸金業者の監督に当たっては、マンスリーステートメントの交付に際しては、マンスリーステートメントが交付される旨及び個別書面の記載事項が簡素化される旨を示したうえで、あらかじめ書面又は電磁的方法により承諾を得ているかに留意する必要があるとされている。

b 監督指針によれば、監督当局は、書面の交付義務に関する貸金業者の監督に当たっては、債務者等から、マンスリーステートメントでの交付の承諾を撤回したい旨の意思表示があった場合、マンスリーステートメント以外の方法による書面交付の適用開始の時期等について、適切な説明が行われているかに留意する必要があるとされている。

c 貸金業者は、顧客との間で極度方式貸付けに係る契約を締結した場合において、当該顧客からマンスリーステートメントの交付の承諾を受けているときは、遅滞なく、当該顧客に対し貸金業法第17条第1項に規定する書面（契約締結時の書面）の交付に代えてマンスリーステートメントを交付しなければならない。

d 貸金業者は、極度方式貸付けに係る契約を締結した後、当該契約の基本となる極度方式基本契約に係る極度方式保証契約の保証人から、当該極度方式保証契約に基づく債権の一部について弁済を受けた。この場合において、当該貸金業者は、当該保証人の承諾を得て、内閣府令で定めるところにより、マンスリーステートメントを交付するときは、貸金業法第18条第1項に規定する書面（受取証書）の交付に代えて、同条第3項に規定する受領年月日、受領金額のほか内閣府令で定める事項を記載した書面を当該保証人に交付することができる。

① 1個　　② 2個　　③ 3個　　④ 4個

問題　13

貸金業法第 19 条に規定する帳簿（以下、本問において「帳簿」という。）に関する次の a ～ d の記述のうち、その内容が適切なものの組み合わせを①～④の中から 1 つだけ選び、解答欄にその番号をマークしなさい。

a 貸金業者は、その主たる営業所にのみ、帳簿を備え、債務者ごとに貸付けの契約について契約年月日、貸付けの金額、受領金額その他内閣府令で定める事項を記載し、これを保存すれば足りる。

b 貸金業者は、帳簿を、債務者ごとに、債務者との全ての取引が終了した日から少なくとも 10 年間保存しなければならない。

c 貸金業者向けの総合的な監督指針（以下、本問において「監督指針」という。）によれば、貸金業法施行規則第 16 条（帳簿の備付け）第 1 項第 7 号に規定する「交渉の経過の記録」（以下、本問において「交渉の経過の記録」という。）とは、債権の回収に関する記録、貸付けの契約（保証契約を含む。）の条件の変更（当該条件の変更に至らなかったものを除く。）に関する記録等、貸付けの契約の締結以降における貸付けの契約に基づく債権に関する交渉の経過の記録であるとされている。

d 監督指針によれば、「交渉の経過の記録」として記録される事項である交渉内容には、催告書等の書面の内容を含むとされている。

① a b　　② a c　　③ b d　　④ c d

問題　14

貸金業法第 24 条（債権譲渡等の規制）に関する次の①～④の記述の

うち、その内容が適切なものを1つだけ選び、解答欄にその番号をマークしなさい。なお、本問における債権は、抵当証券法第1条第1項に規定する抵当証券に記載された債権ではないものとする。

① 貸金業者は、貸付けに係る契約に基づく債権を貸金業者ではない者に譲渡した場合に限り、その者に対し、当該債権が貸金業者の貸付けに係る契約に基づいて発生したことその他内閣府令で定める事項、及びその者が当該債権に係る貸付けの契約に基づく債権に関してする行為について貸金業法第24条第1項に規定する条項の適用がある旨を、内閣府令で定める方法により、通知しなければならない。

② 貸金業者が、貸付けに係る契約（極度方式基本契約及び極度方式貸付けに係る契約ではないものとする。）に基づく債権を貸金業者ではない者に譲渡した場合、譲渡人である当該貸金業者は、貸金業法第24条第2項により準用される同法第17条第1項に規定する当該債権の内容を明らかにする書面を当該債権の債務者に交付しなければならない。

③ 貸金業者から貸付けに係る契約に基づく債権を譲り受けた者は、その債権について保証人となろうとする者との間で保証契約を締結しようとする場合には、当該保証契約を締結するまでに、貸金業法第16条の2第3項に規定する当該保証契約の内容を説明する書面を、当該保証契約の保証人となろうとする者に交付しなければならない。

④ 貸金業者は、貸付けの契約に基づく債権の取立ての委託をした相手方が、取立て制限者(注)であり、かつ、当該債権の取立てをするに当たり、貸金業法第21条（取立て行為の規制）第1項の規定に違反した場合において、当該債権の取立ての委託に当たりその相手方が取立て制限者であることを知らなかったときは、知ることができたとしても、行政処分の対象とはならない。

（注）取立て制限者とは、暴力団員等、暴力団員等がその運営を支配する法人その他の団体もしくは当該法人その他の団体の構成員又は貸付けの契約に基づく債権の取立てに当たり、貸金業法第21条第1項の規定に違反し、もしくは刑法もしくは暴力行為等処罰に関する法律の罪を犯すおそれが明らかである者をいう。

問題　⑮

指定信用情報機関への信用情報の提供等に関する次のa～dの記述のうち、その内容が適切なものの組み合わせを①～④の中から1つだけ選び、解答欄にその番号をマークしなさい。なお、本問における貸金業者は、非営利特例対象法人及び特定非営利金融法人ではないものとする。

a 加入貸金業者^(注1)は、資金需要者である個人の顧客を相手方として、極度方式基本契約に基づく極度方式貸付けに係る契約を締結したときは、遅滞なく、当該契約に係る個人信用情報を加入指定信用情報機関^(注2)に提供しなければならない。

b 加入貸金業者は、資金需要者である個人の顧客を相手方として、住宅資金貸付契約を締結したときは、当該契約に係る個人信用情報を加入指定信用情報機関に提供する必要はない。

c 加入貸金業者が加入指定信用情報機関に提供する個人信用情報には、勤務先の商号又は名称が含まれる。

d 加入貸金業者が加入指定信用情報機関に提供する個人信用情報には、国民健康保険証で本人確認（犯罪による収益の移転防止に関する法律第4条第1項第1号に規定する本人特定事項の確認をいう。）を行った場合におけるその保険証の記号番号が含まれる。

（注1）加入貸金業者とは、指定信用情報機関と信用情報提供契約を締結した相手方である貸金業者をいう。

（注2）加入指定信用情報機関とは、加入貸金業者と信用情報提供契約を締結した指定信用情報機関をいう。

① ａｂ ② ａｃ ③ ｂｄ ④ ｃｄ

問題 16

ＡとＢとの間の複数の営業的金銭消費貸借契約（以下、本問において、「第一契約」、「第二契約」又は「第三契約」という。）に関する次のａ〜ｄの記述のうち、利息制限法上、その内容が適切なものの個数を①〜④の中から１つだけ選び、解答欄にその番号をマークしなさい。

ａ Ａは、元本を95万円及び利息を利率年１割８分（18％）とする第一契約を締結し95万円をＢに貸し付けた後、その１か月後に第一契約に基づく債務がまったく弁済されていない時点において元本を９万円及び利息を利率年２割（20％）とする第二契約を締結し９万円をＢに貸し付けた。この場合、第一契約及び第二契約における利息の約定は、年１割５分（15％）を超過する部分に限り無効となる。

ｂ Ａは、元本を30万円及び利息を利率年１割８分（18％）とする第一契約を締結し30万円をＢに貸し付けた後、第一契約に基づく債務の残高が９万円である時点において、元本を５万円及び利息を利率年２割（20％）とする第二契約を締結し５万円をＢに貸し付けた。この場合、第二契約における利息の約定は、年１割８分（18％）を超過する部分に限り無効となる。

ｃ Ａは、元本を50万円及び利息を利率年１割８分（18％）とする第一契約を締結し50万円をＢに貸し付けた後、第一契約に基づく債務の残高が５万円である時点において、元本を３万円及び利息を利率年２割（20％）とする第二契約を締結し３万円をＢに貸し付けた。この場合、第二契約における利息の約定は、年１割８分（18％）を超過する部分に限り無効となる。

d Aは、元本を 50 万円及び利息を利率年 1 割 6 分（16％）とする第一契約を締結し 50 万円を B に貸し付けた後、第一契約に基づく債務の残高が 45 万円である時点において、元本を 5 万円及び利息を利率年 1 割 8 分（18％）とする第二契約を締結し 5 万円を B に貸し付けると同時に、元本を 50 万円及び利息を利率年 1 割 6 分（16％）とする第三契約を締結し 50 万円を B に貸し付けた。この場合、第二契約及び第三契約のいずれの利息の約定も、年 1 割 5 分（15％）を超過する部分に限り無効となる。

① 1個　　② 2個　　③ 3個　　④ 4個

問題　17

みなし利息に関する次の a 〜 d の記述のうち、利息制限法上、その内容が適切なものの組み合わせを①〜④の中から 1 つだけ選び、解答欄にその番号をマークしなさい。

a 貸金業者が、顧客との間で締結した営業的金銭消費貸借契約において、金銭の貸付け及び弁済に用いるため当該契約締結時に当該顧客に交付したカードの発行手数料を当該顧客から受領した場合、当該手数料は、利息とみなされる。

b 貸金業者が、顧客との間で締結した営業的金銭消費貸借契約に基づく貸付金を当該顧客が指定する銀行口座に振り込む際に要した手数料を当該顧客から受領した場合、当該手数料は、利息とみなされる。

c 貸金業者が、顧客との間で締結した営業的金銭消費貸借契約において、口座振替の方法による弁済につき、当該顧客が弁済期に弁済できなかったため、当該顧客の要請を受けて行った再度の口座振替手続に要した費用を当該顧客から受領した場合、当該費用は、利息とみなされる。

d 貸金業者が、顧客との間で締結した営業的金銭消費貸借契約におい

て、貸金業法第17条第1項に規定する契約の内容を明らかにする
書面を交付した後、当該顧客からの紛失による再発行の要請に基づ
き、当該書面を再発行し、その手数料を当該顧客から受領した場合、
当該手数料は、利息とみなされる。

① a b　　② a c　　③ b d　　④ c d

問題 ⑱

株式会社であるＡが貸金業の登録の申請をした。この場合に関する次
の①～④の記述のうち、その内容が適切でないものを１つだけ選び、
解答欄にその番号をマークしなさい。

① Ａの取締役の中に、刑法の罪を犯し、懲役の刑の言渡しを受けその
　刑の全部の執行を猶予され、当該執行猶予の言渡しを取り消される
　ことなくその猶予の期間を経過したが、その日から５年を経過しな
　い者がいる場合、貸金業法第６条（登録の拒否）に規定する登録の
　拒否事由（以下、本問において「登録拒否事由」という。）に該当する。
② Ａの常務に従事する役員は取締役３人であり、その全員が、貸付け
　の業務に従事した経験をまったく有しない場合、登録拒否事由に該
　当する。
③ Ａの取締役の中に、道路交通法の規定に違反し、懲役の刑に処せら
　れ、その刑の執行を終わり、又は刑の執行を受けることがなくなっ
　た日から５年を経過しない者がいる場合、登録拒否事由に該当する。
④ Ａが、再生手続開始の決定又は更生手続開始の決定のいずれも受け
　ておらず、その純資産額が 3,000 万円である場合、登録拒否事由に
　該当する。

問題 ⑲

貸金業者向けの総合的な監督指針におけるシステムリスク管理態勢に関する次の①～④の記述のうち、その内容が適切でないものを1つだけ選び、解答欄にその番号をマークしなさい。

① サイバーセキュリティ事案とは、情報通信ネットワークや情報システム等の悪用により、サイバー空間を経由して行われる不正侵入、情報の窃取、改ざんや破壊、情報システムの作動停止や誤作動、不正プログラムの実行やDDoS攻撃等の、いわゆるサイバー攻撃により、サイバーセキュリティが脅かされる事案をいう。

② システムリスク管理態勢の検証については、貸金業者の業容に応じて、例えば、システムリスクに対する認識等として、経営陣は、システムリスクの重要性を十分に認識した上で、システムを統括管理する役員を定めているかに留意して検証することとされている。

③ システムリスク管理態勢の検証については、貸金業者の業容に応じて、例えば、情報セキュリティ管理として、貸金業者が責任を負うべき資金需要者等の重要情報を網羅的に洗い出す必要があるが、資金需要者等の重要情報の洗い出しにあたっては、通常の業務では使用しないシステム領域に格納されたデータを除くすべてのデータ保存領域について、障害解析のためにシステムから出力された障害解析用データ、現金自動設備（店舗外含む。）等に保存されている取引ログ等のようなデータを洗い出しの対象範囲としているかに留意して検証することとされている。

④ システムリスク管理態勢の検証については、貸金業者の業容に応じて、例えば、システム監査として、システム部門から独立した内部監査部門において、システムに精通した監査要員による定期的なシステム監査が行われているか（外部監査人によるシステム監査を導入する方が監査の実効性があると考えられる場合には、内部監査に代え外部監査を利用して差し支えない。）に留意して検証すること

とされている。

問題 ⑳

株式会社である貸金業者Ａが、貸金業法第13条の3に基づき、個人顧客Ｂとの間で締結している極度方式基本契約（以下、本問において「本件基本契約」という。）について行う、本件基本契約が基準額超過極度方式基本契約に該当するかどうかの調査（以下、本問において「本件調査」という。）等に関する次の①〜④の記述のうち、その内容が<u>適切でない</u>ものを１つだけ選び、解答欄にその番号をマークしなさい。なお、Ａは、Ｂとの間で本件基本契約以外の極度方式基本契約を締結していないものとする。

① Ａは、本件基本契約の契約期間を本件基本契約の締結日から同日以後１か月以内の一定の期日までの期間及び当該一定の期日の翌日以後１か月ごとの期間に区分したそれぞれの期間（以下、本問において「所定の期間」という。）において、直近の所定の期間内にＡが行った本件基本契約に基づく極度方式貸付けの金額の合計額が15万円である場合であっても、当該所定の期間の末日における本件基本契約に基づく極度方式貸付けの残高の合計額が５万円であるときは、本件調査を行う必要はない。

② Ａは、３か月以内の一定の期間の末日における本件基本契約に基づく極度方式貸付けの残高の合計額が30万円である場合は、本件調査を行わなければならない。

③ Ａは、本件調査において、ＢがＡ以外の貸金業者との間で締結した貸付けに係る契約の貸付残高が60万円、本件基本契約の極度額が50万円かつ本件基本契約に基づく極度方式貸付けの残高が30万円である場合は、Ｂから、源泉徴収票その他のＢの収入又は収益その他の資力を明らかにする事項を記載し、又は記録した書面又は電磁的記録として内閣府令で定めるものの提出又は提供を受けていると

きを除き、その提出又は提供を受けなければならない。

④ Aは、3か月以内の一定の期間の末日において、本件基本契約の極度額の減額の措置を講じている場合、当該極度額を減額の措置を講じる前の金額に増額するまでの間は、本件調査を行う必要はない。

問題 ㉑

次の①～④の記述のうち、貸金業者が、個人顧客との間で金銭の貸付けに係る極度方式基本契約を締結しようとする場合に、当該契約を締結するまでに、貸金業法第16条の2第2項に規定する書面(極度方式基本契約における契約締結前の書面)により当該個人顧客に明らかにしなければならない事項に該当しないものを1つだけ選び、解答欄にその番号をマークしなさい。

① 当該契約の相手方となろうとする個人顧客の氏名及び住所
② 各回の返済期日及び返済金額の設定の方式
③ 返済の方法及び返済を受ける場所
④ 返済の方式

問題 ㉒

貸金業者Aが顧客Bとの間で極度額を50万円とし利率を年1割8分(18%)とする極度方式基本契約を令和4年4月1日に締結した場合に交付する貸金業法第17条(契約締結時の書面の交付)第2項に規定する書面(以下、本問において「基本契約に係る書面」という。)及び当該極度方式基本契約に基づく極度方式貸付けに係る契約を締結した場合に交付する同条第1項に規定する書面(以下、本問において「個別契約に係る書面」という。)に関する次の①～④の記述のうち、その内容が適切でないものを1つだけ選び、解答欄にその番号をマークしなさい。なお、本問における極度方式基本契約及び極度方式貸付

けに係る契約は、いずれも金銭の貸付けに係る契約であって、手形の割引の契約及び売渡担保の契約ではないものとする。

① Aは、個別契約に係る書面におけるAの登録番号の記載を省略することができる。

② Aは、基本契約に係る書面に利息の計算の方法を記載した場合には、個別契約に係る書面における利息の計算の方法の記載を省略することができる。

③ Aは、基本契約に係る書面に貸付けの利率を記載した場合には、個別契約に係る書面における貸付けの利率の記載を省略することができる。

④ Aは、個別契約に係る書面における各回の返済期日及び返済金額を次回の返済期日及び返済金額をもって代えることができる。

問題 ㉓

貸金業者Aが、個人顧客Bとの間で貸付けに係る契約を締結し金銭をBに貸し付け、Bに貸金業法第17条第1項に規定する書面（以下、本問において「契約締結時の書面」という。）を交付した後に、Bとの合意に基づき契約締結時の書面に記載した事項を変更した。この場合に関する次の①〜④の記述のうち、その内容が適切でないものを1つだけ選び、解答欄にその番号をマークしなさい。

① Aは、「利息の計算の方法」を変更した場合、当該変更がBの利益となる変更であるときを除き、変更後の内容を記載した契約締結時の書面をBに再交付しなければならない。

② Aは、「返済の方法及び返済を受ける場所」を変更した場合、当該変更がBの利益となる変更であるときを除き、変更後の内容を記載した契約締結時の書面をBに再交付しなければならない。

③ Aは、「債務者が負担すべき元本及び利息以外の金銭に関する事項」

を変更した場合、当該変更がBの利益となる変更であるときを除き、変更後の内容を記載した契約締結時の書面をBに再交付しなければならない。

④ Aは、「期限の利益の喪失の定めがあるときは、その旨及びその内容」を変更した場合、当該変更がBの利益となる変更であるときを除き、変更後の内容を記載した契約締結時の書面をBに再交付しなければならない。

問題 ㉔

貸金業法第18条第1項に規定する書面（以下、本問において「受取証書」という。）の交付に関する次の①～④の記述のうち、その内容が適切でないものを1つだけ選び、解答欄にその番号をマークしなさい。

① 貸金業者は、その営業所の窓口において、貸付けに係る契約に基づく債権の全部について、当該契約の債務者から弁済を受けたときは、遅滞なく、内閣府令で定めるところにより、受取証書を当該債務者に交付すれば足りる。

② 貸金業者は、預金又は貯金の口座に対する払込みにより、貸付けに係る契約に基づく債権の全部について、当該契約の債務者から弁済を受けた場合、当該債務者の請求があったときに限り、受取証書を当該債務者に交付しなければならない。

③ 貸金業者は、貸付けに係る契約の債務者に受取証書を交付しなければならない場合、当該受取証書において、当該契約を契約番号その他により明示することをもって、当該貸金業者の登録番号及び当該債務者の商号、名称又は氏名の記載に代えることができる。

④ 貸金業者は、その営業所の窓口において、貸付けに係る契約に基づく債権の一部について、当該契約の債務者から弁済を受け、受取証書を交付する場合、当該受取証書に、受領金額及びその利息、賠償

額の予定に基づく賠償金又は元本への充当額のほか、貸付けの金額
等を記載しなければならない。

問題 ㉕

貸付けの契約に基づく債権の取立てに関する次の①～④の記述のう
ち、その内容が<u>適切でない</u>ものを１つだけ選び、解答欄にその番号を
マークしなさい。

① 貸金業者の貸付けの契約に基づく債権の取立てについて貸金業者か
ら委託を受けた者が、債務者等に対し、支払を催告するために送付
する書面に記載しなければならない事項には、当該書面を送付する
者の氏名が含まれる。

② 貸金業者は、債務者等から貸付けの契約に基づく債権に係る債務の
処理の委託を受けた弁護士から、書面により、当該委託を受けた旨
の通知を受けた場合、正当な理由がないのに、債務者等に対し、電
話をかけ、電報を送達し、もしくはファクシミリ装置を用いて送信
し、又は訪問する方法により、当該債務を弁済することを要求し、
これに対し債務者等から直接要求しないよう求められたにもかかわ
らず、更にこれらの方法で当該債務を弁済することを要求してはな
らない。

③ 貸金業者は、貸金業法第21条（取立て行為の規制）第２項の規定
により、債務者等に対し、支払を催告するために書面又はこれに代
わる電磁的記録を送付するときは、当該書面に封をする方法、本人
のみが使用していることが明らかな電子メールアドレスに電子メー
ルを送付する方法その他の債務者の借入れに関する事実が債務者等
以外の者に明らかにならない方法により行わなければならない。

④ 貸金業者向けの総合的な監督指針によれば、監督当局は、貸金業者
以外の者が貸し付けた債権について、貸金業者が、保証契約に基づ
き求償権を有する場合、その取立てに当たっては貸金業法第21条

が適用されることがないため、不適切な取立て行為が行われないよう指導及び監視することに留意するものとされている。

問題 26

貸金業者に対する監督に関する次の①〜④の記述のうち、その内容が適切でないものを１つだけ選び、解答欄にその番号をマークしなさい。

① 内閣総理大臣又は都道府県知事（以下、本問において「登録行政庁」という。）は、３年毎に、当該職員に、その登録を受けた貸金業者の営業所もしくは事務所に立ち入らせ、その業務に関して質問させ、又は帳簿書類その他の物件を検査させなければならない。

② 登録行政庁は、その登録を受けた貸金業者が、自己の名義で、貸金業法第３条第１項の登録を受けていない者に貸金業を営ませた場合、当該貸金業者の登録を取り消さなければならない。

③ 登録行政庁は、その登録を受けた貸金業者が、正当な理由がないのに、引き続き６か月以上貸金業を休止した場合、当該貸金業者の登録を取り消すことができる。

④ 登録行政庁は、その登録を受けた貸金業者の業務の運営に関し、資金需要者等の利益の保護を図るため必要があると認めるときは、当該貸金業者に対して、その必要の限度において、業務の方法の変更その他業務の運営の改善に必要な措置を命ずることができる。

問題 27

金利等の規制に関する次の①〜④の記述のうち、その内容が適切でないものを１つだけ選び、解答欄にその番号をマークしなさい。

① 貸金業法上、金銭の貸借の媒介を行った貸金業者は、当該媒介により締結された貸付けに係る契約の債務者から当該媒介の手数料を受

領した場合において、当該契約につき更新があったときは、これに対する新たな手数料を受領し、又はその支払を要求してはならない。

②出資法^(注)上、金銭の貸借の媒介を行う者が、その媒介に係る貸借（貸借の期間が1年以上であるものとする。）の金額の100分の5に相当する金額を超える手数料の契約をし、又はこれを超える手数料を受領する行為は、刑事罰の対象となる。

③貸金業法上、貸金業者は、その利息が利息制限法第1条（利息の制限）に規定する金額を超える利息の契約を締結した場合、行政処分の対象となる。

④出資法上、金銭の貸付けを行う者が業として金銭の貸付けを行う場合において、元本100万円に対して年2割（20%）の利息の契約を締結する行為は、刑事罰の対象となる。

（注）出資法とは、出資の受入れ、預り金及び金利等の取締りに関する法律をいう。

●貸付け及び貸付けに付随する取引に関する 法令及び実務に関すること●

問題 28

行為能力に関する次の①～④の記述のうち、民法上、その内容が適切なものを1つだけ選び、解答欄にその番号をマークしなさい。

①未成年者は、法定代理人が目的を定めて処分を許した財産については、その目的の範囲内において自由に処分することができるが、法定代理人が目的を定めないで処分を許した財産については、自由に処分することができない。

②未成年者は、一種又は数種の営業を許された場合において、当該許された営業以外の法律行為を単独で行ったときは、未成年者による法律行為であることを理由として、当該単独で行った法律行為を取

り消すことができない。

③後見開始の審判を受けた者は、成年被後見人とし、これに成年後見人を付する。家庭裁判所は、成年後見人を付するにあたっては、法人を成年後見人とすることができる。

④成年被後見人が成年後見人の同意を得て行った法律行為（日用品の購入その他日常生活に関する行為ではないものとする。）は、取り消すことができない。

問題 **㉙**

消滅時効に関する次の①〜④の記述のうち、民法上、その内容が適切なものを1つだけ選び、解答欄にその番号をマークしなさい。

①時効の利益は、あらかじめ放棄することができる。

②民事調停が申し立てられた場合において、当該民事調停が不調に終わったときは、当該民事調停が不調に終わった時から6か月を経過するまでの間は、時効は完成しない。

③催告があった場合、その時から6か月を経過するまでの間に、再度の催告をしたときは、再度の催告の時から6か月を経過するまでの間は、時効は完成しない。

④権利についての協議を行う旨の合意が書面でなされた場合、時効は、その合意がなされた時から新たにその進行を始める。

問題 **㉚**

質権及び抵当権に関する次の①〜④の記述のうち、民法上、その内容が適切なものを1つだけ選び、解答欄にその番号をマークしなさい。

①動産を目的とする質権の設定は、債権者に当該動産を引き渡すことによって、その効力を生ずる。

②質権者は、質権設定者の承諾を得なければ、質物について、転質をすることができない。

③抵当権は、その担保する債権について不履行があったとしても、抵当不動産の果実に及ばない。

④抵当権者は、利息その他の定期金を請求する権利を有するときは、その全額についてその抵当権を行使することができる。

問題 ㉛

保証に関する次の①～④の記述のうち、民法上、その内容が適切なものを1つだけ選び、解答欄にその番号をマークしなさい。

①保証債務は、主たる債務に関する利息、違約金、損害賠償その他その債務に従たるすべてのものを包含するが、保証人は、その保証債務についてのみ、違約金又は損害賠償の額を約定することはできない。

②主たる債務の目的又は態様が保証契約の締結後に軽減又は加重されたときは、保証人の負担もこれに応じて軽減又は加重される。

③主たる債務者に対する履行の請求その他の事由による消滅時効の完成猶予及び更新は、保証人に対しては、その効力を生じない。

④主たる債務者が期限の利益を有する場合において、その利益を喪失したときは、債権者は、保証人（法人である場合を除く。）に対し、その利益の喪失を知った時から2か月以内に、その旨を通知しなければならない。

問題 ㉜

弁済に関する次の①～④の記述のうち、民法上、その内容が適切なものを1つだけ選び、解答欄にその番号をマークしなさい。

①受領権者（債権者及び法令の規定又は当事者の意思表示によって弁済を受領する権限を付与された第三者をいう。）以外の者であって取引上の社会通念に照らして受領権者としての外観を有するものに対してした弁済は、その弁済をした者が善意であれば、過失の有無にかかわらず、その効力を有する。

②当事者が第三者の弁済を禁止した場合は、弁済をするについて正当な利益を有する第三者であっても、弁済をすることができない。

③債務者が一個又は数個の債務について元本のほか利息及び費用を支払うべき場合において、弁済をする者がその債務の全部を消滅させるのに足りない給付をしたときは、弁済の充当の順序に関する合意の有無にかかわらず、これを順次に費用、利息及び元本に充当しなければならない。

④弁済の提供は、債権者があらかじめその受領を拒んでいるときであっても、弁済の準備をしたことを通知してその受領の催告をすることでは足りず、債務の本旨に従って現実にしなければならない。

問題 33

相続に関する次の①～④の記述のうち、民法上、その内容が適切なものを１つだけ選び、解答欄にその番号をマークしなさい。

①Aは、配偶者B及び胎児Cのみを遺して死亡した。Cは、生きて産まれたときであってもAの相続人とならない。

②Aは、配偶者B及び親Cのみを遺して死亡した。この場合、Cの法定相続分は、３分の２である。

③Aは、配偶者B、子C及び子Dのみを遺して死亡した。Bが相続を単純承認した場合であっても、C及びDは、限定承認をすることができる。

④Aは、配偶者B及び子Cのみを遺して死亡した。B及びCは、遺産分割協議により、AのDに対する借入金債務をBのみが相続するこ

ととした場合であっても、Dは、B及びCに対して、当該借入金債務に係るそれぞれの法定相続分の割合に相当する債務の弁済を請求することができる。

問題 ㉞

破産法に関する次の①～④の記述のうち、その内容が適切なものを1つだけ選び、解答欄にその番号をマークしなさい。

① 破産手続開始の申立てがあった場合において、破産財団をもって破産手続の費用を支弁するのに不足するときは、その申立ては却下される。
② 免責許可の申立ては、破産手続廃止の決定が確定した後1か月以内に限り、破産裁判所に対し、当該申立てをすることができる。
③ 裁判所は、破産者について、浪費又は賭博その他の射幸行為をしたことによって著しく財産を減少させ、又は過大な債務を負担したと認めるときは、他にいかなる事由があるときであっても、免責許可の決定をすることはできない。
④ 破産者は、免責許可の決定が確定したときは、復権する。

問題 ㉟

犯罪による収益の移転防止に関する法律についての次の①～④の記述のうち、その内容が適切なものを1つだけ選び、解答欄にその番号をマークしなさい。

① 貸金業者は、顧客である株式会社（その株式を金融商品取引所に上場しているものとする。）の取引時確認を行う場合においては、当該会社のために当該貸金業者との間で当該取引時確認の対象となる取引を行っている当該会社の担当者の本人特定事項の確認を行わな

ければならない。

②貸金業者は、個人顧客との間で特定取引を行うに際し、当該顧客か
ら電気料金等の公共料金の領収証書の原本の提示を受けたときは、
取引時確認における本人特定事項の確認を行ったものと認められ
る。

③貸金業者は、特定業務に係る取引について、顧客が組織的な犯罪の
処罰及び犯罪収益の規制等に関する法律第10条（犯罪収益等隠匿）
の罪に当たる行為を行っている疑いがあると認められる場合におい
ては、速やかに、管轄の行政庁及び当該貸金業者が加入している貸
金業法上の指定信用情報機関に届け出なければならない。

④貸金業者は、取引時確認を行った場合には、直ちに、主務省令で定
める方法により、当該取引時確認に係る事項、当該取引時確認のた
めにとった措置その他の主務省令で定める事項に関する記録を作成
し、当該記録を、当該取引時確認を行った日から7年間保存しなけ
ればならない。

問題 ㊱

Aは、その所有する甲土地をBに売却する旨の委任に係る代理権（以
下、本問において「本件代理権」という。）をCに付与しようとしている。
この場合に関する次の①〜④の記述のうち、民法上、その内容が適切
でないものを1つだけ選び、解答欄にその番号をマークしなさい。

①Cは、Aから本件代理権を付与され、Aの代理人としてBとの間で
甲土地の売買契約を締結した。この場合において、当該売買契約の
効力がBの詐欺があったことによって影響を受けるべきときには、
その事実の有無は、Cについて決するものとされる。

②Cは、Aから本件代理権を付与されていた一方で、Bからも甲土地
の購入について代理権を付与されていた。この場合において、Cが、
A及びBの事前の許諾を得ることなく、A及びBの双方の代理人と

して、甲土地をBに3,000万円で売却する旨の契約を締結したときは、Cの当該行為は無権代理行為となる。

③ Cは、Aから本件代理権を付与されていなかったのに、Aの代理人と称してBとの間で甲土地の売買契約を締結した。この場合、Bは、Aに対して相当の期間を定めて当該売買契約を追認するか否かを催告することができる。

④ Cは、Aから本件代理権を付与されていなかったのに、Aの代理人と称してBとの間で甲土地の売買契約を締結した。この場合、Bは、当該売買契約締結時点において、Cに代理権がないことを知っていたときであっても、Aが追認をしない間は、当該売買契約を取り消すことができる。

問題 37

無効及び取消しに関する次の①～④の記述のうち、民法上、その内容が適切でないものを１つだけ選び、解答欄にその番号をマークしなさい。

① 行為能力の制限によって取り消すことができる行為は、制限行為能力者（他の制限行為能力者の法定代理人としてした行為にあっては、当該他の制限行為能力者を含む。）又はその代理人、承継人もしくは同意をすることができる者に限り、取り消すことができる。

② 取り消された行為は、初めから無効であったものとみなされる。

③ 無効な行為は、追認によっても、その効力を生じない。ただし、当事者がその行為の無効であることを知って追認をしたときは、新たな行為をしたものとみなされる。

④ 追認をすることができる時よりも前に、取り消すことができる行為によって取得した権利を譲渡したときは、追認をしたものとみなされる。

問題 38

債務の引受けに関する次の①～④の記述のうち、民法上、その内容が適切でないものを1つだけ選び、解答欄にその番号をマークしなさい。

① 併存的債務引受の引受人は、債務者と連帯して、債務者が債権者に対して負担する債務と同一の内容の債務を負担する。

② 併存的債務引受は、債権者、債務者及び引受人となる者との三者間で契約を締結しなければ、その効力を生じない。

③ 免責的債務引受の引受人は、債務者が債権者に対して負担する債務と同一の内容の債務を負担し、債務者は、自己の債務を免れる。

④ 免責的債務引受の引受人は、債務者に対して求償権を取得しない。

問題 39

相殺に関する次の①～④の記述のうち、民法上、その内容が適切でないものを1つだけ選び、解答欄にその番号をマークしなさい。

① Aは、Bに対して悪意による不法行為に基づく損害賠償債権を有するとともに売買契約に基づく代金債務を負っている。この場合において、Aは、当該損害賠償債権と当該代金債務とを相殺することができない。

② Aは、Bに対して売買契約に基づく代金債権を有するとともに金銭消費貸借契約に基づく借入金債務を負っている。当該売買契約においては、Bは、代金の支払期日に、Aからの商品の納品と引き換えに、代金をAに支払う旨の約定がなされている。この場合において、Aは、代金の支払期日が到来しても、Bに商品を納品していないときは、当該代金債権と当該借入金債務とを相殺することができない。

③ Bは、Aに対して売買契約に基づく代金債権を有しており、Bの債権者であるCは、当該代金債権を差し押さえた。Aに当該差押命令

が送達された後、Aが、DからDのBに対する貸付金債権を譲り受けた場合、Aは、当該貸付金債権とBに対して負う代金債務との相殺をもってCに対抗することができない。

④ Aは、Bに対して金銭消費貸借契約に基づく貸付金債権を有するとともに売買契約に基づく代金債務を負っている。この場合において、AがBに当該貸付金債権と当該代金債務との相殺の意思表示をしたときは、当該意思表示は双方の債務が互いに相殺に適するようになった時にさかのぼってその効力を生ずる。

問題 ㊵

契約に関する次の①〜④の記述のうち、民法上、その内容が適切でないものを１つだけ選び、解答欄にその番号をマークしなさい。

① 申込者が申込みの通知を発した後に死亡した場合において、申込者がその事実が生じたとすればその申込みは効力を有しない旨の意思を表示していたとき、又はその相手方が承諾の通知を発するまでにその事実が生じたことを知ったときは、その申込みは、その効力を有しない。

② 当事者双方の責めに帰することができない事由によって債務を履行することができなくなったときは、債権者は、反対給付の履行を拒むことができる。

③ 当事者の一方が、第三者との間で契約上の地位を譲渡する旨の合意をした場合において、その契約の相手方にその旨の通知をしたときは、契約上の地位は、その第三者に移転する。

④ 当事者の一方がその解除権を行使したときは、各当事者は、その相手方を原状に復させる義務を負う。ただし、第三者の権利を害することはできない。

問題 ㊵

請負契約に関する次の①〜④の記述のうち、民法上、その内容が<u>適切でない</u>ものを1つだけ選び、解答欄にその番号をマークしなさい。

①請負は、当事者の一方がある仕事を完成することを約し、相手方がその仕事の結果に対してその報酬を支払うことを約することによって、その効力を生ずる。

②物の引渡しを要する請負契約における報酬は、仕事の目的物の引渡しと同時に支払わなければならない。

③請負人が種類又は品質に関して契約の内容に適合しない仕事の目的物を注文者に引き渡したときは、注文者は、注文者の供した材料の性質又は注文者の与えた指図によって生じた不適合を理由として、履行の追完の請求、報酬の減額の請求、損害賠償の請求及び契約の解除をすることができない。ただし、請負人がその材料又は指図が不適当であることを知りながら告げなかったときは、この限りでない。

④請負人が仕事を完成しない間は、注文者及び請負人は、いつでも契約の解除をすることができる。

問題 ㊷

不当利得及び不法行為に関する次の①〜④の記述のうち、民法上、その内容が<u>適切でない</u>ものを1つだけ選び、解答欄にその番号をマークしなさい。

①数人が共同の不法行為によって他人に損害を加えたときは、各自が連帯してその損害を賠償する責任を負う。

②人の生命又は身体を害する不法行為による損害賠償請求権を除き、不法行為による損害賠償の請求権は、被害者又はその法定代理人が

損害及び加害者を知った時から3年間行使しないとき、又は不法行為の時から20年間行使しないときは、時効によって消滅する。

③法律上の原因なく他人の財産又は労務によって利益を受け、そのために他人に損失を及ぼした受益者は、善意であるか悪意であるかを問わず、その受けた利益に利息を付して返還する義務を負う。

④債務者は、弁済期にない債務の弁済として給付をしたときは、その給付したものの返還を請求することができない。ただし、債務者が錯誤によってその給付をしたときは、債権者は、これによって得た利益を返還しなければならない。

◉資金需要者等の保護に関すること◉

問題 43

個人情報の保護に関する法律に関する次の①～④の記述のうち、その内容が適切なものを1つだけ選び、解答欄にその番号をマークしなさい。

①個人情報取扱事業者は、個人情報を取り扱うに当たっては、その利用の目的（以下、本問において「利用目的」という。）をできる限り特定しなければならない。個人情報取扱事業者は、利用目的を変更する場合には、変更前の利用目的と関連性を有すると合理的に認められる範囲を超えて行ってはならない。

②個人情報取扱事業者は、合併その他の事由により他の個人情報取扱事業者から事業を承継することに伴って個人情報を取得した場合において、承継前における当該個人情報の利用目的の達成に必要な範囲を超えて当該個人情報を取り扱うときは、速やかに、その利用目的を、本人に通知し、又は公表しなければならない。

③個人情報取扱事業者は、利用目的を変更した場合は、取得の状況からみて利用目的が明らかであると認められるときであっても、変更された利用目的について、本人に通知し、又は公表しなければなら

ない。

④ 個人情報取扱事業者は、本人との間で契約を締結することに伴って契約書その他の書面（電磁的記録を含む。）に記載された当該本人の個人情報を取得する場合は、あらかじめ、本人に対し、その利用目的を明示しその同意を得なければならない。

問題 **44**

消費者契約法に関する次の①〜④の記述のうち、その内容が適切なものを１つだけ選び、解答欄にその番号をマークしなさい。

① 事業者が消費者契約の締結について勧誘をするに際し、消費者に対して重要事項について事実と異なることを告げる行為をした場合、当該消費者が、当該告げられた内容が事実であるとの誤認をしたか否かにかかわらず、当該消費者は、それによってなされた当該消費者契約の申込み又はその承諾の意思表示を取り消すことができる。

② 消費者が消費者契約法に基づいて消費者契約を取り消すことができる場合において、追認をすることができる時から６か月間取消権を行使しないとき、又は当該消費者契約の締結の時から５年を経過したときは、当該消費者は、当該消費者契約を取り消すことができなくなる。

③ 事業者が、消費者契約の締結について勧誘をするに際し、勧誘をしている場所から退去する旨の意思を消費者が示したにもかかわらず、当該消費者を退去させないなど、消費者を困惑させることにより当該消費者契約を締結した場合、当該消費者契約は、無効である。

④ 消費者契約の条項のうち、消費者契約に基づき支払うべき金銭の全部を消費者が支払期日までに支払わない場合における損害賠償の額を予定し、又は違約金を定める条項であって、これらを合算した額が、支払期日の翌日からその支払をする日までの期間について、その日数に応じ、当該支払期日に支払うべき額から当該支払期日に支

払うべき額のうち既に支払われた額を控除した額に年14.6％の割合を乗じて計算した額を超えることとなるものは、当該超える部分につき無効である。

問題 45

次の①〜④の記述のうち、日本貸金業協会が定める貸金業の業務運営に関する自主規制基本規則に規定する「広告及び勧誘に関する規制」によれば、協会に加入している貸金業者が個人向け貸付けの契約に係る広告を出稿するに当たり、協会が設ける審査機関から承認を受けなければならないものを1つだけ選び、解答欄にその番号をマークしなさい。

① インターネットによる広告
② 新聞及び雑誌広告
③ チラシによる広告
④ 看板広告

問題 46

個人情報の保護に関する法律についてのガイドライン（通則編）に関する次の①〜④の記述のうち、その内容が適切でないものを1つだけ選び、解答欄にその番号をマークしなさい。

① 個人情報取扱事業者は、物理的安全管理措置として、個人データを取り扱う機器、電子媒体及び書類等の盗難又は紛失等を防止するために、適切な管理を行わなければならない。
② 個人情報取扱事業者は、人的安全管理措置として、従業者に、個人データの適切な取扱いを周知徹底するとともに適切な教育を行わなければならない。

③個人情報取扱事業者は、組織的安全管理措置として、個人データの取扱いに係る規律に従った運用、担当者及び取り扱う個人情報データベース等の範囲を限定するための適切なアクセス制御を行わなければならない。

④個人情報取扱事業者は、情報システム（パソコン等の機器を含む。）を使用して個人データを取り扱う場合（インターネット等を通じて外部と送受信等する場合を含む。）、技術的安全管理措置として、個人データを取り扱う情報システムを使用する従業者が正当なアクセス権を有する者であることを、識別した結果に基づき認証しなければならない。

問題 47

不当景品類及び不当表示防止法（以下、本問において「景品表示法」という。）に関する次の①～④の記述のうち、その内容が適切でないものを1つだけ選び、解答欄にその番号をマークしなさい。

①「景品類」とは、顧客を誘引するための手段として、その方法が直接的であるか間接的であるかを問わず、くじの方法によるかどうかを問わず、また事業者が自己の供給する商品又は役務の取引に付随して行われるものかどうかを問わず、相手方に提供する物品、金銭その他の経済上の利益であって、内閣総理大臣が指定するものをいう。

②内閣総理大臣は、不当な顧客の誘引を防止し、一般消費者による自主的かつ合理的な選択を確保するため必要があると認めるときは、景品類の価額の最高額もしくは総額、種類もしくは提供の方法その他景品類の提供に関する事項を制限し、又は景品類の提供を禁止することができる。

③内閣総理大臣は、景品表示法第7条（措置命令）第1項の規定による命令に関し、事業者がした表示が同法第5条（不当な表示の禁止）

第1号に該当する表示（以下、本問において「優良誤認表示」という。）であるか否かを判断するため必要があると認めるときは、当該表示をした事業者に対し、期間を定めて、当該表示の裏付けとなる合理的な根拠を示す資料の提出を求めることができる。この場合において、当該事業者が当該資料を提出しないときは、同法第7条第1項の規定の適用については、当該表示は優良誤認表示とみなされる。

④景品表示法第7条第1項の規定による命令に違反した者は、刑事罰に処される。

●財務及び会計に関すること●

問題 48

給与所得者の収入及び給与所得の源泉徴収票等に関する次の①～④の記述のうち、その内容が適切なものを1つだけ選び、解答欄にその番号をマークしなさい。

①給与所得者の収入を把握できるものは、雇用主により作成され交付される源泉徴収票及び給与明細書のみである。

②単一の事業者のみから給与を受けている給与所得者のうち、給与の年間収入金額が1,500万円を超える者は、確定申告書の提出が必要である。

③源泉徴収票には、支払金額、給与所得控除後の金額及び源泉徴収税額が記載される欄はあるが、前年度の市町村民税の控除額が記載される欄はない。

④源泉徴収票には控除対象配偶者の有無等の欄がある。ここでいう控除対象配偶者とは、その年の12月31日の現況で、民法の規定による配偶者又は婚姻の届出はしていないが事実上婚姻関係と同様の事情にある者であること、納税者と生計を一にしていること、年間の合計所得金額が103万円以下であることの条件を満たす者をいう。

問題 49

会社計算規則に規定する損益計算書等^(注)に関する次の①～④の記述
のうち、その内容が適切なものを1つだけ選び、解答欄にその番号を
マークしなさい。

①損益計算書とは、ある時点における企業の財政状態を表す財務諸表
　である。
②売上総損益金額から販売費及び一般管理費の合計額を減じて得た額
　が零以上の場合を営業利益金額という。
③営業損益金額に特別利益を加えて得た額から特別損失を減じて得た
　額が零以上の場合を経常利益金額という。
④経常利益金額から税金を差し引いた額が零以上の場合を当期純利益
　金額という。

(注) 損益計算書等とは、損益計算書及び連結損益計算書をいう。

問題 50

企業会計原則（大蔵省企業会計審議会発表）の一般原則に関する次の
①～④の記述のうち、その内容が適切でないものを1つだけ選び、解
答欄にその番号をマークしなさい。

①企業会計は、企業の財政状態及び経営成績に関して、真実な報告を
　提供するものでなければならない。これを一般に真実性の原則とい
　う。
②資本取引と損益取引とを明瞭に区別し、特に資本剰余金と利益剰余
　金とを混同してはならない。これを一般に資本取引と損益取引との
　区分の原則という。
③企業会計は、財産目録及び出納帳簿によって、利害関係者に対し必

要な会計事実を明瞭に表示し、企業の状況に関する適切な判断がなされるようにしなければならない。これを一般に適切性の原則という。

④株主総会提出のため、信用目的のため、租税目的のため等種々の目的のために異なる形式の財務諸表を作成する必要がある場合、それらの内容は、信頼しうる会計記録に基づいて作成されたものであって、政策の考慮のために事実の真実な表示をゆがめてはならない。これを一般に単一性の原則という。

第16回

（2021 年度）

問　題

問　題

Question

◉法及び関係法令に関すること◉

問題　1

貸金業法上の用語の定義等に関する次のa～dの記述のうち、その内容が適切なものの個数を①～④の中から1つだけ選び、解答欄にその番号をマークしなさい。

a 貸金業とは、金銭の貸付け又は金銭の貸借の媒介（手形の割引、売渡担保その他これらに類する方法によってする金銭の交付又は当該方法によってする金銭の授受の媒介を含む。）で業として行うものをいうが、貸金業から除かれるものの1つとして、物品の売買、運送、保管又は売買の媒介を業とする者がその取引に付随して行うものがある。

b 債務者等とは、債務者又は債務者であった者をいい、保証人及び保証人であった者は債務者等に含まれない。

c 貸付けの契約とは、貸付けに係る契約又は当該契約に係る保証契約であって、資金需要者等の利益を損なうおそれがないと認められるものをいう。

d 手続実施基本契約とは、紛争解決等業務の実施に関し、指定紛争解決機関、紛争当事者である貸金業者及び資金需要者等の三者間で締結される契約をいう。

①　1個　　②　2個　　③　3個　　④　4個

問題　2

貸金業者の登録等に関する次のa～dの記述のうち、その内容が適切

なものの組み合わせを①〜④の中から１つだけ選び、解答欄にその番号をマークしなさい。

a 貸金業を営もうとする者は、２つ以上の都道府県の区域内に営業所又は事務所を設置してその事業を営もうとする場合にあっては、その本店の所在地を管轄する都道府県知事を経由して内閣総理大臣の登録の申請をしなければならない。

b 貸金業者は、貸金業の登録の更新を受けようとするときは、その者が現に受けている貸金業の登録の有効期間満了の日の２か月前までに当該登録の更新を申請しなければならない。

c 貸金業の登録を受けるための登録申請書には、営業所又は事務所ごとに置かれる貸金業務取扱主任者の氏名及び住所を記載しなければならない。

d 貸金業の登録は、３年ごとにその更新を受けなければ、その期間の経過によって、その効力を失う。

① ａｂ   ② ａｃ   ③ ｂｄ   ④ ｃｄ

問題 **3**

貸金業法第８条（変更の届出）に関する次の①〜④の記述のうち、その内容が適切なものを１つだけ選び、解答欄にその番号をマークしなさい。

①貸金業者は、その商号、名称又は氏名を変更しようとする場合は、あらかじめ、その旨をその登録をした内閣総理大臣又は都道府県知事（以下、本問において「登録行政庁」という。）に届け出なければならない。

②貸金業者は、その業務に関して広告又は勧誘をする際に表示等をする営業所又は事務所の電話番号（場所を特定するもの並びに当該場

所を特定するものに係る着信課金サービス及び統一番号サービスに係るものに限る。）を変更しようとする場合は、あらかじめ、その旨を登録行政庁に届け出なければならない。

③貸金業者は、その業務の種類及び方法を変更しようとする場合は、あらかじめ、その旨を登録行政庁に届け出なければならない。

④貸金業者は、貸金業の他に事業を行っている場合において、その事業の種類を変更しようとするときは、あらかじめ、その旨を登録行政庁に届け出なければならない。

問題　④

貸金業者向けの総合的な監督指針（以下、本問において「監督指針」という。）において、監督当局が貸金業者を監督するに当たっての主な着眼点とされている事項に関する次のa～dの記述のうち、その内容が適切なものの組み合わせを①～④の中から１つだけ選び、解答欄にその番号をマークしなさい。

a 監督指針によれば、社内規則等^(注)については、貸金業者のそれぞれの規模・特性に応じて、創意・工夫を生かし、法令及び法の趣旨を踏まえ自主的に策定する必要があるとされており、協会員が策定する社内規則等は、貸金業協会の自主規制規則に則った内容となっている必要があるが、非協会員が策定する社内規則等は、その独自性に配慮し、貸金業協会の策定する自主規制規則に則った内容である必要はないこと、などが着眼点とされている。

b 監督指針によれば、「内部管理部門」とは、法令及び社内規則等を遵守した業務運営を確保するための内部事務管理部署、法務部署等をいうが、内部管理部門において、業務運営全般に関し、法令及び社内規則等に則った適正な業務を遂行するための適切なモニタリング・検証が行われているか、また、重大な問題等を確認した場合、経営陣に対し適切に報告が行われているか、などが着眼点とされて

いる。

c 監督指針によれば、他に貸金業の業務に従事する者がいない個人の貸金業者においては、当該個人が貸金業法に規定された主任者（同法第24条の25第1項の登録を受けた貸金業務取扱主任者をいう。）であることをかんがみ、内部監査に代わる措置として自己の行う貸金業に関する業務の検証を行う場合には、自己検証を実施する頻度が少なくとも年3回以上となっているか等の点を踏まえ、業務の適切性を確保するために十分な態勢を整備しているか、などが着眼点とされている。

d 監督指針によれば、貸金業者の経営陣は、利益相反が生じる可能性のある業務に係る内部牽制や営業店長の権限に応じた監視などについて、内部管理部門が顧客対応を行う部署に対し、適切な業務運営を確保するためのモニタリング・検証及び改善策の策定等を行う態勢を整備しているか、などが着眼点とされている。

(注) 社内規則等とは、貸金業協会の定款、業務規程、その他の規則を考慮し、当該貸金業者又はその役員もしくは使用人が遵守すべき規則をいう。

① ab ② ac ③ bd ④ cd

問題 5

貸金業法第12条の4第1項に規定する証明書（以下、本問において「証明書」という。）の携帯に関する次のa～dの記述のうち、その内容が適切なものの組み合わせを①～④の中から1つだけ選び、解答欄にその番号をマークしなさい。

a 貸金業者Aは、その従業者BをAの営業所又は事務所において資金需要者等と対面することなく行うシステム管理の業務に従事させる

場合、Bに証明書を携帯させる必要はない。

b 貸金業者Aは、その従業者Cを資金需要者等の勧誘を伴わない広告のみを行う業務に従事させる場合、Cに証明書を携帯させなければならない。

c 貸金業者Aは、労働者派遣事業を行う事業主Dから派遣労働者Eの派遣を受けてEをAの貸金業の業務に従事させる場合、Eに証明書を携帯させる必要はない。

d 貸金業者Aは、委託先Fに貸金業の業務を委託した場合において、Fの従業者Gがその貸金業の業務に従事するときは、Gに証明書を携帯させなければならない。

① ab ② ad ③ bc ④ cd

問題 6

次のa～dの記述のうち、貸金業者向けの総合的な監督指針において、貸金業法第12条の6（禁止行為）第4号に規定する「偽りその他不正又は著しく不当な行為」に該当するおそれが大きいとされているものの個数を①～④の中から1つだけ選び、解答欄にその番号をマークしなさい。

a 貸金業者が、契約の締結又は変更に際して、貸付け金額に比し、合理的理由がないのに、過大な担保又は保証人を徴求すること。

b 貸金業者が、資金需要者等が身体的・精神的な障害等により契約の内容が理解困難なことを認識しながら、契約を締結すること。

c 資金需要者等が障害者である場合であって、その家族や介助者等のコミュニケーションを支援する者が存在する場合に、貸金業者が、当該支援者を通じて資金需要者等に契約内容を理解してもらう等の努力をすることなく、単に障害があることを理由として契約締結を拒否すること。

d 貸金業者が、確定判決において消費者契約法第8条から第10条までの規定に該当し無効であると評価され、当該判決確定の事実が消費者庁、独立行政法人国民生活センター又は同法に規定する適格消費者団体によって公表されている条項と、内容が同一である条項を含む貸付けに係る契約（消費者契約に限る。）を締結すること。

① 1個　② 2個　③ 3個　④ 4個

問題 ⑦

次のa～dの記述のうち、貸金業法第13条の2第2項に規定する年間の給与及びこれに類する定期的な収入の金額として内閣府令で定めるものに該当するものの個数を①～④の中から1つだけ選び、解答欄にその番号をマークしなさい。

a 年間の年金の金額
b 年間の投資信託の分配金（事業として行う場合を除く。）の金額
c 年間の定期的に受領する不動産の賃貸収入（事業として行う場合を除く。）の金額
d 年間の事業所得の金額（過去の事業所得の状況に照らして安定的と認められるものに限る。）

① 1個　② 2個　③ 3個　④ 4個

問題 ⑧

貸金業法第13条の2（過剰貸付け等の禁止）第2項に規定する個人過剰貸付契約から除かれる契約として貸金業法施行規則第10条の21に定める契約（以下、本問において「除外契約」という。）に関する次のa～dの記述のうち、その内容が適切なものの組み合わせを

①～④の中から１つだけ選び、解答欄にその番号をマークしなさい。

a 不動産の改良に必要な資金の貸付けに係る契約は、当該不動産を担保としない場合であっても、除外契約に該当する。

b 不動産の購入に必要な資金の貸付けに係る契約に係る貸付け（以下「不動産購入に係る貸付け」という。）が行われるまでのつなぎとして行う貸付けに係る契約は、当該不動産購入に係る貸付けが金融機関（預金保険法第２条第１項に規定する金融機関をいう。）でない者によって行われる場合であっても、除外契約に該当する。

c 売却を予定している個人顧客の不動産の売却代金により弁済される貸付けに係る契約は、貸付けの金額が当該貸付けに係る契約の締結時における当該不動産の価格を超える場合であっても、除外契約に該当する。

d 自動車の購入に必要な資金の貸付けに係る契約は、当該自動車の所有権を貸金業者が取得せず、かつ、当該自動車が譲渡担保の目的となっていない場合であっても、除外契約に該当する。

① ａｂ ② ａｃ ③ ｂｄ ④ ｃｄ

問題 9

株式会社である貸金業者Ａが個人顧客Ｂとの間で極度方式基本契約（以下、本問において「本件基本契約」という。）を締結している場合において、Ａが貸金業法第13条の３に基づいて行う本件基本契約が基準額超過極度方式基本契約に該当するかどうかの調査（以下、本問において「本件調査」という。）に関する次の①～④の記述のうち、その内容が適切なものを１つだけ選び、解答欄にその番号をマークしなさい。なお、Ａは、Ｂとの間で本件基本契約以外の極度方式基本契約を締結していないものとする。

① Aは、本件基本契約の契約期間を本件基本契約の締結日から同日以後1か月以内の一定の期日までの期間及び当該一定の期日の翌日以後1か月ごとの期間に区分したそれぞれの期間（以下、本問において「所定の期間」という。）において、直近の所定の期間内にAが行った本件基本契約に基づく極度方式貸付けの金額の合計額が5万円であっても、当該所定の期間の末日における本件基本契約に基づく極度方式貸付けの残高の合計額が10万円を超える場合、本件調査を行わなければならない。

② Aは、本件調査を行わなければならない場合において、Bに係る極度方式個人顧客合算額が70万円であるときは、当該調査を行うに際し、既にBから源泉徴収票その他のBの収入又は収益その他の資力を明らかにする事項を記載し、又は記録した書面又は電磁的記録として内閣府令で定めるものの提出又は提供を受けているときを除き、その提出又は提供を受けなければならない。

③ Aは、3か月以内の一定の期間の末日において、貸金業法第13条の4に基づき、本件基本契約が基準額超過極度方式基本契約に該当しないようにするため必要な本件基本契約の極度額の減額に係る措置を講じていた場合、本件調査を行う必要はない。

④ Aは、本件基本契約に基づく新たな極度方式貸付けの停止に係る措置を講じている場合において、当該措置を解除しようとするときは、本件調査を行わなければならない。

貸付条件の広告に関する次の①〜④の記述のうち、その内容が適切なものを1つだけ選び、解答欄にその番号をマークしなさい。

① 貸金業者が貸付けの条件について広告をする場合において、貸金業者登録簿に登録されたホームページアドレスを表示するときは、貸金業者登録簿に登録された電話番号についても表示しなければなら

ない。

② 貸金業者が貸付けの条件について広告をするときは、主な返済例について表示しなければならない。

③ 日本貸金業協会が定める貸金業の業務運営に関する自主規制基本規則（以下、本問において「自主規制規則」という。）では、協会員は、新聞、雑誌又は電話帳へ個人向け貸付けの契約に係る広告を出稿するにあたっては、その表現内容に関し、安易な借入れを助長する表現、又はその疑いのある表現を排除すること、比較広告を行う場合には合理的根拠に基づかなければならないこと、ホームページアドレスを表示する場合には当該ホームページに返済シミュレーションを備えること、に留意しなければならないとされている。

④ 自主規制規則では、協会員は、ギャンブル専門紙及びギャンブル専門誌に個人向け貸付けの契約に係る広告を出稿するにあたっては、過剰借入れへの注意喚起を目的とし、貸付条件の確認、使い過ぎ、借り過ぎへの注意、及び計画的な借入れにつき、啓発文言を入れなければならないとされている。

問題 ⑪

貸金業法第16条の2（契約締結前の書面の交付）に関する次の①〜④の記述のうち、その内容が適切なものを1つだけ選び、解答欄にその番号をマークしなさい。なお、本問における極度方式基本契約及び極度方式貸付けに係る契約は、金銭の貸付けに係る契約であって、手形の割引の契約及び売渡担保の契約ではないものとする。

① 貸金業者が、極度方式基本契約を締結しようとする場合に、当該基本契約の相手方となろうとする者に交付すべき貸金業法第16条の2第2項に規定する書面（以下、本問において「極度方式基本契約における契約締結前の書面」という。）の記載事項には、当該基本契約に関し貸金業者が受け取る書面の内容が含まれるが、債務者が

負担すべき元本及び利息以外の金銭に関する事項は含まれない。

② 貸金業者が、極度方式基本契約を締結しようとする場合に、当該基本契約の相手方となろうとする者に交付すべき極度方式基本契約における契約締結前の書面の記載事項には、貸金業者の商号、名称又は氏名及び住所並びにその登録番号（登録番号の括弧書については、記載を省略することができる。）が含まれるが、契約の相手方の商号、名称又は氏名及び住所は含まれない。

③ 貸金業者は、極度方式基本契約を締結しようとする場合に、当該基本契約の相手方となろうとする者に交付すべき極度方式基本契約における契約締結前の書面については、当該相手方となろうとする者の承諾の有無を問わず、当該書面の記載事項を電磁的方法により提供することはできない。

④ 貸金業者は、極度方式基本契約を締結している顧客との間で極度方式貸付けに係る契約を締結しようとする場合には、当該契約を締結するまでに、内閣府令で定めるところにより、貸金業法第16条の2第1項に規定する書面（契約締結前の書面）を当該顧客に交付しなければならない。

問題 ⑫

貸金業者が貸金業法に基づき保存すべきものに関する次のa〜dの記述のうち、その内容が適切なものの組み合わせを①〜④の中から1つだけ選び、解答欄にその番号をマークしなさい。

a 貸金業者は、貸金業法第12条の4（証明書の携帯等）第2項の規定により営業所又は事務所（以下、本問において「営業所等」という。）ごとに備えた従業者名簿を、当該営業所等を廃止するまでの間保存しなければならない。

b 貸金業者は、個人顧客との間で貸付けに係る契約を締結した場合、内閣府令で定めるところにより、当該個人顧客の返済能力の調査に

関する記録をその作成後3年間保存しなければならない。

c 貸金業者は、個人顧客との間で締結した貸付けの契約（極度方式基本契約及び極度方式貸付けに係る契約ではないものとする。）に係る貸金業法第19条の帳簿を、当該契約に定められた最終の返済期日（当該契約に基づく債権が弁済その他の事由により消滅したときにあっては、当該債権の消滅した日）から少なくとも10年間保存しなければならない。

d 加入貸金業者^(注)は、貸金業法第41条の36（指定信用情報機関への信用情報の提供等に係る同意の取得等）第3項及び貸金業法施行規則第30条の15（信用情報の提供等に係る配偶者の同意の取得等）第3項に規定する同意に関する記録を、当該同意に基づき指定信用情報機関が信用情報を保有している間保存しなければならない。

（注）加入貸金業者とは、指定信用情報機関と信用情報提供契約を締結した相手方である貸金業者をいう。

① a b ② a c ③ b d ④ c d

問題 13

指定信用情報機関への信用情報の提供等に関する次のa〜dの記述のうち、その内容が適切なものの個数を①〜④の中から1つだけ選び、解答欄にその番号をマークしなさい。なお、本問における貸金業者は、非営利特例対象法人及び特定非営利金融法人ではないものとする。

a 加入貸金業者^(注1)は、加入指定信用情報機関^(注2)に資金需要者等に係る信用情報の提供の依頼（当該資金需要者等に係る他の指定信用情報機関が保有する個人信用情報の提供の依頼を含む。）をする場合には、内閣府令で定める場合を除き、あらかじめ、当該資金需要者等から書面又は電磁的方法による同意を得なければならない。

b 加入貸金業者は、資金需要者である個人の顧客を相手方とする極度方式基本契約を締結したときは、遅滞なく、当該極度方式基本契約に係る個人信用情報を、加入指定信用情報機関に提供しなければならない。

c 加入貸金業者は、加入指定信用情報機関の商号又は名称を公表しなければならない。

d 貸金業者向けの総合的な監督指針によれば、例えば、途上与信^(注3)を行うために取得した信用情報を債権の保全を目的として利用した場合には返済能力の調査以外の目的による使用に該当しないが、当該信用情報を勧誘に二次利用した場合には返済能力の調査以外の目的による使用に該当することに留意する必要があるとされている。

(注1) 加入貸金業者とは、指定信用情報機関と信用情報提供契約を締結した相手方である貸金業者をいう。

(注2) 加入指定信用情報機関とは、加入貸金業者と信用情報提供契約を締結した指定信用情報機関をいう。

(注3) 途上与信とは、貸金業法第13条の3第1項及び第2項の規定に基づく調査をいう。

① 1個　　② 2個　　③ 3個　　④ 4個

問題　14

みなし利息に関する次のa～dの記述のうち、利息制限法上、その内容が適切なものの組み合わせを①～④の中から1つだけ選び、解答欄にその番号をマークしなさい。

a 貸金業者は、顧客との間で締結した営業的金銭消費貸借契約において、金銭の貸付け及び弁済に用いるカードを交付した後、当該顧客の要請を受けて、当該カードを再発行し、再発行に係る手数料（消

費税額等相当額を含むものとする。）を当該顧客から受領した。この場合、当該手数料は、利息とみなされる。

b 貸金業者は、顧客との間で締結した営業的金銭消費貸借契約において、口座振替の方法による弁済につき、当該顧客が弁済期に弁済できなかったため、当該顧客の要請を受けて行った再度の口座振替手続に要した費用（消費税額等相当額を含むものとする。）を当該顧客から受領した。この場合、当該費用は、利息とみなされる。

c 貸金業者は、顧客との間で締結した営業的金銭消費貸借契約において、顧客が金銭の受領又は弁済のために利用する現金自動支払機その他の機械の利用料として、20,000 円の弁済を受領する際に 220 円（消費税額等相当額を含むものとする。）を当該顧客から受領した。この場合、当該利用料は、利息とみなされない。

d 貸金業者は、顧客との間で締結した営業的金銭消費貸借契約において、貸金業法第 17 条第 1 項に規定する契約の内容を明らかにする書面を交付した後、当該顧客からの紛失による再発行の要請に基づき、当該書面を再発行し、その手数料（消費税額等相当額を含むものとする。）を当該顧客から受領した。この場合、当該手数料は、利息とみなされない。

① a b　② a c　③ b d　④ c d

問題 15

株式会社であるＡが貸金業の登録の申請をした場合に関する次の①〜④の記述のうち、その事由が貸金業法第６条（登録の拒否）第１項各号のいずれにも該当しないものを１つだけ選び、解答欄にその番号をマークしなさい。

① Ａの取締役の中に、精神の機能の障害のため貸金業に係る職務を適正に執行するに当たって必要な認知、判断及び意思疎通を適切に行

うことができない者がいる。

② Aの取締役の中に、破産手続開始の決定を受け復権した日から5年を経過しない者がいる。

③ Aの政令で定める使用人の中に、貸金業法の規定に違反し、罰金の刑に処せられ、その刑の執行を終わった日から5年を経過しない者がいる。

④ Aの政令で定める使用人の中に、貸金業法第24条の6の4（監督上の処分）第1項の規定により貸金業の登録を取り消されたB株式会社において、当該取消しの日にB株式会社の取締役であった者で、当該取消しの日から5年を経過しないものがいる。

問題　⑯

貸金業者向けの総合的な監督指針において、顧客等に関する情報管理態勢について、監督当局が、貸金業者の監督に当たって留意するものとされている事項に関する次の①〜④の記述のうち、その内容が適切でないものを1つだけ選び、解答欄にその番号をマークしなさい。

① クレジットカード情報等について、利用目的その他の事情を勘案した適切な保存期間を設定し、保存場所を限定し、保存期間経過後適切かつ速やかに廃棄しているか。業務上必要とする場合を除き、クレジットカード情報等をコンピューター画面に表示する際には、カード番号を全て表示させない等の適切な措置を講じているか。独立した内部監査部門において、クレジットカード情報等を保護するためのルール及びシステムが有効に機能しているかについて、定期的又は随時に内部監査を行っているか。

② 法人関係情報を利用したインサイダー取引等の不公正な取引の防止に係る着眼点として、法人関係情報を入手し得る立場にある役職員が当該法人関係情報に関連する有価証券の売買その他の取引等を行った際には報告を義務付ける等、不公正な取引を防止するための

適切な措置を講じているか。

③個人データの第三者提供に関して、特に、その業務の性質や方法に応じて、第三者提供の同意の取得にあたって、優越的地位の濫用や個人である資金需要者等との利益相反等の弊害が生じるおそれがないよう留意しているか。例えば、個人である資金需要者等が、第三者提供先や第三者提供先における利用目的、提供される情報の内容について、過剰な範囲の同意を強いられる等していないか。

④顧客等に関する情報管理態勢に係る着眼点として、顧客等に関する情報へのアクセス管理の権限等を複数の役職員に分散させることなく特定の役職員に集中させ、幅広い権限等を有する当該特定の役職員の責任において適切な管理を行わせる等、顧客等に関する情報を利用した不正行為を防止するための適切な措置を図っているか。

問題 ⑰

貸金業務取扱主任者に関する次の①～④の記述のうち、その内容が適切でないものを 1 つだけ選び、解答欄にその番号をマークしなさい。

①貸金業者は、営業所又は事務所（以下、本問において「営業所等」という。）ごとに、内閣府令で定めるところにより、営業所等において貸金業の業務に従事する者の数に対する貸金業務取扱主任者の数の割合が 50 分の 1 以上となる数の貸金業務取扱主任者を置かなければならない。

②貸金業者向けの総合的な監督指針によれば、貸金業務取扱主任者が営業所等に常時勤務する者と認められるには、社会通念に照らし、常時勤務していると認められるだけの実態が必要であり、当該営業所等の営業時間内に当該営業所等に常時駐在している必要があるとされている。

③内閣総理大臣は、貸金業務取扱主任者がその職務に関し貸金業に関する法令の規定に違反したとき、又は著しく不適当な行為を行った

ときは、当該貸金業務取扱主任者の主任者登録を取り消すことができる。

④ 貸金業者は、貸金業の業務を行うに当たり資金需要者等からの請求があったときは、当該業務を行う営業所等の貸金業務取扱主任者の氏名を明らかにしなければならない。

問題 ⑱

貸金業法第13条に規定する返済能力の調査に関する次の①〜④の記述のうち、その内容が<u>適切でない</u>ものを1つだけ選び、解答欄にその番号をマークしなさい。なお、本問における貸金業者は、非営利特例対象法人及び特定非営利金融法人ではないものとする。

① 貸金業者であるAは、法人であるBとの間で、貸付けに係る契約を締結しようとする場合、Bの返済能力の調査を行うに際し、指定信用情報機関が保有する信用情報を使用する必要はない。

② 貸金業者であるAは、法人であるBとの間の貸付けに係る契約について、個人であるCとの間で、保証契約を締結しようとする場合、Cの返済能力の調査を行うに際し、指定信用情報機関が保有する信用情報を使用しなければならない。

③ 貸金業者であるAは、個人であるBとの間で、他の貸金業者Cを債権者とする金銭の貸借の媒介に係る契約を締結しようとする場合、Bの返済能力の調査を行うに際し、指定信用情報機関が保有する信用情報を使用する必要はない。

④ 貸金業者であるAは、個人であるBとの間で、極度方式貸付けに係る契約を締結しようとする場合、Bの返済能力の調査を行うに際し、指定信用情報機関が保有する信用情報を使用しなければならない。

問題

貸金業者であるAは、個人顧客であるBとの間で極度額を50万円とする極度方式基本契約（以下、本問において「本件基本契約」という。）を締結した。Aは、Bとの間で本件基本契約以外の貸付けに係る契約を締結していない。この場合に関する次の①〜④の記述のうち、その内容が<u>適切でない</u>ものを1つだけ選び、解答欄にその番号をマークしなさい。

① Aは、Bとの間の合意に基づき、極度額を100万円に増額した場合、その2年前にBから源泉徴収票の提出を受けているときは、Bから源泉徴収票その他の当該顧客の収入又は収益その他の資力を明らかにする事項を記載し、又は記録した書面又は電磁的記録として内閣府令で定めるものの提出又は提供を受ける必要はない。

② Aは、Bに返済能力の低下が認められたことを理由に極度額を一時的に10万円に減額した後、Bとの間の合意に基づき、極度額を、本件基本契約を締結した当初の極度額に戻そうとする場合、Bの返済能力の調査を行わなければならない。

③ Aは、Bに返済能力の低下は認められないが、Bと連絡することができないために、極度額を一時的に20万円に減額した。その後、Aは、Bと連絡することができたことにより、極度額を、本件基本契約を締結した当初の極度額に戻そうとする場合、Bの返済能力の調査を行う必要はない。

④ Aは、Bとの間の合意に基づき、極度額を100万円に増額した場合、内閣府令で定めるところにより、極度額を増額した年月日、Bの資力に関する調査の結果等、Bの返済能力の調査に関する記録を作成し、これを保存しなければならない。

問題 ⑳

貸金業法第13条の2（過剰貸付け等の禁止）第2項に規定する個人顧客の利益の保護に支障を生ずることがない契約として貸金業法施行規則第10条の23で定めるもの（以下、本問において「例外契約」という。）に関する次の①〜④の記述のうち、その内容が適切でないものを1つだけ選び、解答欄にその番号をマークしなさい。

① 例外契約に係る貸付けの残高は、貸金業法第13条の2第2項に規定する個人顧客合算額に算入される。

② 金融機関（預金保険法第2条第1項に規定する金融機関をいう。）からの貸付け（以下、本問において「正規貸付け」という。）が行われるまでのつなぎとして行う貸付けに係る契約（極度方式基本契約を除く。）であって、正規貸付けが行われることが確実であると認められ、かつ、返済期間が1か月を超えないものは、例外契約に該当する。

③ 個人顧客が既に貸金業者以外の者と締結した契約に基づき負担している債務（以下、本問において「既存債務」という。）を弁済するために必要な資金の貸付けに係る契約（以下、本問において「当該契約」という。）であって、当該契約の1か月の負担が既存債務に係る1か月の負担を上回らず、「当該契約の将来支払う返済金額の合計額」と「当該契約の締結に関し当該個人顧客が負担する元本及び利息以外の金銭の合計額」の合計額が既存債務に係る将来支払う返済金額の合計額を上回らず、当該契約に基づく債権につき物的担保を供させず、かつ、当該契約について保証契約を締結しないものは、例外契約に該当する。

④ 個人顧客が貸金業法施行規則第10条の23第4項に規定する特定費用を支払うために必要な資金の貸付けに係る契約として当該個人顧客と貸金業者との間に締結される契約（極度方式基本契約ではないものとする。）であって、当該個人顧客の返済能力を超えない貸付

けに係る契約であると認められ、かつ、返済期間が１年を超えない
ものは、例外契約に該当する。

問題 **21**

貸金業者であるＡは、個人顧客であるＢとの間で極度方式基本契約を
締結し、貸金業法第17条（契約締結時の書面の交付）第２項に規定
する書面（以下、本問において「基本契約に係る書面」という。）を
交付した。この場合に関する次の①～④の記述のうち、その内容が<u>適
切でない</u>ものを１つだけ選び、解答欄にその番号をマークしなさい。

① Ａは、Ｂとの間の合意に基づき、極度額を引き下げた場合、変更後
　の内容を記載した基本契約に係る書面をＢに再交付する必要はな
　い。
② Ａは、Ｂとの間の合意に基づき、極度額を引き下げた後、元の額を
　上回らない額まで引き上げた場合、変更後の内容を記載した基本契
　約に係る書面をＢに再交付しなければならない。
③ Ａは、Ｂとの間の合意に基づき、貸付けの利率を引き下げた場合、
　変更後の内容を記載した基本契約に係る書面をＢに再交付する必要
　はない。
④ Ａは、Ｂとの間の合意に基づき、返済の方法及び返済を受ける場所
　を変更した場合、当該変更がＢの利益となる変更であるか否かを問
　わず、変更後の内容を記載した基本契約に係る書面をＢに再交付し
　なければならない。

問題 **22**

取立て行為の規制に関する次の①～④の記述のうち、その内容が<u>適切
でない</u>ものを１つだけ選び、解答欄にその番号をマークしなさい。

① 貸金業者向けの総合的な監督指針（以下、本問において「監督指針」という。）によれば、貸金業法第21条第1項第5号は、債務者等に心理的圧迫を加えることにより弁済を強要することを禁止する趣旨であり、債務者等から家族に知られないように要請を受けているか否かを問わず、債務者等の自宅に電話をかけ家族がこれを受けた場合に貸金業者であることを名乗り、郵送物の送付に当たり差出人として貸金業者であることを示したときは、同号に該当するおそれが大きいとされている。

② 貸金業を営む者は、債務者に対し支払を催告するために書面を送付するときには、その書面に封をするなどして債務者以外の者に当該債務者の借入れに関する事実が明らかにならないようにしなければならない。

③ 貸金業法第21条第2項に規定する支払を催告するための書面又はこれに代わる電磁的記録に記載又は記録すべき事項には、支払を催告する金額のほか、契約年月日、貸付けの金額及び貸付けの利率が含まれる。

④ 監督指針によれば、貸金業法第21条第2項第2号に規定する「当該書面又は電磁的記録を送付する者の氏名」については、当該債権を管理する部門又は営業所等において、当該債権を管理する者の氏名を記載することとされている。

問題 ㉓

貸金業法第24条（債権譲渡等の規制）に関する次の①〜④の記述のうち、その内容が適切でないものを1つだけ選び、解答欄にその番号をマークしなさい。

① 貸金業者は、貸付けに係る契約に基づく債権を他人に譲渡する場合、譲受人が貸金業者である場合を除き、譲受人に対して、当該債権が貸金業者の貸付けに係る契約に基づいて発生したこと及び譲受人が

当該債権に関して行う行為について貸金業法の一部の規定の適用がある旨を、内閣府令で定める方法により、通知しなければならない。

② 貸金業者が、貸付けに係る契約に基づく債権を譲渡した場合、当該債権の譲受人の営業所又は事務所の所在する都道府県の知事は、資金需要者等の利益の保護を図るため必要があると認めるときは、当該職員に、当該債権の譲受人の営業所もしくは事務所に立ち入らせ、その業務に関して質問させ、又は帳簿書類その他の物件を検査させることができる。

③ 貸金業者が、貸付けに係る契約に基づく債権を譲渡した場合、当該債権の譲受人は、貸金業法第24条により準用される当該債権の内容を明らかにする同法第17条（契約締結時の書面の交付）に規定する書面を、遅滞なく、当該債権の債務者に交付しなければならない。

④ 日本貸金業協会が定める貸金業の業務運営に関する自主規制基本規則では、協会員が債権譲渡を行うにあたっては、債務者等からの問合せ及び取引履歴の開示請求等に適切に対応できるように、債権譲渡契約において譲渡人及び譲受人の双方が行う役割分担を明確にすることに留意し、債務者等に送付する債権譲渡に係る通知書に明記するよう努めるものとし、協会員が廃業等に伴って債権の譲渡を行った場合には、譲渡の日から10年間帳簿を保管して、債務者等からの閲覧又は謄写の請求に応じる措置を講じるよう努めるものとされている。

問題 24

貸金業法第24条の6の2（開始等の届出）に関する次の①〜④の記述のうち、その内容が適切でないものを1つだけ選び、解答欄にその番号をマークしなさい。

① 貸金業者は、貸金業協会に加入又は脱退した場合、その日から2週

間以内に、その旨をその登録をした内閣総理大臣又は都道府県知事（以下、本問において「登録行政庁」という。）に届け出なければならない。

② 貸金業者は、特定の保証業者との保証契約の締結を貸付けに係る契約の締結の通常の条件とすることとなった場合、その日から2週間以内に、その旨を登録行政庁に届け出なければならない。

③ 貸金業者は、第三者に貸金業の業務の委託を行った場合又は当該業務の委託を行わなくなった場合、その日から2週間以内に、その旨を登録行政庁に届け出なければならない。

④ 貸金業者は、貸付けに係る契約に基づく債権を他人から譲り受けた場合、その日から2週間以内に、その旨を登録行政庁に届け出なければならない。

問題 ㉕

貸金業者に対する監督等に関する次の①〜④の記述のうち、その内容が適切でないものを1つだけ選び、解答欄にその番号をマークしなさい。

① 内閣総理大臣又は都道府県知事（以下、本問において「登録行政庁」という。）は、その登録を受けた貸金業者が、「純資産額が貸金業の業務を適正に実施するため必要かつ適当なものとして政令で定める金額に満たない者（資金需要者等の利益を損なうおそれがないものとして内閣府令で定める事由がある者を除く。）」に該当することとなった場合、当該貸金業者に対し登録を取り消し、又は1年以内の期間を定めて、その業務の全部もしくは一部の停止を命ずることができる。

② 登録行政庁は、その登録を受けた法人である貸金業者の役員の所在を確知できない場合において、内閣府令で定めるところにより、その事実を公告し、その公告の日から30日を経過しても当該貸金業

者から申出がないときは、その登録を取り消すことができる。

③貸金業者は、事業年度ごとに、内閣府令で定めるところにより、貸金業に係る事業報告書を作成し、毎事業年度経過後30日以内に、これをその登録をした登録行政庁に提出しなければならない。

④貸金業者向けの総合的な監督指針によれば、監督当局は、貸金業者の検査・監督に係る事務処理上の留意点として、非協会員 ^(注) に対しては、貸金業法第24条の6の10（報告徴収及び立入検査）の規定に基づき、各年の四半期毎に、前四半期に出稿した広告等の写し又はその内容がわかるものを遅滞なく徴収するものとされている。

（注）非協会員とは、貸金業協会に加入していない貸金業者をいう。

問題 ㉖

利息、賠償額の予定及び金銭の貸借の媒介の手数料の規制に関する次の①〜④の記述のうち、利息制限法上、その内容が適切でないものを1つだけ選び、解答欄にその番号をマークしなさい。

①金銭の貸借の媒介に係る手数料の契約は、その手数料がその媒介に係る貸借の金額を元本として利息制限法第1条（利息の制限）に規定する利率により計算した金額を超えるときは、その超過部分について、無効となる。

②営業的金銭消費貸借において、元本の額が50万円と定められている場合、当該営業的金銭消費貸借における利息の上限金利は年1割8分（18％）である。

③営業的金銭消費貸借上の債務の不履行による賠償額の予定は、その賠償額の元本に対する割合が年2割（20％）を超えるときは、その超過部分について、無効となる。

④利息の天引きをした場合において、天引額が債務者の受領額を元本として利息制限法第1条に規定する利率により計算した金額を超え

るときは、その超過部分は、元本の支払に充てたものとみなされる。

問題 ㉗

Aは貸金業者、BはAの顧客、Cは保証業者である。保証料の制限等に関する次の①～④の記述のうち、利息制限法上、その内容が適切でないものを1つだけ選び、解答欄にその番号をマークしなさい。

① AがCとの間でAとBとの間の営業的金銭消費貸借上の債務を主たる債務とする保証契約を締結した場合におけるBがCに支払う保証料の契約は、その保証料が当該主たる債務の元本に係る法定上限額 (注) から当該主たる債務について支払うべき利息の額を減じて得た金額を超えるときは、その超過部分について、無効となる。

② Aは、Bとの間で、元本を80万円とし期間を1年とする営業的金銭消費貸借契約を締結して80万円をBに貸し付け、BがAに支払う利息を変動利率をもって定めた。Aは、当該契約について、Cとの間で、保証契約を締結したが、当該保証契約においてAがBから支払を受けることができる利息の利率の上限(特約上限利率)の定めをしなかった。この場合において、Cが、Bとの間でBがCに支払う保証料の契約を締結したときは、Bから受け取ることができる保証料の上限は、72,000円である。

③ AがCとの間でAとBとの間の営業的金銭消費貸借上の債務を主たる債務とする保証契約を締結した場合において、当該保証契約に関してCがBから受ける保証料以外の金銭は、契約の締結又は債務の弁済費用を除き、保証料とみなされる。

④ Aは、Bとの間で、元本を10万円、利率を年1割3分(13%)、期間を1年、元利一括返済とする営業的金銭消費貸借契約を締結して10万円をBに貸し付け、当該契約について、Cとの間で、保証契約を締結した。また、Cは、Bとの間で、CがBから5,000円の保証料の支払を受ける旨の保証料の契約を締結した。この場合におい

て、AとBとの合意により、当該営業的金銭消費貸借契約の利息を利率年1割5分（15%）に変更したときは、当該変更後の利息の約定は、年1割3分（13%）を超える部分に限り無効となる。

（注）法定上限額とは、利息制限法第1条（利息の制限）及び第5条（元本額の特則）の規定の例により計算した金額をいう。

◉貸付け及び貸付けに付随する取引に関する法令及び実務に関すること◉

問題　28

意思表示に関する次の①〜④の記述のうち、民法上、その内容が適切なものを1つだけ選び、解答欄にその番号をマークしなさい。

① Aは、実際には購入するつもりがないのに、Bとの間で、Bが所有する甲建物を購入する旨の売買契約を締結した。この場合において、Aには甲建物を購入する意思がないことをBが知っていたときは、Aは、Bに対し、当該売買契約が心裡留保により無効であることを主張することができない。

② Aは、実際には甲建物をBに売却するつもりがないのに、Bと通謀して、Bに甲建物を売却する旨の虚偽の売買契約を締結し、AからBへの甲建物の所有権移転登記を経た。その後、Bがこの事情を知らない第三者Cに甲建物を売却した場合、Aは、Cに対し、AとBとの間の売買契約が虚偽表示により無効であることを対抗することができない。

③ Aは、Bが所有する甲建物の近隣にショッピングモールが新設される計画を知り、Bとの間で、甲建物を購入する旨の売買契約を締結した。しかし、当該ショッピングモール新設の計画は、当該売買契約の締結前に既に中止となっていたが、Aはそれを知らなかった。この場合、Aは、当該ショッピングモール新設が甲建物の売買契約

締結の基礎とされていることをBに表示していたか否かにかかわらず、錯誤を理由として、当該売買契約を取り消すことができる。

④ Aは、Bの強迫により、Bとの間で、自己が所有する甲建物をBに売却する旨の売買契約を締結した後、Bは、強迫の事実を知らないCに甲建物を売却した。その後、Aが強迫による意思表示を理由としてAとBとの間の売買契約を取り消した場合、Aは、Cに対し、その取消しを対抗することができない。

問題 29

無効及び取消しに関する次の①～④の記述のうち、民法上、その内容が適切なものを1つだけ選び、解答欄にその番号をマークしなさい。

① 無効な行為は、当事者がその行為の無効であることを知って追認をしたときは、その行為をした時に遡って有効であるものとみなされる。

② 行為能力の制限によって取り消すことができる行為について、制限行為能力者は、その法定代理人、保佐人又は補助人の同意を得ずに、その行為を取り消すことができない。

③ 取り消すことができる行為は、民法第120条（取消権者）に規定する者が追認した後であっても、その行為の相手方が自己の債務の履行に着手するまでは、取り消すことができる。

④ 錯誤、詐欺又は強迫によって取り消すことができる行為の追認は、取消しの原因となっていた状況が消滅し、かつ、取消権を有することを知った後にしなければ、その効力を生じない。

問題 30

時効に関する次の①～④の記述のうち、民法上、その内容が適切なものを1つだけ選び、解答欄にその番号をマークしなさい。

① 裁判上の請求がある場合において、確定判決又は確定判決と同一の効力を有するものによって権利が確定したときは、時効は、その事由が終了した時から6か月を経過した時から新たにその進行を始める。

② 仮差押えがある場合には、その事由が終了した時から6か月を経過するまでの間は、時効は、完成しない。

③ 時効の更新事由である権利の承認をするには、相手方の権利についての処分につき行為能力の制限を受けていないこと又は権限があることを要する。

④ 時効の利益は、あらかじめ放棄することができる。

問題 ㉛

連帯保証に関する次の①〜④の記述のうち、民法上、その内容が適切なものを1つだけ選び、解答欄にその番号をマークしなさい。

① 主たる債務者の意思に反して連帯保証をすることは認められていない。

② 主たる債務の目的又は態様が連帯保証契約の締結後に加重されたときは、連帯保証人の負担も加重される。

③ 債権者が連帯保証人に債務の履行を請求したときは、当該連帯保証人は、まず主たる債務者に催告をすべき旨を請求することができる。

④ 連帯保証人に対する履行の請求その他の事由による時効の完成猶予及び更新は、債権者及び主たる債務者が別段の意思を表示したときを除き、主たる債務者に対して、その効力を生じない。

問題 ㉜

AのBに対する金銭債権を「甲債権」とし、BのAに対する金銭債権を「乙債権」とする。この場合に関する次の①〜④の記述のうち、民

法上、その内容が適切なものを1つだけ選び、解答欄にその番号をマークしなさい。

① 甲債権の弁済期が11月1日であり、乙債権の弁済期が同年10月15日である場合、Aは、同年10月15日の時点で、甲債権と乙債権とを相殺することができる。

② Aは、甲債権と乙債権とを相殺するにあたり、相殺の意思表示に条件又は期限を付することができる。

③ 甲債権と乙債権とが相殺に適するようになった後に、甲債権が時効によって消滅した場合であっても、Aは、甲債権と乙債権とを相殺することができる。

④ 甲債権が他人から譲り受けた債権である場合において、その譲受けの時期が、乙債権に係る債権差押命令がAに送達された後であっても、甲債権が当該差押え前の原因に基づき発生したものであるときは、Aは、甲債権と乙債権との相殺をもって乙債権の差押債権者に対抗することができる。

問題 ③3

相続に関する次の①～④の記述のうち、民法上、その内容が適切なものを1つだけ選び、解答欄にその番号をマークしなさい。

① 相続人は、相続によって得た財産の限度においてのみ被相続人の債務及び遺贈を弁済すべきことを留保して、相続の承認をすることができる。

② 被相続人の子が、相続の開始以前に相続放棄をした場合、その者の子がこれを代襲して相続人となる。

③ 相続の承認及び放棄は、民法第915条（相続の承認又は放棄をすべき期間）第1項の期間内は、いつでも撤回することができる。

④ 配偶者及び兄弟姉妹が相続人であるときは、配偶者の法定相続分は、

３分の２であり、兄弟姉妹の法定相続分は３分の１である。

問題 ㉞

手形法及び電子記録債権法に関する次の①～④の記述のうち、その内容が適切なものを１つだけ選び、解答欄にその番号をマークしなさい。

① 確定日払いの約束手形の所持人は、支払をなすべき日又はこれに次ぐ２取引日内に支払のため約束手形を呈示して、約束手形の支払を受けることができる。

② 約束手形に、一定の金額を支払うべき旨の単純な約束（以下、本問において「支払約束文句」という。）の記載に付加して「手形金を２回に分割して支払う」旨の条件を記載した場合、支払約束文句に付加された記載は無効となるが、当該約束手形自体は無効とならない。

③ 電子記録債権の譲渡は、当事者間の合意のみによりその効力を生じ、譲渡記録は、電子記録債権の譲渡の対抗要件である。

④ 電子記録債権は、分割をすることができない。

問題 ㉟

強制執行手続に関する次の①～④の記述のうち、その内容が適切なものを１つだけ選び、解答欄にその番号をマークしなさい。

① 債権者が自己の貸金返還請求権につき執行証書^(注)を有する場合における強制執行は、執行証書の正本に基づいて実施され、執行証書に執行文が付されていることを要しない。

② 不動産（登記することができない土地の定着物を除く。）に対する強制執行は、強制競売又は強制管理の方法により行われ、これらの方法は、併用することができない。

③動産に対する強制執行は、執行裁判所の差押命令により開始する。

④債務者が会社から受ける給料（毎月 25 日払い、月額 28 万円であるものとする。）に係る債権は、その支払期に受けるべき給付の 4 分の 3 に相当する部分は、差し押さえることができない。

(注) 執行証書とは、金銭の一定の額の支払又はその他の代替物もしくは有価証券の一定の数量の給付を目的とする請求について公証人が作成した公正証書で、債務者が直ちに強制執行に服する旨の陳述が記載されているものをいう。

問題 ㊱

行為能力に関する次の①～④の記述のうち、民法上、その内容が<u>適切でないもの</u>を 1 つだけ選び、解答欄にその番号をマークしなさい。

①一種又は数種の営業を許された未成年者は、その営業に関しては、成年者と同一の行為能力を有する。

②成年被後見人は、その成年後見人の同意を得た場合、借財又は保証をすることができる。

③家庭裁判所の審判により、被補助人が特定の法律行為をするためにその補助人の同意を得なければならないものとすることができる行為は、民法第 13 条（保佐人の同意を要する行為等）第 1 項に規定する行為の一部に限られる。

④制限行為能力者の相手方が、制限行為能力者が行為能力者とならない間に、その法定代理人、保佐人又は補助人に対し、その権限内の行為について、1 か月以上の期間を定めて、その期間内にその取り消すことができる行為を追認するかどうかを確答すべき旨の催告をした場合において、これらの者がその期間内に確答を発しないときは、その行為を追認したものとみなされる。

Ａがその所有する甲自動車をＢに売却する旨の委任に係る代理権（以下、本問において「本件代理権」という。）をＣに付与する場合等に関する次の①〜④の記述のうち、民法上、その内容が<u>適切でないもの</u>を１つだけ選び、解答欄にその番号をマークしなさい。

① Ｃは、本件代理権を付与された後、Ａの代理人であることを示さないで、Ｂに甲自動車を売却する旨の売買契約を締結した。この場合において、Ｂが、ＣがＡの代理人であることを知っていたときは、当該売買契約は、Ａに対して直接にその効力を生ずる。

② Ｃは、本件代理権を付与されていた場合、Ａの許諾を得たとき、又はやむを得ない事由があるときでなければ、復代理人を選任することはできない。

③ Ｃは、本件代理権を付与された後、本件代理権に係る代理行為をする前に、後見開始の審判を受け成年被後見人となった。この場合、本件代理権は消滅する。

④ Ｃは、Ａから付与された本件代理権が消滅した後に、Ａの代理人としてＢに甲自動車を売却する旨の売買契約を締結した。この場合において、Ｂが、本件代理権の消滅の事実を知らなかったときは、知らないことに過失があったとしても、Ａは、Ｂに対して、Ｃの行為についての責任を負う。

債権の効力に関する次の①〜④の記述のうち、民法上、その内容が<u>適切でないもの</u>を１つだけ選び、解答欄にその番号をマークしなさい。

① 債権者が債務の履行を受けることを拒み、又は受けることができない場合において、その債務の目的が特定物の引渡しであるときは、

債務者は、履行の提供をした時からその引渡しをするまで、自己の財産に対するのと同一の注意をもって、その物を保存すれば足りる。

②債務の不履行に対する損害賠償の請求は、これによって通常生ずべき損害の賠償をさせることをその目的とし、特別の事情によって生じた損害は、特約がなければ、その賠償を請求することができない。

③当事者は、債務の不履行について損害賠償の額を予定することができる。賠償額の予定は、履行の請求又は解除権の行使を妨げない。

④債権者が、損害賠償として、その債権の目的である物又は権利の価額の全部の支払を受けたときは、債務者は、その物又は権利について当然に債権者に代位する。

問題 ③⑨

債権の譲渡に関する次の①～④の記述のうち、民法上、その内容が<u>適切でない</u>ものを1つだけ選び、解答欄にその番号をマークしなさい。

①債務者は、譲渡制限の意思表示^(注1)がされた金銭の給付を目的とする債権が譲渡されたときは、その債権の全額に相当する金銭を債務の履行地（債務の履行地が債権者の現在の住所により定まる場合にあっては、譲渡人の現在の住所を含む。）の供託所に供託することができる。

②債権の譲渡は、その意思表示の時に債権が現に発生していることを要しない。

③債権の譲渡は、譲渡人が債務者に確定日付のある証書による通知をし、又は債務者が確定日付のある証書による承諾をしなければ、債務者に対抗することができない。

④債務者が対抗要件具備時^(注2)より後に取得した譲渡人に対する債権であっても、その債権が対抗要件具備時より前の原因に基づいて生じたものであるときは、債務者は、その債権による相殺をもって譲受人に対抗することができる。ただし、債務者が対抗要件具備時

より後に他人からその債権を取得した場合はこの限りでない。

（注1）譲渡制限の意思表示とは、当事者が債権の譲渡を禁止し、又は制限する旨の意思表示をいう。
（注2）対抗要件具備時とは、債権が譲渡された場合において、譲渡人が民法第467条（債権の譲渡の対抗要件）の規定による通知をし、又は債務者が同条の規定による承諾をした時をいう。

問題 ㊵

定型約款^{（注1）}に関する次の①〜④の記述のうち、民法上、その内容が<u>適切でない</u>ものを1つだけ選び、解答欄にその番号をマークしなさい。

①定型取引を行い、又は行おうとする定型約款準備者^{（注2）}は、定型約款を用いて契約を締結しようとする場合、事前に相手方にその定型約款の内容を示さなければならない。

②定型約款の条項のうち、相手方の権利を制限し、又は相手方の義務を加重する条項であって、その定型取引の態様及びその実情並びに取引上の社会通念に照らして民法第1条第2項に規定する基本原則に反して相手方の利益を一方的に害すると認められるものについては、合意をしなかったものとみなされる。

③定型約款準備者は、民法第548条の4（定型約款の変更）第1項の規定による定型約款の変更をするときは、その効力発生時期を定め、かつ、定型約款を変更する旨及び変更後の定型約款の内容並びにその効力発生時期をインターネットの利用その他の適切な方法により周知しなければならない。

④定型約款準備者は、定型約款の変更が、相手方の一般の利益に適合する場合には、定型約款の変更をすることにより、変更後の定型約款の条項について合意があったものとみなし、個別に相手方と合意

をすることなく契約の内容を変更することができる。

（注１）定型約款とは、定型取引（ある特定の者が不特定多数の者を
　　　　相手方として行う取引であって、その内容の全部又は一部が
　　　　画一的であることがその双方にとって合理的なものをいう。）
　　　　において、契約の内容とすることを目的としてその特定の者
　　　　により準備された条項の総体をいう。
（注２）定型約款準備者とは、定型約款を準備した者をいう。

問題 ㊶

破産法に関する次の①〜④の記述のうち、その内容が<u>適切でない</u>もの
を１つだけ選び、解答欄にその番号をマークしなさい。

①破産債権とは、破産者に対して破産手続開始前の原因に基づいて生
　じた財産上の請求権であって、財団債権に該当しないものをいい、
　破産債権は、破産法に特別の定めがある場合を除き、破産手続によ
　らなければ、行使することができない。
②破産債権者の共同の利益のためにする裁判上の費用の請求権は、財
　団債権に該当し、破産手続によらないで、破産財団から随時弁済を
　受けることができる。
③別除権とは、破産手続開始の時において破産財団に属する財産につ
　き特別の先取特権、質権又は抵当権を有する者がこれらの権利の目
　的である財産について行使することができる権利をいい、別除権は、
　破産手続によらなければ、行使することができない。
④破産債権者は、破産手続開始の申立てがあった時より１年以上前に
　生じた原因に基づき破産者に対して債務を負担するときは、破産手
　続によらないで、相殺をすることができる。

貸金業者であるＡが、自然人である顧客Ｂから融資の申込みを受けた場合において、Ｂについて確認すべき、犯罪による収益の移転防止に関する法律第４条第１項第１号に規定する本人特定事項の確認方法に関する次の①〜④の記述のうち、その内容が同法上の確認方法に該当<u>しないもの</u>を１つだけ選び、解答欄にその番号をマークしなさい。なお、Ｂの国民健康保険の被保険者証、国民年金手帳及び運転免許証は、いずれもＡがその提示又は送付を受ける日において有効なもので、Ｂの現在の住居の記載があるものとする。

① Ｂの国民健康保険の被保険者証及びＢの国民年金手帳の提示を受ける方法

② Ｂの国民健康保険の被保険者証の提示を受け、かつ、Ｂの現在の住居の記載のある電気料金の領収証書（領収日付の押印又は発行年月日の記載があるもので、その日がＡが送付を受ける日前６か月以内のものに限る。）の写しの送付を受ける方法

③ Ａが提供するソフトウェアを使用して、Ｂに当該ソフトウェアを使用して撮影させたＢの容貌及びＢの運転免許証の画像情報（当該画像情報が、当該運転免許証に記載されている氏名、住居及び生年月日、当該運転免許証に貼り付けられた写真並びに当該運転免許証の厚みその他の特徴を確認することができるもの）の送信を受ける方法

④ Ｂの運転免許証の写しの送付を受けるとともに、当該運転免許証の写しに記載されているＢの住居に宛てて、取引関係文書を書留郵便の方法により、転送不要郵便物（その取扱いにおいて転送しない郵便物）として送付する方法

◉資金需要者等の保護に関すること◉

問題 43

個人情報の保護に関する法律に関する次の①〜④の記述のうち、その内容が適切なものを1つだけ選び、解答欄にその番号をマークしなさい。

① 個人識別符号とは、当該情報単体から特定の個人を識別できるものとして個人情報の保護に関する法律施行令第1条に定められた文字、番号、記号その他の符号をいい、携帯電話番号やクレジットカード番号は個人識別符号に該当する。

② 個人情報取扱事業者とは、個人情報データベース等を事業の用に供している者（国の機関、地方公共団体、独立行政法人等及び地方独立行政法人を除く。）をいい、個人情報データベース等を事業の用に供している者であれば、当該個人情報データベース等を構成する個人情報によって識別される特定の個人の数の多寡にかかわらず、個人情報取扱事業者に該当する。

③ 保有個人データとは、個人情報取扱事業者が管理する個人情報データベース等を構成する個人情報をいい、本人又はその代理人から請求される開示、内容の訂正、追加もしくは削除、利用の停止、消去又は第三者への提供の停止のいずれかに応じることができる権限を有する個人情報に限られる。

④ 要配慮個人情報とは、本人の人種、信条、社会的身分、病歴、犯罪の経歴が含まれる個人情報をいうが、犯罪により害を被った事実は要配慮個人情報に含まれない。

問題 44

消費者契約法に関する次の①〜④の記述のうち、その内容が適切なも

のを１つだけ選び、解答欄にその番号をマークしなさい。

① 事業者とは法人その他の団体をいい、事業として又は事業のために契約の当事者となる場合における個人は消費者契約法上の事業者には当たらない。

② 事業者が消費者契約の締結について消費者を勧誘するに際し、当該消費者に対してある重要事項又は当該重要事項に関連する事項について当該消費者の利益となる旨を告げ、かつ、当該重要事項について当該消費者の不利益となる事実を故意に告げなかったことにより、当該消費者が、当該事実が存在しないとの誤認をし、それによって当該消費者契約の申込み又はその承諾の意思表示をしたときは、当該消費者契約は無効である。

③ 消費者契約の解除に伴う損害賠償の額を予定する条項であって、その額が、当該条項において設定された解除の事由、時期等の区分に応じ、当該消費者契約と同種の消費者契約の解除に伴い当該事業者に生ずべき平均的な損害の額を超えるものは、無効である。

④ 事業者の債務不履行（当該事業者、その代表者又はその使用する者の故意又は重大な過失によるものに限る。）により消費者に生じた損害を賠償する責任の一部を免除する消費者契約の条項は、無効である。

問題 45

日本貸金業協会が定める紛争解決等業務に関する規則についての次の①〜④の記述のうち、その内容が適切なものを１つだけ選び、解答欄にその番号をマークしなさい。

① 貸金業務等関連苦情とは、貸金業務等に関し、その契約者等による当該貸金業務等を行った者に対する不満足の表明をいう。

② 貸金業務関連紛争とは、貸金業務等関連苦情のうち、当該苦情の相

手方である貸金業者と当該苦情に係る契約者等の自主的な交渉では解決ができないものであって、当事者が和解をすることができないものをいう。

③苦情処理手続の申立人又は相手方が、苦情処理手続において代理人とすることができるのは、その法定代理人、弁護士、司法書士、行政書士に限られる。

④紛争解決手続開始の申立てをすることができるのは、貸金業務関連紛争の当事者である個人又は法人とされており、法人ではない社団又は財団は、紛争解決手続開始の申立てをすることができない。

問題　46

個人情報の保護に関する法律についてのガイドライン（通則編）（以下、本問において「ガイドライン（通則編）」という。）及び金融分野における個人情報保護に関するガイドライン（以下、本問において「金融分野ガイドライン」という。）に関する次の①～④の記述のうち、その内容が<u>適切でない</u>ものを1つだけ選び、解答欄にその番号をマークしなさい。

①ガイドライン（通則編）によれば、親子兄弟会社、グループ会社の間で個人データを交換する場合は、個人情報の保護に関する法律第23条第5項各号に該当するときを除き、第三者提供に該当するとされている。

②ガイドライン（通則編）によれば、個人情報取扱事業者は、個人データを共同利用する場合において、「共同利用する者の利用目的」については、社会通念上、本人が通常予期し得る限度と客観的に認められる範囲内で変更することができ、「個人データの管理について責任を有する者の氏名、名称もしくは住所」についても変更することができるが、「共同利用する者の利用目的」については、変更する前に、「個人データの管理について責任を有する者の氏名、名称

もしくは住所」については、変更後遅滞なく、本人に通知し、又は容易に知り得る状態に置かなければならないとされている。

③ ガイドライン（通則編）によれば、個人データの取扱いに関する業務の全部又は一部を委託することに伴い、当該個人データが提供される場合は、利用目的の達成に必要な範囲内であっても、当該提供先は第三者に該当するとされている。

④ 金融分野ガイドラインによれば、金融分野における個人情報取扱事業者は、与信事業に係る個人の返済能力に関する情報を個人信用情報機関へ提供するに当たっては、個人情報の保護に関する法律第23条第2項（オプトアウト）の規定を適用しないこととされている。

問題 47

日本貸金業協会が定める貸金業の業務運営に関する自主規制基本規則に規定する「広告及び勧誘に関する規制」についての次の①～④の記述のうち、その内容が適切でないものを1つだけ選び、解答欄にその番号をマークしなさい。

① 協会員は、資金需要者等が、協会員からの勧誘を一切拒否する旨の強い意思表示を行った場合、当該意思の表示のあった日から最低1年間は一切の勧誘を見合わせるものとし、当該期間経過後も架電、ファックス、電子メールもしくはダイレクトメール等の送信又は訪問等、当該資金需要者等の私生活や業務に与える影響が大きい方法による勧誘は行わないことを目処として対応しなければならない。

② 協会員は、資金需要者等が、協会員が勧誘を行った取引に係る勧誘を引き続き受けることを希望しない旨の明確な意思の表示を行った場合、当該意思表示のあった日から最低6か月間は当該勧誘に係る取引及びこれと類似する取引の勧誘を見合わせることを目処として対応しなければならない。

③ 協会員は、貸付けの契約の締結の勧誘に際し、資金需要者等が身体

的・精神的な障害等により契約の内容が理解困難なことを認識した場合、当該資金需要者等に対し、契約内容を丁寧に説明し十分にその内容を理解させるように努めなければならない。

④協会員は、債務者等に対して貸付けの契約に係る勧誘を行うに際しては、例えば、店頭窓口において口頭での承諾の事実を確認し、当該承諾に係る記録を作成及び保管する方法により、当該債務者等から当該勧誘を行うことについての承諾を得なければならない。

●財務及び会計に関すること●

問題 48

会社計算規則に規定する貸借対照表等^(注)に関する次のa～dの記述のうち、その内容が適切なものの個数を①～④の中から１つだけ選び、解答欄にその番号をマークしなさい。

a 貸借対照表等は、資産、負債及び純資産の各部に区分して表示しなければならない。

b 負債の部は、流動負債、固定負債及び繰延負債に区分して表示しなければならない。

c 前受金（受注工事、受注品等に対する前受金をいう。）は、流動資産に属するものとされている。

d 前払費用であって、１年内に費用となるべきものは、流動負債に属するものとされている。

（注）貸借対照表等とは、貸借対照表及び連結貸借対照表をいう。

①　１個　　②　２個　　③　３個　　④　４個

問題 49

財務諸表等の用語、様式及び作成方法に関する規則に規定するキャッ

シュ・フロー計算書に関する次の①～④の記述のうち、その内容が適切なものを1つだけ選び、解答欄にその番号をマークしなさい。

① 短期借入れによる収入、短期借入金の返済による支出は、営業活動によるキャッシュ・フローの区分に掲記される。

② 棚卸資産の増加額又は減少額は、投資活動によるキャッシュ・フローの区分に掲記される。

③ 営業活動によるキャッシュ・フローの区分には、営業利益又は営業損失の計算の対象となった取引に係るキャッシュ・フローのほか、投資活動及び財務活動以外の取引に係るキャッシュ・フローが掲記される。

④ 貸付けによる支出、貸付金の回収による収入は、財務活動によるキャッシュ・フローの区分に掲記される。

問題 ❺⓪

企業会計原則（大蔵省企業会計審議会発表）の一般原則に関する次の①～④の記述のうち、その内容が適切でないものを1つだけ選び、解答欄にその番号をマークしなさい。

① 企業会計は、すべての取引につき、正規の簿記の原則に従って、正確な会計帳簿を作成しなければならない。これを一般に正規の簿記の原則という。

② 資本取引と負債取引とを明確に区別し、特に資本金と借入金とを混同してはならない。これを一般に明瞭性の原則という。

③ 企業会計は、その処理の原則及び手続を毎期継続して適用し、みだりにこれを変更してはならない。これを一般に継続性の原則という。

④ 企業の財政に不利な影響を及ぼす可能性がある場合には、これに備えて適当に健全な会計処理をしなければならない。これを一般に保守主義の原則という。

第15回

（2020 年度）

問　題

●法及び関係法令に関すること●

問題　　**1**

貸金業法上の用語の定義等に関する次のa～dの記述のうち、その内容が適切なものの個数を①～④の中から1つだけ選び、解答欄にその番号をマークしなさい。

a 貸金業とは、金銭の貸付け又は金銭の貸借の媒介（手形の割引、売渡担保その他これらに類する方法によってする金銭の交付又は当該方法によってする金銭の授受の媒介を含む。）で業として行うものをいうが、貸金業から除かれるものの1つとして、事業者がその従業者に対して行うものがある。

b 資金需要者等とは、資金需要者である顧客又は債務者をいい、保証人となろうとする者及び保証人は、資金需要者等に含まれない。

c 個人信用情報とは、資金需要者である顧客又は債務者の借入金の返済能力に関する情報をいう。

d 住宅資金貸付契約とは、住宅の建設又は購入に必要な資金（住宅の用に供する土地又は借地権の取得に必要な資金を含む。）の貸付けに係る契約をいい、住宅の改良に必要な資金の貸付けに係る契約は、住宅資金貸付契約に含まれない。

①　　1個　　②　　2個　　③　　3個　　④　　4個

問題　　**2**

貸金業者の登録等に関する次のa～dの記述のうち、その内容が適切なものの個数を①～④の中から1つだけ選び、解答欄にその番号を

マークしなさい。

a 貸金業法第4条（登録の申請）第1項第2号等に規定する政令で定める使用人は、貸金業の登録を受けようとする者の使用人で、貸金業に関し貸金業法第4条第1項に規定する営業所又は事務所の業務を統括する者その他これに準ずる者で内閣府令で定めるものである。

b 貸金業者は、貸金業の登録の更新を受けようとするときは、その者が現に受けている貸金業の登録の有効期間満了の日までに当該登録の更新を申請しなければならない。

c 貸金業者登録簿には、貸金業者の商号、名称又は氏名及び住所、営業所又は事務所の名称及び所在地等のほか、業務の種類及び方法も登録される。

d 貸金業法第4条第1項の登録申請書に記載する営業所又は事務所とは、貸金業者又はその代理人が一定の場所で貸付けに関する業務の全部又は一部を継続して営む施設又は設備をいうが、貸金業者が既存の営業所又は事務所の隣接地に新たに設置する、現金自動設備及び自動契約受付機は、いずれも営業所又は事務所には該当しない。

① 1個　　② 2個　　③ 3個　　④ 4個

問題 3

貸金業法第10条（廃業等の届出）に関する次の①～④の記述のうち、その内容が適切なものを1つだけ選び、解答欄にその番号をマークしなさい。

① 株式会社である貸金業者がその株主総会における解散決議により解散した場合、当該株式会社の貸金業の登録は、その清算人がその旨をその登録をした内閣総理大臣又は都道府県知事（以下、本問にお

いて「登録行政庁」という。）に届け出た時に、その効力を失う。

②株式会社である貸金業者が合併により消滅した場合、合併による存続会社又は新設会社を代表する役員は、その日から30日以内に、その旨を登録行政庁に届け出なければならない。

③個人である貸金業者について破産手続開始の決定があった場合、当該個人は、その日から30日以内に、その旨を登録行政庁に届け出なければならない。

④個人である貸金業者が死亡した場合においては、相続人（相続人が2人以上ある場合において、その全員の同意により事業を承継すべき相続人を選定したときは、その者）は、被相続人の死亡後60日間（当該期間内に貸金業法第6条第1項の規定による登録の拒否の処分があったときは、その日までの間）は、引き続き貸金業を営むことができる。

問題 ❹

貸金業者向けの総合的な監督指針において、監督当局が、外部委託（貸金業者が貸金業の業務を第三者に委託すること）について貸金業者を監督するに当たって留意するものとされている事項に関する次の①〜④の記述のうち、その内容が適切なものを1つだけ選び、解答欄にその番号をマークしなさい。

①外部委託には、形式上、外部委託契約が結ばれていなくともその実態において外部委託と同視しうる場合や当該外部委託された業務等が海外で行われる場合も含まれる。

②委託業務に関して契約どおりサービスの提供が受けられず、顧客利便に支障が生じるおそれがある場合、直ちに外部委託先を変更して変更後の外部委託先に対応させるための態勢を整備しているか。

③外部委託先において漏えい事故等が発生した場合に、適切な対応がなされ、速やかに外部委託先から監督当局に報告される体制になっ

ていることを確認しているか。

④ 二段階以上の委託が行われた場合であっても、再委託先等の事業者に対して貸金業者自身による直接の監督を行い、外部委託先に対して再委託先等の事業者への監督を行わせないような措置が講じられているか。

問題 5

貸金業法第12条の3（貸金業務取扱主任者の設置）に関する次の①～④の記述のうち、その内容が適切なものを1つだけ選び、解答欄にその番号をマークしなさい。

① 貸金業者は、営業所又は事務所（自動契約受付機もしくは現金自動設備のみにより貸付けに関する業務を行う営業所もしくは事務所又は代理店を除く。以下、本問において「営業所等」という。）ごとに、貸金業の業務に従事する者50人に1人の割合で貸金業務取扱主任者を置かなければならないが、当該貸金業の業務に従事する者には、人事、労務、経理又はシステム管理等その業務遂行の影響が、通常、資金需要者等に及ばない業務に従事する者が含まれる。

② 貸金業者向けの総合的な監督指針によれば、貸金業法施行規則第10条の7（貸金業務取扱主任者の設置）第1号の「常時勤務する者」とは、営業時間内に営業所等に常時駐在する必要はなく、2つの営業所等が同じ建物内にあり、貸金業務取扱主任者が常時往来できると認められる実態があれば、2つの営業所等を兼務する貸金業務取扱主任者を置くことができるとされている。

③ 貸金業者は、貸金業務取扱主任者が貸金業法第12条の3第1項の助言又は指導に係る職務を適切に遂行できるよう必要な配慮を行わなければならず、貸金業の業務に従事する使用人その他の従業者は、貸金業務取扱主任者が行う同項の助言を尊重するとともに、同項の指導に従わなければならない。

④ 貸金業者は、営業所等における唯一の貸金業務取扱主任者が定年退職により当該営業所等に常時勤務する者でなくなった場合において、その後も当該営業所等で貸金業の業務を継続するときは、当該貸金業務取扱主任者が常時勤務する者でなくなった日から2週間以内に、新たに貸金業務取扱主任者を当該営業所等に置かなければならない。

問題 6

貸金業法第12条の6（禁止行為）に関する次のa～dの記述のうち、その内容が適切なものの組み合わせを①～④の中から1つだけ選び、解答欄にその番号をマークしなさい。

a 貸金業者は、保証人となろうとする者に対し、主たる債務者が弁済することが確実であると誤解させるおそれのあることを告げる行為をした場合、その登録をした内閣総理大臣又は都道府県知事（以下、本問において「登録行政庁」という。）から、その登録を取り消され、又は1年以内の期間を定めて、その業務の全部もしくは一部の停止を命じられることがある。

b 貸金業者は、資金需要者等に対し、不確実な事項について断定的判断を提供し、又は確実であると誤認させるおそれのあることを告げる行為をした場合、貸金業法上、刑事罰の対象となる。

c 貸金業者向けの総合的な監督指針（以下、本問において「監督指針」という。）によれば、例えば、資金需要者等から契約の内容について問合せがあったにもかかわらず、当該内容について回答せず、資金需要者等に不利益を与えることは、貸金業法第12条の6第1号に規定する「貸付けの契約の内容のうち重要な事項を告げない」行為に該当するおそれが大きいことに留意する必要があるとされている。

d 監督指針によれば、貸金業法第12条の6第4号に規定する「偽り

その他不正又は著しく不当な行為」にいう「不正な」行為とは、違法な行為には該当しないが、客観的に見て、実質的に妥当性を欠く又は適当でない行為、「不当な」行為とは、不正な程度にまで達していない行為をいうとされている。

① a b ② a c ③ b d ④ c d

問題 7

貸金業法第12条の8（利息、保証料等に係る制限等）に関する次のa〜dの記述のうち、その内容が適切なものの組み合わせを①〜④の中から1つだけ選び、解答欄にその番号をマークしなさい。

a 貸金業者は、その利息（みなし利息を含む。）が利息制限法第1条に規定する金額を超える利息の契約を締結してはならない。また、貸金業者は、同条に規定する金額を超える利息を受領し、又はその支払を要求してはならない。

b 金銭の貸借の媒介を行った貸金業者は、当該媒介により締結された貸付けに係る契約の債務者から当該媒介の手数料を受領した。この場合において、当該貸付けに係る契約について更新があったときは、当該貸金業者は、当該更新に対する新たな手数料を当該債務者から受領することができる。

c 貸金業者は、貸付けに係る契約について、業として保証を行う者（以下、本問において「保証業者」という。）と保証契約を締結しようとするときは、あらかじめ、当該保証契約を締結するまでに、当該保証業者への照会その他の方法により、当該保証業者と当該貸付けに係る契約の相手方又は相手方となろうとする者との間における保証料に係る契約の締結の有無、及び当該保証料に係る契約を締結する場合には当該保証料の額を確認しなければならない。

d 貸金業者は、保証業者との間で根保証契約（一定の範囲に属する不

特定の貸付けに係る債務を主たる債務とする保証契約をいう。）を締結しようとする場合において、当該根保証契約が、当該根保証契約において1年を経過した日より後の日を元本確定期日として定める根保証契約又は元本確定期日の定めがない根保証契約に当たるものであるときは、当該根保証契約を締結してはならない。

① ａｂ   ② ａｃ   ③ ｂｄ   ④ ｃｄ

問題 ⑧

貸金業法第13条（返済能力の調査）に関する次の記述のうち、その内容が適切なものを①～④の中から1つだけ選び、解答欄にその番号をマークしなさい。なお、本問における貸付けに係る契約は、極度方式基本契約及び極度方式貸付けに係る契約ではないものとする。また、本問における貸金業者は、非営利特例対象法人及び特定非営利金融法人ではないものとする。

① 貸金業者は、個人である顧客との間で、他の貸金業者を債権者とする金銭の貸借の媒介に係る契約を締結しようとする場合、当該顧客の返済能力の調査を行うに際し、指定信用情報機関が保有する信用情報を使用しなければならない。

② 貸金業者は、法人である顧客との間で、手形（融通手形を除く。）の割引を内容とする契約を締結しようとする場合、当該顧客の収入又は収益その他の資力、信用、借入れの状況、返済計画その他の返済能力に関する事項を調査する必要はない。

③ 貸金業者は、当該貸金業者とは他に貸付けに係る契約を締結していない個人である顧客との間で、貸付けの金額が30万円である貸付けに係る契約を締結しようとする場合において、指定信用情報機関が保有する信用情報を使用して返済能力の調査を行った結果、当該顧客の他の貸金業者に対する借入残高が70万円であることが判明

したときは、当該契約を締結するに際して、当該顧客から、当該顧客の資力を明らかにする書面等の提出又は提供を受けなければならない。

④ 貸金業者は、個人である顧客との間で、貸付けに係る契約を締結した場合、内閣府令で定めるところにより、貸金業法第13条第1項の規定による調査に関する記録を作成し、これを当該貸付けに係る契約に定められた最終の返済期日（当該貸付けに係る契約に基づく債権が弁済その他の事由により消滅したときにあっては、当該債権の消滅した日）までの間保存しなければならない。

問題 9

株式会社である貸金業者Aは、個人顧客Bとの間で極度額を30万円とする極度方式基本契約（以下、本問において「本件基本契約」という。）を締結した。Aは、Bとの間で本件基本契約以外の貸付けに係る契約を締結していない。この場合において、Aが行う貸金業法第13条に規定する返済能力調査に関する次のa～dの記述のうち、その内容が適切なものの個数を①～④の中から1つだけ選び、解答欄にその番号をマークしなさい。なお、本件基本契約は、貸金業法施行規則第1条の2の3（個人信用情報の対象とならない契約）第2号から第5号までに掲げる契約ではないものとする。

a Aは、Bに返済能力の低下が認められたことを理由に極度額を一時的に10万円に減額した後、Bとの間の合意に基づき、極度額を、当該極度方式基本契約を締結した当初の30万円に戻そうとする場合、Bの返済能力の調査を行う必要はない。

b Aは、Bに対し本件基本契約に基づく極度方式貸付けの元本の残高の上限として極度額を下回る額を提示している場合において、当該下回る額を極度額まで増額するときは、Bの返済能力の調査を行うに際し、指定信用情報機関が保有する信用情報を使用しなければな

らない。

c Aは、Bとの間の合意に基づき、本件基本契約における極度額を50万円に増額しようとする場合において、指定信用情報機関から提供を受けた信用情報により判明したBに対するA以外の貸金業者の貸付けの残高の合計額は0円であった。この場合、Aは、Bから源泉徴収票その他の当該顧客の収入又は収益その他の資力を明らかにする事項を記載し、又は記録した書面又は電磁的記録として内閣府令で定めるものの提出又は提供を受けなければならない。

d Aは、本件基本契約の極度額を増額した時に作成した返済能力の調査に関する記録を、本件基本契約の解除の日又は本件基本契約に基づくすべての極度方式貸付けに係る契約に定められた最終の返済期日のうち最後のもの（これらの契約に基づく債権のすべてが弁済その他の事由により消滅したときは、その消滅した日）のうちいずれか早い日までの間保存しなければならない。

① 1個　　② 2個　　③ 3個　　④ 4個

問題 10

株式会社である貸金業者Aが、個人顧客Bとの間で締結している極度方式基本契約（以下、本問において「本件基本契約」という。）について行う、本件基本契約が基準額超過極度方式基本契約に該当するかどうかの調査（以下、本問において「本件調査」という。）に関する次のa〜dの記述のうち、その内容が適切なものの組み合わせを①〜④の中から1つだけ選び、解答欄にその番号をマークしなさい。なお、Aは、Bとの間で本件基本契約以外の極度方式基本契約を締結していないものとする。

a Aは、本件基本契約の契約期間を本件基本契約の締結日から同日以後1か月以内の一定の期日までの期間及び当該一定の期日の翌日以

後1か月ごとの期間に区分したそれぞれの期間（以下、本問において「所定の期間」という。）において、直近の「所定の期間」内にAが行った本件基本契約に基づく極度方式貸付けの金額の合計額が5万円で、当該「所定の期間」の末日における本件基本契約に基づく極度方式貸付けの残高の合計額が10万円であった場合、本件調査を行わなければならない。

b Aは、Bが本件基本契約に基づく極度方式貸付けに係る契約により負う債務の履行を遅滞したことにより本件基本契約に基づく新たな極度方式貸付けの停止に係る措置を講じていた場合において当該措置を解除したときは、その日から2週間を経過する日までに本件調査を行わなければならない。

c Aは、本件調査をしなければならない場合、「所定の期間」の末日から3週間を経過する日までに、指定信用情報機関にBの個人信用情報の提供を依頼しなければならない。

d Aは、本件調査をしなければならない場合において、Bに係る極度方式個人顧客合算額が120万円である場合、当該調査を行うに際し、既にBから源泉徴収票その他のBの収入又は収益その他の資力を明らかにする事項を記載し、又は記録した書面又は電磁的記録として内閣府令で定めるものの提出又は提供を受けているときを除き、その提出又は提供を受けなければならない。

① ab   ② ac   ③ bd   ④ cd

問題 ⑪

貸金業法第14条（貸付条件等の掲示）に関する次のa〜dの記述のうち、その内容が適切なものの組み合わせを①〜④の中から1つだけ選び、解答欄にその番号をマークしなさい。

a 貸金業者が、貸付条件等の掲示として、営業所又は事務所（以下、

本問において「営業所等」という。）ごとに掲示しなければならない事項には、当該営業所等に置かれる貸金業務取扱主任者の氏名、役職名及び登録番号が含まれる。

b 貸金業者が、貸付条件等の掲示として、営業所等ごとに掲示しなければならない事項には、金銭の貸付けにおいて担保を供することが必要な場合における当該担保に関する事項が含まれる。

c 貸金業者は、貸付条件等の掲示として、営業所等ごとに貸付けの利率を掲示する場合において、その年率^(注)を百分率で表示するときは、少なくとも小数点以下一位まで表示する方法により行わなければならない。

d 貸金業者が、貸付条件等の掲示をしなければならない営業所等には、あらかじめ定める条件により継続して貸付けを行う契約に基づく金銭の交付又は回収のみを行う現金自動設備が含まれる。

（注）年率とは、利息及び貸金業法第12条の8第2項に規定するみなし利息の総額（1年分に満たない利息及び同項に規定するみなし利息を元本に組み入れる契約がある場合にあっては、当該契約に基づき元本に組み入れられた金銭を含む。）を内閣府令で定める方法によって算出した元本の額で除して得た年率をいう。

① ａｂ　　② ａｄ　　③ ｂｃ　　④ ｃｄ

問題 12

次のａ～ｄの記述のうち、貸付けに係る契約を締結しようとする場合における貸金業法第16条の2第1項に規定する書面（契約締結前の書面）に記載し、明らかにしなければならない事項に該当するものの個数を①～④の中から1つだけ選び、解答欄にその番号をマークしなさい。なお、本問における貸付けに係る契約は、金銭の貸付けに係る契約であって、手形の割引の契約及び売渡担保の契約ではないものと

する。

a 契約申込年月日
b 貸金業者の商号、名称又は氏名及び住所
c 契約の相手方となろうとする者の商号、名称又は氏名及び住所
d 保証人となろうとする者の商号、名称又は氏名及び住所

① 1個　　② 2個　　③ 3個　　④ 4個

問題 ⑬

貸金業法第18条第1項に規定する書面（以下、本問において「受取証書」という。）の交付及び貸金業法第22条に規定する債権の証書（以下、本問において「債権証書」という。）の返還に関する次の①～④の記述のうち、その内容が適切なものを1つだけ選び、解答欄にその番号をマークしなさい。

① 貸金業者は、その営業所の窓口において、貸付けに係る契約に基づく債権の全部について、当該契約の債務者から弁済を受けたときは、遅滞なく、内閣府令で定めるところにより、受取証書を当該債務者に交付しなければならない。

② 貸金業者は、預金又は貯金の口座に対する払込みにより、貸付けに係る契約に基づく債権の全部について、当該契約の債務者から弁済を受けた場合、当該債務者の請求があったときに限り、受取証書を当該債務者に交付しなければならない。

③ 貸金業者は、極度方式貸付けに係る契約に基づく債権の全部について、当該契約の債務者から弁済を受けた場合において、当該債務者の承諾を得て、内閣府令で定めるところにより、貸金業法第18条第3項に規定する一定期間における貸付け及び弁済その他の取引の状況を記載した書面（マンスリーステートメント）を交付するとき

は、弁済を受けた日から1か月以内に、受領年月日及び受領金額を記載した受取証書を当該債務者に交付しなければならない。

④ 貸金業者は、貸付けに係る契約につき債権証書を有する場合において、当該契約に基づく債権の全部について、当該契約の債務者以外の第三者から弁済を受けたときは、当該契約の債務者の請求があったときに限り、債権証書を当該債務者に返還しなければならない。

問題 ⑭

次のa〜dの記述のうち、日本貸金業協会が定める貸金業の業務運営に関する自主規制基本規則において、協会員が取立て行為を行うにあたり、貸金業法第21条第1項に定める「威迫」及び「その他の人の私生活もしくは業務の平穏を害するような言動」に該当するおそれがあるとされているものの個数を①〜④の中から1つだけ選び、解答欄にその番号をマークしなさい。

a 多人数で訪問すること。例示として、3人以上が挙げられる。

b 不適当な時期に取立ての行為を行うこと。例示として、親族の冠婚葬祭時等が挙げられる。

c 反復継続した取立て行為を行うこと。例示として、電子メールや文書を用いた連絡を、前回送付又は送信から3日以内に行うこと等が挙げられる。

d 親族又は第三者に対し、支払の要求をすること。例示として、支払申し出があった際、支払義務がないことを伝えないこと等が挙げられる。

① 1個　　② 2個　　③ 3個　　④ 4個

問題　15

貸金業者に対する監督等に関する次の①〜④の記述のうち、その内容が適切なものを1つだけ選び、解答欄にその番号をマークしなさい。

① 貸金業者は、貸金業を休止した場合は、内閣府令で定めるところにより、その旨を貸金業の登録をした内閣総理大臣又は都道府県知事（以下、本問において「登録行政庁」という。）に届け出る必要はないが、貸金業を廃止した場合は、その旨を登録行政庁に届け出なければならない。

② 登録行政庁は、貸金業者の営業所もしくは事務所の所在地又は当該貸金業者の所在（法人である場合においては、その役員の所在）を確知できない場合において、内閣府令で定めるところにより、その事実を公告し、その公告の日から2週間を経過しても当該貸金業者から申出がないときは、その登録を取り消すことができる。

③ 貸金業法第24条の6の12第1項に規定する監督を行うため、登録行政庁は、貸金業協会に加入していない貸金業者に対して、貸金業協会の定款、業務規程その他の規則を考慮し、当該貸金業者又はその役員もしくは使用人が遵守すべき規則の作成又は変更を命ずることができる。

④ 登録行政庁は、その登録を受けた貸金業者の業務の運営に関し、資金需要者等の利益の保護を図るため必要があると認めるときは、貸金業法その他の法令に違反する事実があると認定した上で、当該貸金業者に対して、業務の方法の変更その他業務の運営の改善に必要な措置を命じなければならない。

問題　16

Aは貸金業者、BはAの顧客、Cは保証業者である。保証料の制限等に関する次の①〜④の記述のうち、利息制限法及び出資法^(注)上、そ

の内容が適切なものを1つだけ選び、解答欄にその番号をマークしなさい。なお、本問における営業的金銭消費貸借契約は、貸付期間を1年とし元利一括返済とする旨の約定がなされているものとする。

① Aは、Bとの間で、元本額100万円、利率年1割3分（13%）とする営業的金銭消費貸借契約を締結して100万円をBに貸し付け、当該契約について、Cとの間で、保証契約を締結した。この場合において、CがBとの間で締結する保証料の契約は、その保証料が20,000円を超えるときは、その契約の全部が無効となる。

② Aは、Bとの間で、元本額50万円、利率年1割4分（14%）とする営業的金銭消費貸借契約を締結して50万円をBに貸し付け、当該契約について、Cとの間で、保証契約を締結した。その後、Cは、Bとの間で、CがBから15,000円の保証料の支払を受ける旨の保証料の契約を締結した。この場合において、AとBとの合意により、当該営業的金銭消費貸借契約の利息を利率年1割6分（16%）に変更したときは、当該変更後の利息の約定は、年1割5分（15%）を超える部分に限り無効となる。

③ Aは、Bとの間で、元本額80万円とする営業的金銭消費貸借契約を締結して80万円をBに貸し付け、BがAに支払う利息を変動利率をもって定めた。Aは、当該契約について、Cとの間で、保証契約を締結し、当該保証契約においてAがBから支払を受けることができる利息の利率の上限を年1割6分（16%）とする定めをし、当該定めをBに通知した。この場合、Cは、Bとの間で保証料の契約を締結し、Bから、24,000円の範囲内で保証料の支払を受けることができる。

④ Aは、Bとの間で、元本額20万円、利率年1割2分（12%）とする営業的金銭消費貸借契約を締結して20万円をBに貸し付け、当該契約について、Cとの間で、保証契約を締結した。その後、Cは、Bとの間で、CがBから20,000円の保証料の支払を受ける旨の保証料の契約を締結した。この場合、A及びCは、出資法上、刑事罰

の対象となる。

（注）出資法とは、出資の受入れ、預り金及び金利等の取締りに関する法律をいう。

問題 ⑰

次の①～④の記述のうち、貸金業法第6条（登録の拒否）第1項各号のいずれにも<u>該当しないもの</u>を1つだけ選び、解答欄にその番号をマークしなさい。

①貸金業法第24条の6の4（監督上の処分）第1項の規定により貸金業の登録を取り消された株式会社の取締役を当該取消しの日の60日前に退任した者であって、当該取消しの日から5年を経過しないもの
②破産手続開始の決定を受けて復権を得ない者
③禁錮以上の刑に処せられ、その刑の執行を終わり、又は刑の執行を受けることがなくなった日から5年を経過しない者
④株式会社であって、再生手続開始の決定又は更生手続開始の決定のいずれも受けておらず、その純資産額が3,000万円である者

問題 ⑱

貸金業法第8条（変更の届出）に関する次の①～④の記述のうち、その内容が<u>適切でないもの</u>を1つだけ選び、解答欄にその番号をマークしなさい。

①貸金業者は、その商号、名称又は氏名に変更があった場合、その日から2週間以内に、その旨を貸金業の登録を受けた内閣総理大臣又は都道府県知事（以下、本問においては「登録行政庁」という。）

に届け出なければならない。

② 株式会社である貸金業者は、その取締役の氏名に変更があったときは、その日から２週間以内に、その旨を登録行政庁に届け出なければならない。

③ 貸金業者は、営業所又は事務所に置いた貸金業務取扱主任者がその登録の更新を受けたときは、その日から２週間以内に、その旨を登録行政庁に届け出なければならない。

④ 貸金業者は、その業務に関して広告又は勧誘をする際に表示等をする営業所又は事務所のホームページアドレスを変更しようとするときは、あらかじめ、その旨を登録行政庁に届け出なければならない。

問題　⓳

貸金業者向けの総合的な監督指針における反社会的勢力による被害の防止に関する次の①〜④の記述のうち、その内容が<u>適切でない</u>ものを１つだけ選び、解答欄にその番号をマークしなさい。

① 反社会的勢力による不当要求への対処として、反社会的勢力からの不当要求があった場合には積極的に警察・暴力追放運動推進センター・弁護士等の外部専門機関に相談するとともに、暴力追放運動推進センター等が示している不当要求対応要領等を踏まえた対応を行うこととしているか。特に、脅迫・暴力行為の危険性が高く緊急を要する場合には直ちに警察に通報を行うこととしているか。

② 反社会的勢力との関係を遮断するための対応を総括する部署において、反社会的勢力による被害を防止するための一元的な管理態勢が構築され、反社会的勢力に関する情報を積極的に収集・分析するとともに、当該情報を一元的に管理したデータベースを構築し、適切に更新する体制となっているか。ただし、当該情報の収集・分析等に際し、グループ内で情報の共有をすることは、個人情報の保護に関する法律への抵触を避けるために、行わないこととしているか。

③反社会的勢力との取引を未然に防止するため、反社会的勢力に関する情報等を活用した適切な事前審査を実施するとともに、契約書や取引約款への暴力団排除条項の導入を徹底するなど、反社会的勢力が取引先となることを防止しているか。また、提携ローンについては、暴力団排除条項の導入を徹底の上、貸金業者が自ら事前審査を実施する体制を整備し、かつ、提携先の信販会社における暴力団排除条項の導入状況や反社会的勢力に関するデータベースの整備状況等を検証する態勢となっているか。

④反社会的勢力との取引解消に向けた取組みとして、いかなる理由であれ、反社会的勢力であることが判明した場合には、資金提供や不適切・異例な取引を行わない態勢を整備しているか。

問題 **20**

貸金業者Aは、貸付けに係る契約について、個人である保証人となろうとする者Bとの間で保証契約を締結しようとしている。この場合に関する次の①～④の記述のうち、その内容が<u>適切でない</u>ものを1つだけ選び、解答欄にその番号をマークしなさい。なお、本問における貸金業者Aは、非営利特例対象法人及び特定非営利金融法人ではないものとする。

① Aは、Bとの間で保証契約を締結しようとする場合、Bの収入又は収益その他の資力、信用、借入れの状況、返済計画その他の返済能力に関する事項を調査しなければならない。

② Aは、Bとの間で保証契約を締結しようとする場合、Bの返済能力の調査を行うに際し、指定信用情報機関が保有する信用情報を使用しなければならない。

③ Aは、Bとの間で、貸付けの金額が100万円を超える貸付けに係る契約について保証契約を締結しようとする場合には、Bから、源泉徴収票その他のBの収入又は収益その他の資力を明らかにする事項

を記載し、又は記録した書面又は電磁的記録として内閣府令で定めるものの提出又は提供を受ける必要はない。

④ Aは、Bとの間で保証契約を締結した場合、内閣府令で定めるところにより、Bの返済能力の調査に関する記録を作成し、当該保証契約の解除の日又は当該保証契約に基づく債務が消滅した日のうちいずれか遅い日までの間、これを保存しなければならない。

問題 21

次の①〜④の記述のうち、貸金業法第13条の2（過剰貸付け等の禁止）第2項に規定する個人過剰貸付契約から除かれる契約として貸金業法施行規則第10条の21で定めるものに該当しないものを1つだけ選び、解答欄にその番号をマークしなさい。

① 個人顧客又は当該個人顧客の親族で当該個人顧客と生計を一にする者の健康保険法第115条第1項及び第147条に規定する高額療養費を支払うために必要な資金の貸付けに係る契約

② 自動車の購入に必要な資金の貸付けに係る契約のうち、当該自動車の所有権を貸金業者が取得し、又は当該自動車が譲渡により担保の目的となっているもの

③ 個人顧客のために担保を提供する者の居宅を担保とする貸付けに係る契約であって、当該個人顧客の返済能力を超えないと認められるもの（貸付けの金額が当該貸付けに係る契約の締結時における当該居宅の価格の範囲内であるものに限る。）

④ 手形の割引を内容とする契約であって、割引の対象となる手形が融通手形ではないもの

問題 22

保証契約を締結する場合の書面の交付に関する次の①〜④の記述のう

ち、その内容が適切でないものを1つだけ選び、解答欄にその番号を
マークしなさい。なお、本問における貸付けに係る契約は、金銭の貸
付けに係る契約であって、極度方式基本契約、極度方式貸付けに係る
契約、手形の割引の契約及び売渡担保の契約ではないものとする。

① 貸金業者は、貸付けに係る契約について保証契約を締結しようとす
る場合には、当該保証契約を締結するまでに、内閣府令で定めると
ころにより、貸金業法第16条の2第3項に規定する書面について、
貸金業法施行規則第12条の2第6項の規定に基づき当該保証契約
の概要を記載した書面及び詳細を記載した書面の2種類の書面を同
時に、当該保証契約の保証人となろうとする者に交付しなければな
らない。

② 貸金業者は、貸付けに係る契約について保証契約を締結したときは、
遅滞なく、内閣府令で定めるところにより、貸金業法第17条第3
項前段に規定する書面（以下、本問において「保証契約における契
約締結時の書面」という。）に加えて、貸金業法第17条第1項各号
に掲げる事項について当該貸付けに係る契約の内容を明らかにする
書面を当該保証契約の保証人に交付しなければならない。

③ 貸金業者は、貸付けに係る契約について保証契約を締結したときは、
遅滞なく、内閣府令で定めるところにより、貸金業法第17条第1
項各号に掲げる事項について当該貸付けに係る契約の内容を明らか
にする書面に加えて、保証契約における契約締結時の書面を当該貸
付けに係る契約の相手方に交付しなければならない。

④ 貸金業者は、貸付けに係る契約について保証契約を締結した後に当
該保証契約における保証期間を変更した場合、当該変更が当該保証
契約の保証人の利益となる変更であるときを除き、変更後の保証期
間が記載された保証契約における契約締結時の書面を当該保証人に
再交付しなければならない。

貸金業者Ａが、個人顧客Ｂとの間で貸付けに係る契約を締結し金銭を
Ｂに貸し付け、Ｂに貸金業法第17条第1項に規定する書面（以下、
本問において「契約締結時の書面」という。）を交付した後に、Ｂと
の合意に基づき契約締結時の書面に記載した事項を変更した。この場
合に関する次の①〜④の記述のうち、その内容が<u>適切でない</u>ものを1
つだけ選び、解答欄にその番号をマークしなさい。なお、本問におけ
る貸付けに係る契約は、金銭の貸付けに係る契約であって、極度方式
基本契約、極度方式貸付けに係る契約、手形の割引の契約及び売渡担
保の契約ではないものとする。

① Ａは、「貸付けの利率」を引き上げた場合、変更後の内容を記載し
　 た契約締結時の書面をＢに再交付しなければならない。
② Ａは、「返済の方式」を変更した場合、変更後の内容を記載した契
　 約締結時の書面をＢに再交付しなければならない。
③ Ａは、「返済の方法及び返済を受ける場所」を変更した場合、当該
　 変更がＢの利益となるか否かを問わず、変更後の内容を記載した契
　 約締結時の書面をＢに再交付しなければならない。
④ Ａは、「契約上、返済期日前の返済ができるか否か及び返済ができ
　 るときはその内容」を変更した場合、当該変更がＢの利益となるか
　 否かを問わず、変更後の内容を記載した契約締結時の書面をＢに再
　 交付しなければならない。

貸金業者が貸金業法に基づき保存すべきものに関する次の①〜④の記
述のうち、その内容が<u>適切でない</u>ものを1つだけ選び、解答欄にその
番号をマークしなさい。

① 貸金業者は、貸金業法第12条の4（証明書の携帯等）第2項に規定する従業者名簿を、最終の記載をした日から10年間保存しなければならない。

② 貸金業者は、貸金業法施行規則第10条の21（個人過剰貸付契約から除かれる契約）第1項第1号に規定する不動産の建設又は不動産の改良に必要な資金の貸付けに係る契約（極度方式基本契約及び極度方式貸付けに係る契約ではないものとする。）を締結した場合には、不動産に建設工事の請負契約書その他の締結した契約が当該規定に掲げる契約に該当することを証明する書面又はそれらの写しを、当該貸付けに係る契約に定められた最終の返済期日（当該貸付けに係る契約に基づく債権が弁済その他の事由により消滅したときにあっては、当該債権の消滅した日）までの間保存しなければならない。

③ 貸金業者は、個人顧客との間で締結した極度方式基本契約が基準額超過極度方式基本契約に該当するかどうかの調査をした場合、内閣府令で定めるところにより、当該調査に関する記録を作成し、これを当該極度方式基本契約に基づくすべての極度方式貸付けに係る契約に定められた最終の返済期日のうち最後のものが到来する日（これらの契約に基づく債権のすべてが弁済その他の事由により消滅したときは、その消滅した日）までの間保存しなければならない。

④ 貸金業者は、極度方式基本契約を締結した場合には、貸金業法第19条に規定する帳簿を、当該極度方式基本契約及び当該極度方式基本契約に基づくすべての極度方式貸付けに係る契約について、当該極度方式基本契約の解除の日又はこれらの契約に定められた最終の返済期日のうち最後のもの（これらの契約に基づく債権のすべてが弁済その他の事由により消滅したときにあっては、その消滅した日）のうちいずれか遅い日から少なくとも10年間保存しなければならない。

貸金業者向けの総合的な監督指針（以下、本問において「監督指針」という。）における不祥事件に対する監督上の対応に関する次の①〜④の記述のうち、その内容が監督指針の記載に<u>合致しない</u>ものを1つだけ選び、解答欄にその番号をマークしなさい。

① 監督当局は、貸金業者において不祥事件が発覚し、当該貸金業者から第一報があった場合において、刑罰法令に抵触しているおそれのある事実が認められるときは、直ちに、当該貸金業者の営業所等への立入検査を実施し、警察等関係機関等への通報を行うに当たって必要となる不祥事件に関する証拠保全が実施されていることを確認するものとする。

② 監督当局は、不祥事件と貸金業者の業務の適切性の関係については、「不祥事件の発覚後の対応は適切か」、「不祥事件への経営陣の関与はないか、組織的な関与はないか」、「不祥事件の内容が資金需要者等に与える影響はどうか」、「内部牽制機能が適切に発揮されているか」、「再発防止のための改善策の策定や自浄機能は十分か、関係者の責任の追及は明確に行われているか」、「資金需要者等に対する説明や問い合わせへの対応等は適切か」の着眼点に基づき検証を行うこととする。

③ 監督当局は、不祥事件の届出があった場合には、事実関係（当該行為が発生した営業所等、当該行為者の氏名・職名・職歴（貸金業務取扱主任者である場合にはその旨）、当該行為の概要、発覚年月日、発生期間、発覚の端緒）、発生原因分析、改善・対応策等について深度あるヒアリングを実施し、必要に応じて貸金業法第24条の6の10に基づき報告書を徴収することにより、貸金業者の自主的な業務改善状況を把握することとする。

④ 監督当局は、不祥事件の届出があった場合において、資金需要者等の利益の保護の観点から重大な問題があると認められるときには、

貸金業者に対して、貸金業法第24条の6の3の規定に基づく業務改善命令を発出することとする。また、重大・悪質な法令違反行為が認められるときには、貸金業法第24条の6の4に基づく業務停止命令等の発出を検討するものとする。

問題 ㉖

貸金業法第41条の35（個人信用情報の提供）及び同法第41条の36（指定信用情報機関への信用情報の提供等に係る同意の取得等）に関する次の①〜④の記述のうち、その内容が適切でないものを1つだけ選び、解答欄にその番号をマークしなさい。なお、本問における貸金業者は、非営利特例対象法人及び特定非営利金融法人ではないものとする。

① 加入貸金業者^(注1)は、資金需要者である個人の顧客を相手方とする極度方式基本契約を締結したときは、遅滞なく、当該極度方式基本契約に係る個人信用情報を加入指定信用情報機関^(注2)に提供しなければならない。

② 加入貸金業者は、加入指定信用情報機関に資金需要者等に係る信用情報の提供の依頼（当該資金需要者等に係る他の指定信用情報機関が保有する個人信用情報の提供の依頼を含む。）をする場合には、内閣府令で定める場合を除き、あらかじめ、当該資金需要者等から書面又は電磁的方法による同意を得なければならない。

③ 加入貸金業者は、資金需要者である個人の顧客を相手方とする貸付けに係る契約を締結し、当該貸付けに係る契約に係る個人信用情報を加入指定信用情報機関に提供した後、当該提供した個人信用情報に変更があった場合には、遅滞なく、その変更内容を当該指定信用情報機関に提供しなければならない。

④ 加入貸金業者は、貸金業法第41条の36第3項及び貸金業法施行規則第30条の15（信用情報の提供等に係る配偶者の同意の取得等）

第3項に規定する同意に関する記録を、当該同意に基づき指定信用情報機関が信用情報を保有している間保存しなければならない。

（注1）加入貸金業者とは、指定信用情報機関と信用情報提供契約を締結した相手方である貸金業者をいう。
（注2）加入指定信用情報機関とは、加入貸金業者と信用情報提供契約を締結した指定信用情報機関をいう。

問題 ㉗

みなし利息に関する次の①～④の記述のうち、利息制限法上、その内容が適切でないものを1つだけ選び、解答欄にその番号をマークしなさい。

① Aは、Bとの間で締結した営業的金銭消費貸借契約において、Bが金銭の受領又は弁済のために利用する現金自動支払機その他の機械の利用料として、10,000円の弁済を受ける際に110円（消費税額等相当額を含む。）をBから受領した。この場合、当該利用料は、利息とみなされない。

② Aは、Bとの間で締結した営業的金銭消費貸借契約において、金銭の貸付け及び弁済に用いるためBに交付したカードのBの要請に基づく再発行の手数料(消費税額等相当額を含む。)をBから受領した。この場合、当該手数料は、利息とみなされない。

③ Aは、Bとの間で締結した営業的金銭消費貸借契約において、貸金業法第17条第1項に規定する契約締結時の書面をBに交付した後、各回の返済期日及び返済金額の変更を行ったため、変更後の契約締結時の書面を作成しBに再交付した費用（消費税額等相当額を含む。）をBから受領した。この場合、当該費用は、利息とみなされる。

④ Aは、Bとの間で締結した営業的金銭消費貸借契約において、口座振替の方法による弁済につき、Bが弁済期に弁済できなかったた

め、Bの要請を受けて行った再度の口座振替手続に要した費用（消費税額等相当額を含む。）をBから受領した。この場合、当該費用は、利息とみなされる。

◉貸付け及び貸付けに付随する取引に関する法令及び実務に関すること◉

問題 ㉘

意思能力及び行為能力に関する次の①〜④の記述のうち、民法上、その内容が適切なものを1つだけ選び、解答欄にその番号をマークしなさい。

①成年被後見人の法律行為は、その成年後見人の同意を得て行われたときは、取り消すことができない。

②制限行為能力者が行為能力者であることを信じさせるため詐術を用いたときは、当該制限行為能力者の法定代理人はその行為を取り消すことができるが、当該制限行為能力者はその行為を取り消すことができない。

③未成年者は、一種又は数種の営業を許されたときは、これによって成年に達したものとみなされる。

④法律行為の当事者が意思表示をした時に意思能力を有しなかったときは、その法律行為は、無効とする。

問題 ㉙

意思表示に関する次の①〜④の記述のうち、民法上、その内容が適切なものを1つだけ選び、解答欄にその番号をマークしなさい。なお、本問における契約等は、2020年4月1日以降に行われているものとする。

① Aは、Bとの間で、実際には甲建物をBに売却するつもりであるのに、誤って自己が所有する乙建物をBに売却する旨の契約を締結した。この場合において、BがAに錯誤があることを知っていたときは、Aに重大な過失があったとしても、Aは、錯誤による意思表示を理由として、当該契約を取り消すことができる。

② Aは、第三者Cの詐欺により、Bとの間で、甲建物をBに売却する旨の契約を締結した。この場合において、Bが、Cによる詐欺の事実を知らず、かつ、知ることができなかったとしても、Aは、詐欺による意思表示を理由として、当該契約を取り消すことができる。

③ Aは、Bの強迫により、Bとの間でBに甲建物を売却する旨の売買契約を締結し、AからBへの甲建物の所有権移転登記を経た後、Bは、この事情を知らず、かつ、知らないことに過失のない第三者Cに甲建物を売却した。その後、Aは、強迫による意思表示を理由としてAB間の売買契約を取り消した。この場合、Aは、その取消しをCに対抗することができない。

④ Aは、実際には甲建物をBに売却する意思がないのに、Bと通謀して、Bに甲建物を売却する旨の虚偽の売買契約を締結し、AからBへの甲建物の所有権移転登記を経た。その後、Bは、この事情を知っている第三者Cに甲建物を売却した。この場合、Aは、Cに対し、AB間の売買契約が虚偽表示により無効であることを主張することができない。

問題 **30**

無効及び取消しに関する次の①〜④の記述のうち、民法上、その内容が適切なものを1つだけ選び、解答欄にその番号をマークしなさい。

① 無効な行為は、当事者がその行為の無効であることを知って追認をしたときは、初めから有効であったものとみなされる。

②行為能力の制限によって取り消すことができる行為は、制限行為能
　力者（他の制限行為能力者の法定代理人としてした行為にあっては、
　当該他の制限行為能力者を含む。）又はその代理人、承継人もしく
　は同意をすることができる者に限り、取り消すことができる。

③制限行為能力を理由に法律行為が取り消された場合、当該法律行為
　は取消しがあった時から将来に向かって無効となる。

④取消権は、追認をすることができる時から３年間行使しないときは、
　時効によって消滅する。行為の時から５年を経過したときも、同様
　である。

問題　31

抵当権に関する次の①〜④の記述のうち、民法上、その内容が適切な
ものを１つだけ選び、解答欄にその番号をマークしなさい。

①土地に設定された抵当権の効力は、当該抵当権の目的である土地の
　上に存する建物及び当該土地に付加して一体となっている物に及
　ぶ。

②同一の不動産について数個の抵当権が設定されたときは、その抵当
　権の順位は、抵当権設定契約の締結日付の先後による。

③抵当権者は、その抵当権を他の債権の担保とし、又は同一の債務者
　に対する他の債権者の利益のためにその抵当権もしくはその順位を
　譲渡し、もしくは放棄することができる。

④抵当権は、債務者及び抵当権設定者に対し、その担保する債権とは
　別に、時効によって消滅する。

問題　32

債権の目的及び効力に関する次の①〜④の記述のうち、民法上、その
内容が適切なものを１つだけ選び、解答欄にその番号をマークしなさ

い。

① 債務の不履行に対する損害賠償の請求は、これによって通常生ずべき損害の賠償をさせることをその目的とする。特別の事情によって生じた損害は、当事者がその事情を予見すべきであったときは、債権者は、その賠償を請求することができる。

② 債務の履行について不確定期限があるときは、債務者は、その期限の到来したことを知り、かつ、債権者からその履行の請求を受けた時から遅滞の責任を負う。

③ 債務の不履行又はこれによる損害の発生もしくは拡大に関して債権者に過失があったときでも、裁判所は、これを考慮して、損害賠償の責任及びその額を減免することはできない。

④ 利息を生ずべき債権について別段の意思表示がないときは、その利率は、年5分となる。

問題 **㉝**

AのBに対する金銭債権を「甲債権」とし、BのAに対する金銭債権を「乙債権」とする。甲債権と乙債権との相殺に関する次の①～④の記述のうち、民法及び破産法上、その内容が適切なものを1つだけ選び、解答欄にその番号をマークしなさい。なお、甲債権及び乙債権は、2020年4月1日以降に生じたものとする。

① 甲債権の弁済期が10月15日であり、乙債権の弁済期が同年11月1日である場合、同年10月15日の時点においては、乙債権の弁済期が到来していないため、Aは、甲債権と乙債権とを相殺することができない。

② 甲債権が時効によって消滅した後は、甲債権が時効により消滅する以前に、甲債権と乙債権とが相殺に適するようになっていたときであっても、Aは、甲債権と乙債権とを相殺することができない。

③ Aに対して金銭債権を有するCの申立てに基づき甲債権が差し押さ
えられ、その差押命令がBに送達されていた場合において、Bが乙
債権を当該差押命令の送達後に取得したときは、Bは、甲債権と乙
債権との相殺をもってCに対抗することができる。

④ Aが破産債権者であり、Bが破産者である場合において、Aが甲債
権を破産手続開始前に取得し、Bが乙債権を破産手続開始前に取得
していたときは、Aは、破産手続によらないで、甲債権と乙債権と
を相殺することができる。

問題　34

相続に関する次の①〜④の記述のうち、民法上、その内容が適切なも
のを1つだけ選び、解答欄にその番号をマークしなさい。

① 被相続人の子が、民法第891条（相続人の欠格事由）の規定に該当
したことにより相続人となることができなくなったときは、その者
の子は、被相続人の直系卑属であっても、その者を代襲して相続人
となることができない。

② 被相続人の配偶者及び被相続人の兄弟姉妹が相続人である場合、当
該兄弟姉妹の法定相続分は、3分の1である。

③ 被相続人の配偶者のみが相続人となる場合、当該配偶者は、遺留分
として、被相続人の財産の2分の1に相当する額を受ける。

④ 相続人は、自己のために相続の開始があったことを知った時から6
か月以内に、相続について、単純もしくは限定の承認又は放棄をし
なければならない。

問題　35

手形法及び電子記録債権法に関する次の①〜④の記述のうち、その内
容が適切なものを1つだけ選び、解答欄にその番号をマークしなさい。

① 強迫によって振り出された約束手形を裏書により譲り受けた所持人は、当該事情を知っていた。この場合、当該約束手形の振出人は、当該所持人から手形金の支払を請求されたときは、強迫を理由とする手形行為取消しの抗弁をもって、当該所持人に対抗することができない。

② 満期において手形金の支払がないときは、約束手形の所持人は、裏書人、振出人その他の債務者に対してその遡求権を行使することができるが、満期前においては、たとえ支払の全部又は一部の拒絶があっても、遡求権を行使することができない。

③ 電子記録債権の譲渡は、当事者間の合意のみによってその効力を生じるが、譲渡記録をしなければ、これを第三者に対抗できない。

④ 電子記録名義人に対してした電子記録債権についての支払は、当該電子記録名義人がその支払を受ける権利を有しない場合であっても、その効力を有する。ただし、その支払をした者に悪意又は重大な過失があるときは、この限りでない。

問題 ㊱

犯罪による収益の移転防止に関する法律（以下、本問において「犯罪収益移転防止法」という。）に関する次の①～④の記述のうち、その内容が適切なものを1つだけ選び、解答欄にその番号をマークしなさい。

① 貸金業者が、株式会社（「外国に本店又は主たる事務所を有する法人」ではないものとする。）である顧客の取引時確認として確認しなければならない事項である事業の内容の確認方法には、当該取引時確認をする日前1年以内に作成された当該株式会社の設立の登記に係る登記事項証明書又はその写しを確認する方法がある。

② 貸金業者は、取引時確認を行った場合には、直ちに、主務省令で定

める方法により、当該取引時確認に係る事項、当該取引時確認のために
とった措置その他の主務省令で定める事項に関する記録（以
下、本問において「確認記録」という。）を作成しなければならない。
貸金業者は、確認記録を、特定取引等に係る契約が終了した日その
他の主務省令で定める日から、3年間保存しなければならない。

③貸金業者は、特定業務に係る取引を行った場合には、少額の取引そ
の他の政令で定める取引を除き、直ちに、主務省令で定める方法に
より、顧客等の確認記録を検索するための事項、当該取引の期日及
び内容その他の主務省令で定める事項に関する記録（以下、本問に
おいて「取引記録」という。）を作成し、取引記録を、当該取引の
行われた日から7年間保存しなければならない。

④貸金業者（その役員及び使用人を含む。）は、犯罪収益移転防止法
第8条第1項の規定による届出（以下、本問において「疑わしい取
引の届出」という。）を行おうとすること又は行ったことを当該疑
わしい取引の届出に係る顧客等又はその者の関係者に開示すること
ができる。

問題 **37**

代理に関する次の①～④の記述のうち、民法上、その内容が<u>適切でな
い</u>ものを1つだけ選び、解答欄にその番号をマークしなさい。

①代理人がその権限内において本人のためにすることを示してした意
思表示は、本人が事前にこれを承認し、又は事後にこれを追認しな
ければ、本人に対してその効力を生じない。

②法定代理人は、自己の責任で復代理人を選任することができる。こ
の場合において、やむを得ない事由があるときは、本人に対してそ
の選任及び監督についての責任のみを負う。

③代理権は、本人の死亡によって消滅する。

④他人に代理権を与えた者は、代理権の消滅後にその代理権の範囲内

においてその他人が第三者との間でした行為について、代理権の消滅の事実を知らなかった第三者に対してその責任を負う。ただし、第三者が過失によってその事実を知らなかったときは、この限りでない。

問題 38

時効に関する次の①〜④の記述のうち、民法上、その内容が<u>適切でないもの</u>を１つだけ選び、解答欄にその番号をマークしなさい。

① 裁判上の請求がなされた場合において、確定判決又は確定判決と同一の効力を有するものによって権利が確定したときは、時効は、裁判上の請求が終了した時から新たにその進行を始める。
② 強制執行が申し立てられた場合において、当該申立ての取下げ又は法律の規定に従わないことによる取消しによって強制執行が終了したときは、その終了の時から６か月を経過するまでの間は、時効は、完成しない。
③ 仮差押えが申し立てられた場合、仮差押えは時効の更新事由に該当するため、時効は、仮差押えが終了した時から新たにその進行を始める。
④ 債権者が権利を行使することができることを知った時から５年間行使しないとき、又は権利を行使することができる時から10年間行使しないときは、債権は、時効によって消滅する。

問題 39

Ａは貸金業者、Ｂは個人事業主である借主、ＣはＢの子でありＢと共同して事業を行っていない保証人である。保証に関する次の①〜④の記述のうち、民法上、その内容が<u>適切でないもの</u>を１つだけ選び、解答欄にその番号をマークしなさい。なお、本問における契約等は、

2020年4月1日以降に行われているものとする。

① Aが、Bの事業資金を融資するに当たってCとの間で保証契約を締結するに先立ち、Cの保証債務を履行する意思を表示するために作成しなければならない公正証書は、Bが主たる債務を履行しないときにCがその全額について履行する意思を表示した文書をCが作成し、公証人がその内容を認証して署名押印する方式に従って作成されなければならない。

② Aは、Bとの間で貸付契約を締結し、当該契約につきCとの間で保証契約を締結した。BがAに対して負う貸付金の返還債務について期限の利益を喪失した場合において、Aは、Cに対し、その利益の喪失を知った時から2か月を超えてもその旨を通知しなかったときは、Bが期限の利益を喪失した時から当該通知を現にするまでに生じた遅延損害金（期限の利益を喪失しなかったとしても生ずべきものを除く。）に係る保証債務の履行を請求することができない。

③ Aは、Bとの間で、Bの事業資金を融資する目的で極度方式基本契約を締結し、当該契約につき、Cとの間で個人根保証契約を締結しようとする場合、当該個人根保証契約の締結に先立ち、その締結の日前1か月以内に作成された公正証書でCが保証債務を履行する意思を表示していなければ、当該個人根保証契約はその効力を生じない。

④ Aが、Bとの間で、Bの事業資金を融資する目的で極度方式基本契約を締結し、当該契約に基づく不特定の債務を主たる債務とする根保証をBがCに委託するときは、Bは、Cに対し、「財産及び収支の状況」、「主たる債務以外に負担している債務の有無並びにその額及び履行状況」、「主たる債務の担保として他に提供し、又は提供しようとするものがあるときは、その旨及びその内容」に関する情報を提供しなければならない。

問題 40

弁済に関する次の①〜④の記述のうち、民法上、その内容が適切でないものを1つだけ選び、解答欄にその番号をマークしなさい。

① 債務者が債権者に対して債務の弁済をしたときは、その債権は、消滅する。
② 弁済をするについて正当な利益を有する者でない第三者は、債権者及び債務者のいずれの意思にも反しない場合であっても、弁済をすることはできない。
③ 弁済をすべき場所について別段の意思表示がないときは、特定物の引渡しは債権発生の時にその物が存在した場所において、その他の弁済は債権者の現在の住所において、それぞれしなければならない。
④ 債務者は、弁済の提供の時から、債務を履行しないことによって生ずべき責任を免れる。

問題 41

消費貸借契約に関する次の①〜④の記述のうち、民法上、その内容が適切でないものを1つだけ選び、解答欄にその番号をマークしなさい。

① 借主は、返還の時期の定めの有無にかかわらず、いつでも返還をすることができる。
② 書面でする消費貸借の借主は、貸主から金銭その他の物を受け取るまで、契約の解除をすることができる。
③ 金銭その他の物を給付する義務を負う者がある場合において、当事者がその物を消費貸借の目的とすることを約したときは、消費貸借は、これによって成立したものとみなされる。
④ 貸主は、特約の有無にかかわらず、借主に対して法定利息を請求することができる。

次の①〜④の記述のうち、民法上、その内容が<u>適切でない</u>ものを1つだけ選び、解答欄にその番号をマークしなさい。なお、本問において、「改正前民法」とは平成29年法律第44号により改正される前の民法をいい、「改正民法」とは同法により改正された後の民法をいうものとする。

① Aは、2020年3月1日に、Bとの間で、金銭消費貸借契約を締結しBに10万円を貸し付けた。この場合、AのBに対する貸付金債権の消滅時効の期間については、改正前民法が適用され、当該債権は、10年間行使しないときは、時効によって消滅する。

② Aは、2020年3月1日に、Bとの間で、債権の譲渡を禁止する旨の特約を付した金銭消費貸借契約を締結しBに10万円を貸し付けた。その後、Aは、2020年5月1日に、Cとの間で、AのBに対する貸付金債権を譲渡した。この場合、AのCに対する債権の譲渡については、改正前民法が適用され、AとCとの間の債権譲渡契約は無効となる。

③ Aは、2020年3月1日に、Bとの間で、定型取引 ^(注)に係る契約を締結した。この場合において、2020年3月31日以前に、A又はBが書面又は電磁的記録により反対の意思を表示していないときは、当該契約については、改正民法が適用される。

④ Aは、2010年5月1日に、Bとの間で、金銭消費貸借契約を締結しBに10万円を貸し付けた。BがAに借入金を返済していない場合において、2020年4月15日に天災その他避けることのできない事変が生じた。この場合、天災等による時効の完成猶予については、改正民法が適用され、その障害が消滅した時から3か月を経過するまでの間は、時効は、完成しない。

（注）定型取引とは、改正民法第 548 条の 2（定型約款の合意）第 1
　　　項に規定する定型取引（ある特定の者が不特定多数の者を相手
　　　方として行う取引であって、その内容の全部又は一部が画一的
　　　であることがその双方にとって合理的なもの）をいう。

◉資金需要者等の保護に関すること◉

問題　43

個人情報の保護に関する法律についてのガイドライン（通則編）に関
する次の①〜④の記述のうち、その内容が適切なものを 1 つだけ選び、
解答欄にその番号をマークしなさい。

① 個人情報取扱事業者は、個人情報を取り扱うに当たっては、その利
　用の目的（以下、本問において「利用目的」という。）をできる限
　り特定しなければならない。例えば、「マーケティング活動に用い
　るため」という記載は、具体的に利用目的を特定している事例に該
　当する。

② 個人情報取扱事業者は、あらかじめ本人の同意を得ないで、個人情
　報の保護に関する法律第 17 条の規定により特定された利用目的の
　達成に必要な範囲を超えて、個人情報を取り扱ってはならない。な
　お、当該同意を得るために個人情報を利用することは、当初特定し
　た利用目的としてその旨が記載されていない場合には、目的外利用
　に該当する。

③ 個人情報取扱事業者は、あらかじめその利用目的を公表していない
　場合であっても、インターネット上で本人が自発的に公にしている
　個人情報を取得したときは、その利用目的を、本人に通知し、又は
　公表する必要はない。

④ 個人情報取扱事業者は、例えば、アンケートに記載された個人情報
　を直接本人から取得する場合等、本人から直接書面に記載された当
　該本人の個人情報を取得する場合は、あらかじめ、本人に対し、そ

の利用目的を明示しなければならない。ただし、人の生命、身体又は財産の保護のために緊急に必要がある場合は、この限りでない。

問題　44

消費者契約法に関する次の①～④の記述のうち、その内容が適切なものを１つだけ選び、解答欄にその番号をマークしなさい。

① 消費者契約法の適用がある取引については、消費者には、消費者契約法に基づき、契約の申込み又は契約の締結後一定の期間内であれば、無条件に当該契約の申込みを撤回し又は当該契約を解除することができる権利であるクーリング・オフを行使する権利が認められている。

② 事業者が、消費者契約の締結について勧誘をするに際し、勧誘をしている場所から退去する旨の意思を消費者が示したにもかかわらず、当該消費者を退去させないなど、消費者を困惑させることにより当該消費者契約を締結した場合、消費者契約法第２条（定義）第４項に規定する適格消費者団体には、当該消費者契約についての取消権が認められている。

③ 消費者契約法に基づき消費者に認められる取消権は、追認をすることができる時から１年間行わないときは、時効によって消滅する。当該消費者契約の締結の時から５年を経過したときも、同様とする。

④ 消費者契約の解除に伴う損害賠償の額を予定する条項であって、その額が、当該条項において設定された解除の事由、時期等の区分に応じ、当該消費者契約と同種の消費者契約の解除に伴い当該事業者に生ずべき平均的な損害の額を超えるものは、当該条項そのものを無効とする。

日本貸金業協会が定める貸金業の業務運営に関する自主規制基本規則に規定する「広告及び勧誘に関する規則」についての次の①～④の記述のうち、その内容が適切なものを1つだけ選び、解答欄にその番号をマークしなさい。

① 協会員は、債務者等に対して貸付けの契約に係る勧誘を行うに際しては、例えば、店頭窓口において口頭での承諾の事実を確認し、当該承諾に係る記録を作成及び保管する方法により、当該債務者等から当該勧誘を行うことについての承諾を得なければならない。

② 協会員は、勧誘リスト等を作成するにあたっては、当該勧誘リストに指定信用情報機関の信用情報を記載し、勧誘対象者に対する過剰貸付けの防止に努めなければならない。

③ 協会員は、ギャンブル専門紙及びギャンブル専門誌へ個人向け貸付けの契約に係る広告を出稿するにあたっては、安易な借入れを助長する表現、又はその疑いのある表現を排除することに留意しなければならない。

④ 協会員は、新聞、雑誌又は電話帳へ個人向け貸付けの契約に係る広告を出稿するにあたって、比較広告を行う場合には、求めに応じてその裏付けとなる根拠を説明することができる態勢を整備するとともに、その説明に必要となる資料等を作成し、保管するといった適切な措置を講じなければならない。

問題 **46**

不当景品類及び不当表示防止法（以下、本問において「景品表示法」という。）に関する次の①～④の記述のうち、その内容が適切でないものを1つだけ選び、解答欄にその番号をマークしなさい。

①表示とは、顧客を誘引するための手段として、事業者が自己の供給する商品又は役務の内容又は取引条件その他これらの取引に関する事項について行う広告その他の表示であって、内閣総理大臣が指定するものをいう。

②内閣総理大臣は、景品表示法第4条（景品類の制限及び禁止）の規定による制限もしくは禁止又は同法第5条（不当な表示の禁止）の規定に違反する行為があるときは、当該事業者に対し、その行為の差止めもしくはその行為が再び行われることを防止するために必要な事項又はこれらの実施に関連する公示その他必要な事項を命ずることができる。ただし、その命令は、当該違反行為が既になくなっている場合にはすることができない。

③内閣総理大臣は、景品表示法第7条（措置命令）第1項の規定による命令に関し、事業者がした表示が同法第5条（不当な表示の禁止）第1号に該当する表示（以下、本問において「優良誤認表示」という。）か否かを判断するため必要があると認めるときは、当該表示をした事業者に対し、期間を定めて、当該表示の裏付けとなる合理的な根拠を示す資料の提出を求めることができる。この場合において、当該事業者が当該資料を提出しないときは、同法第7条第1項の規定の適用については、当該表示は優良誤認表示とみなされる。

④内閣総理大臣は、事業者が正当な理由がなくて景品表示法第26条（事業者が講ずべき景品類の提供及び表示の管理上の措置）第1項の規定に基づき事業者が講ずべき措置を講じていないと認めるときは、当該事業者に対し、景品類の提供又は表示の管理上必要な措置を講ずべき旨の勧告をすることができる。内閣総理大臣は、当該勧告を行った場合において当該事業者がその勧告に従わないときは、その旨を公表することができる。

問題 47

日本貸金業協会が定める紛争解決等業務に関する規則についての次の

①～④の記述のうち、その内容が適切でないものを１つだけ選び、解答欄にその番号をマークしなさい。

① 契約者等[注1] による紛争解決手続開始の申立てが受理され、相手方に対してその旨の通知がなされた場合、当該通知を受けた協会員等[注2] は、正当な理由がある場合を除き、紛争解決手続に応じなければならない。

② 紛争解決委員は、当事者もしくは参考人から意見を聴取し、もしくは文書もしくは口頭による報告を求め、又は当事者から参考となるべき帳簿書類その他の物件の提出もしくは提示を求めることができる。

③ 紛争解決委員は、申立てに係る紛争の解決に必要な和解案を作成し、当事者に対し提示して、その受諾を勧告することができる。当事者双方が紛争解決委員の和解案を受諾したときは、裁判所に届け出ることにより、当該和解案の内容で和解が成立したものとされる。

④ 紛争解決委員は、和解案の受諾の勧告によっては当事者間に和解が成立する見込みがない場合において、事案の性質、当事者の意向、当事者の手続追行の状況その他の事情が照らして相当であると認めるときは、貸金業務関連紛争の解決のために必要な特別調停案を作成し、理由を付して当事者に提示することができる。

（注1）契約者等とは、顧客等、債務者等もしくは債務者等であったもの又はその一般承継人をいう。

（注2）協会員等とは、日本貸金業協会の会員及び日本貸金業協会と手続実施基本契約を締結した貸金業者をいう。

●財務及び会計に関すること●

問題 48

損益計算書に関する次の図表の空欄ａ～ｃに当てはまる語句の組み合

わせとして適切なものを、次の①～④の中から1つだけ選び、解答
欄にその番号をマークしなさい。

損益計算書

自平成31年4月1日至令和2年3月31日 （単位：百万円）

科目	金額
売上高	3,850
売上原価	2,950
（ a ）	900
販売費及び一般管理費	730
（ b ）	170
営業外費用	20
営業外収益	3
（ c ）	153
特別利益	0
特別損失	1
税引前当期純利益	152
法人税等	80
当期純利益	72

① a－売上総利益　　b－営業利益　　c－経常利益
② a－経常利益　　　b－営業利益　　c－売上総利益
③ a－売上総利益　　b－粗利益　　　c－経常利益
④ a－粗利益　　　　b－売上総利益　c－営業利益

問題 49

企業会計原則（大蔵省企業会計審議会発表）の一般原則に関する次の
①～④の記述のうち、その内容が適切でないものを1つだけ選び、解
答欄にその番号をマークしなさい。

① 企業会計は、企業の財政状態及び経営成績に関して、真実な報告を提供するものでなければならない。これを一般に真実性の原則という。

② 企業会計は、財務諸表によって、利害関係者に対し必要な会計事実を明瞭に表示し、企業の状況に関する判断を誤らせないようにしなければならない。これを一般に明瞭性の原則という。

③ 企業の財政状態に影響を及ぼす多額の取引については、その取引の内容をできる限り詳細かつ堅実に注記しなければならない。これを一般に堅実性の原則という。

④ 株主総会提出のため、信用目的のため、租税目的のため等種々の目的のために異なる形式の財務諸表を作成する必要がある場合、それらの内容は、信頼し得る会計記録に基づいて作成されたものであって、政策の考慮のために事実の真実な表示をゆがめてはならない。これを一般に単一性の原則という。

問題 50

会社計算規則に規定する貸借対照表等^(注)に関する次の①〜④の記述のうち、その内容が<u>適切でない</u>ものを1つだけ選び、解答欄にその番号をマークしなさい。

① 固定資産に係る項目は、有形固定資産、無形固定資産及び投資その他の資産に区分しなければならない。

② 資産の部は、流動資産、固定資産及び金融資産に区分しなければならない。

③ 長期借入金は、固定負債に属するものとされている。

④ 未払費用は、流動負債に属するものとされている。

（注）貸借対照表等とは、貸借対照表及び連結貸借対照表をいう。

第14回

（2019 年度）

問　題

問　題

Question

◉法及び関係法令に関すること◉

問題　1

貸金業法上の用語の定義等に関する次のa～dの記述のうち、その内容が適切なものの個数を①～④の中から1つだけ選び、解答欄にその番号をマークしなさい。

a 貸金業とは、金銭の貸付け又は金銭の貸借の媒介で業として行うものをいい、手形の割引、売渡担保その他これらに類する方法によってする金銭の交付で業として行うものは貸金業に含まれない。

b 貸付けの契約とは、貸付けに係る契約又は当該契約に係る保証契約をいう。

c 顧客等とは、資金需要者である顧客又は保証人となろうとする者をいう。

d 信用情報とは、資金需要者である顧客又は債務者の借入金の返済能力に関する情報及び保証人となろうとする者又は保証人の保証能力に関する情報をいう。

①　1個　　②　2個　　③　3個　　④　4個

問題　2

株式会社であるAは、甲県知事の登録を受けた貸金業者である。次の①～④の記述のうち、その内容が適切なものを1つだけ選び、解答欄にその番号をマークしなさい。

① Aは、その商号の変更をしようとするときは、あらかじめ、その旨

を甲県知事に届け出なければならない。

② Aは、金銭の貸借の媒介を新たに行うとともに媒介手数料の割合を定めるなど、その業務の種類及び方法を変更したときは、その日から2週間以内に、その旨を甲県知事に届け出なければならない。

③ Aは、B営業所の所在地を変更したときは、その日から2週間以内に、その旨を甲県知事に届け出なければならない。

④ Aは、その業務に関して広告又は勧誘をする際に表示等をするC営業所の電話番号を変更したときは、その日から2週間以内に、その旨を甲県知事に届け出なければならない。

問題 3

貸金業務取扱主任者に関する次のa～dの記述のうち、その内容が適切なものの組み合わせを①～④の中から1つだけ選び、解答欄にその番号をマークしなさい。

a 貸金業者が営業所等ごとに置かなければならない貸金業務取扱主任者は、当該営業所等において「常時勤務する者」でなければならないが、貸金業者向けの総合的な監督指針（以下、本問において「監督指針」という。）によれば、貸金業法施行規則第10条の7（貸金業務取扱主任者の設置）第1号の「常時勤務する者」とは、営業時間内に営業所等に常時駐在する必要はないが、単に所属する営業所等が1つに決まっていることだけでは足りず、社会通念に照らし、常時勤務していると認められるだけの実態を必要とするとされている。

b 貸金業者は、内閣府令で定めるところにより、営業所等ごとに、従業者名簿を備え、従業者の氏名、住所、貸金業法第12条の4（証明書の携帯等）第1項の証明書の番号その他貸金業法施行規則第10条の9の2（従業者名簿の記載事項等）第1項で定める貸金業務取扱主任者であるか否かの別を記載しなければならないが、貸金

業務取扱主任者である従業者について、その貸金業務取扱主任者の登録番号を記載する必要はない。

c 貸金業者は、「予見し難い事由」により、営業所等における貸金業務取扱主任者の数が貸金業法第12条の3（貸金業務取扱主任者の設置）第1項の内閣府令で定める数を下回るに至ったときは、2週間以内に、同項の規定に適合させるために同条第3項に定める「必要な措置」をとらなければならないが、監督指針によれば、同条第3項に定める「予見し難い事由」とは、個別具体的に判断されるが、急な死亡や失踪など限定的に解釈されるべきであり、会社の都合や定年による退職など会社として予見できると思われるものは含まれないとされている。

d 監督指針によれば、貸金業法第12条の3第3項に定める「必要な措置」とは、営業所等への主任者の求人募集、新たな貸付けの停止又は当該営業所等の廃止が該当するとされている。

① ab　② ac　③ bd　④ cd

問題 4

貸金業法第12条の6（禁止行為）に関する次の①〜④の記述のうち、その内容が適切なものを1つだけ選び、解答欄にその番号をマークしなさい。

① 貸金業者向けの総合的な監督指針（以下、本問において「監督指針」という。）によれば、例えば、資金需要者等から契約の内容について問合せがあった場合において、当該内容について口頭で回答したに留まり、書面で回答しなかったときは、貸金業法第12条の6第1号に規定する「貸付けの契約の内容のうち重要な事項を告げない」行為に該当するおそれが大きいことに留意する必要があるとされている。

②監督指針によれば、貸金業法第12条の6第4号に定める「偽りその他不正又は著しく不当な行為」にいう「不正な」行為とは、違法な行為には該当しないが、客観的に見て、実質的に妥当性を欠く又は適当でない行為、「不当な」行為とは、不正な程度にまで達していない行為をいうとされている。

③貸金業者が、その貸金業の業務に関し、資金需要者等に対し、虚偽のことを告げる行為は、貸金業法上、行政処分の対象となるだけでなく、刑事罰の対象となる。

④貸金業者が、その貸金業の業務に関し、資金需要者等に対し、不確実な事項について断定的判断を提供する行為は、貸金業法上、行政処分の対象となるだけでなく、刑事罰の対象となる。

問題 ⑤

Aは貸金業者、BはAの顧客、Cは保証業者である。貸金業法第12条の8（利息、保証料等に係る制限等）に関する次の①〜④の記述のうち、その内容が適切なものを1つだけ選び、解答欄にその番号をマークしなさい。

① Aが、Bとの間で元本を50万円とし利率を年2割（20％）とする貸付けに係る契約を締結した場合、貸金業法上、その行為は刑事罰の対象となる。

② Aが、Bから利息制限法第1条（利息の制限）に規定する利率により計算した金額を超える利息を受領した場合、その行為は行政処分の対象とはならない。

③ Aは、Bとの間の貸付けに係る契約について、Cとの間で保証契約を締結した場合、遅滞なく、Cへの照会その他の方法により、BとCとの間の保証料に係る契約の締結の有無、及び当該保証料に係る契約で定めた保証料の額を確認しなければならない。

④ Aは、Bとの間の一定の範囲に属する不特定の貸付けに係る契約に

ついて、Cとの間で、根保証契約^(注)を締結しようとする場合、当
該根保証契約の締結の日から5年を経過した日を主たる債務の元本
確定期日として定める根保証契約を締結してはならない。

(注) 根保証契約とは、一定の範囲に属する不特定の貸付けに係る債
務を主たる債務とする保証契約をいう。

問題 6

次のa～dの記述のうち、貸金業者が、貸金業法第13条に規定す
る返済能力の調査を行うに際し、指定信用情報機関が保有する信用情
報を使用しなければならないものの個数を①～④の中から1つだけ選
び、解答欄にその番号をマークしなさい。なお、本問における貸金業
者は、非営利特例対象法人及び特定非営利金融法人ではないものとす
る。

a 個人顧客との間で極度方式貸付けに係る契約を締結しようとする場
合
b 個人である保証人となろうとする者との間で貸付けに係る契約につ
いて保証契約を締結しようとする場合
c 個人顧客との間で手形（融通手形を除く。）の割引を内容とする契
約を締結しようとする場合
d 個人顧客との間で他の貸金業者を債権者とする金銭の貸借の媒介に
係る契約を締結しようとする場合

① 1個　　② 2個　　③ 3個　　④ 4個

問題 7

貸金業法第13条第3項及び同法第13条の3第3項に規定する源泉

徴収票その他の収入又は収益その他の資力を明らかにする事項を記載し、又は記録した書面又は電磁的記録として内閣府令で定めるもの（以下、本問において「資力を明らかにする書面等」という。）に関する次の①～④の記述のうち、その内容が適切なものを1つだけ選び、解答欄にその番号をマークしなさい。なお、本問における貸付けに係る契約は、貸金業法施行規則第10条の16（指定信用情報機関が保有する信用情報の使用義務の例外）で定める貸付けの契約ではないものとする。

① 貸金業者は、個人顧客との間で、貸付けの金額が80万円の貸付けに係る契約を締結しようとする場合において、その1年前に当該顧客との間で貸付けに係る契約を締結するに当たり当該顧客からその資力を明らかにする書面等として源泉徴収票の提出を受けていたときは、改めて、当該顧客からその資力を明らかにする書面等の提出又は提供を受ける必要はない。

② 貸金業者が、個人顧客との間で、貸付けの金額が50万円の貸付けに係る契約を新たに締結しようとする場合において、当該貸金業者の他の貸付けについて当該顧客が行っている保証の残高が30万円であるときは、他の貸金業者による貸付けがないことを確認したときであっても、当該貸金業者は、当該顧客からその資力を明らかにする書面等の提出又は提供を受けなければならない。

③ 貸金業者は、個人顧客との間で締結した極度方式基本契約が基準額超過極度方式基本契約に該当するかどうかの調査をしなければならない場合において、当該顧客に係る極度方式個人顧客合算額が110万円であるときは、その1年前に当該顧客との間で当該調査を行うに当たり当該顧客からその資力を明らかにする書面等として源泉徴収票の提出を受け、かつ、その後も当該顧客の資力に変更がないことを確認したときであっても、改めて当該顧客からその資力を明らかにする書面等の提出又は提供を受けなければならない。

④ 貸金業者は、個人顧客との間で締結した極度方式基本契約が基準額

超過極度方式基本契約に該当するかどうかの調査をしなければならない場合において、当該極度方式基本契約の極度額（他に極度方式基本契約の締結はないものとする。）が50万円であること、当該顧客に対する他の貸付けの残高が30万円であること、住宅資金貸付契約に係る貸付けの残高が30万円であること、及び他の貸金業者による貸付けがないことを確認したときは、当該顧客からその資力を明らかにする書面等の提出又は提供を受ける必要はない。

問題 8

次のa～dの記述のうち、貸金業法上、刑事罰及び行政処分のいずれの対象ともなるものの個数を①～④の中から1つだけ選び、解答欄にその番号をマークしなさい。

a 貸金業者は、個人顧客との間で、貸付けに係る契約を締結しようとする場合において、当該顧客の返済能力の調査により、当該貸付けに係る契約が貸金業法第13条の2（過剰貸付け等の禁止）第1項に規定する個人過剰貸付契約その他顧客等の返済能力を超える貸付けの契約と認められるにもかかわらず、当該貸付けに係る契約を当該顧客と締結した。

b 貸金業者は、個人顧客との間で、貸付けに係る契約を締結しようとする場合において、当該顧客の返済能力の調査を行うに際し、指定信用情報機関が保有する信用情報を使用した調査が必要であるにもかかわらず、当該調査を行わずに当該貸付けに係る契約を当該顧客と締結した。

c 貸金業者は、個人顧客との間で、貸付けに係る契約を締結しようとする場合において、当該顧客から源泉徴収票その他の当該顧客の収入又は収益その他の資力を明らかにする事項を記載し、又は記録した書面又は電磁的記録として内閣府令で定めるもの（以下、本問において「資力を明らかにする書面等」という。）の提出又は提供を

受けなければならないにもかかわらず、当該顧客からその資力を明らかにする書面等の提出又は提供を受けずに当該貸付けに係る契約を当該顧客と締結した。

d 貸金業者は、個人顧客との間で、貸付けに係る契約を締結した場合において、貸金業法第13条（返済能力の調査）第1項の規定による調査に関する記録を作成しなかった。

① 1個　　② 2個　　③ 3個　　④ 4個

問題 ⑨

次のa～dの記述のうち、貸金業者Aが個人顧客Bとの間で締結する貸付けに係る契約が貸金業法第13条の2（過剰貸付け等の禁止）第2項に規定する個人過剰貸付契約から除かれる契約として貸金業法施行規則第10条の21に定める契約に該当するものの組み合わせを①～④の中から1つだけ選び、解答欄にその番号をマークしなさい。

a Bの配偶者が所有し売却を予定している土地の売却代金により弁済される貸付けに係る契約であって、当該土地を当該貸付けの担保としないもの

b Bの居宅の改良に必要な資金の貸付けに係る契約であって、当該居宅を当該貸付けの担保としないもの

c Bの居宅を担保とする貸付けに係る契約であって、貸付けの金額が当該貸付けに係る契約の締結時における当該居宅の価格^(注)の範囲を超えないもの

d Bの直系尊属が所有する別荘を担保とする貸付けに係る契約であって、Bの返済能力を超えないと認められ、かつ、貸付けの金額が当該貸付けに係る契約の締結時における当該別荘の価格^(注)の範囲内であるもの

（注）価格は、鑑定評価額、公示価格、路線価、固定資産税評価額（地方税法第 381 条第 1 項又は第 2 項の規定により土地課税台帳又は土地補充課税台帳に登録されている価格をいう。）その他の資料に基づき合理的に算出した額であるものとする。

① ａｂ　　② ａｃ　　③ ｂｄ　　④ ｃｄ

問題　⑩

貸金業法第 16 条の 2（契約締結前の書面の交付）に関する次の①〜④の記述のうち、その内容が適切なものを 1 つだけ選び、解答欄にその番号をマークしなさい。なお、本問における貸付けに係る契約は、金銭の貸付けに係る契約であって、手形の割引の契約及び売渡担保の契約ではないものとする。

①貸金業者は、極度方式基本契約を締結している顧客との間で極度方式貸付けに係る契約を締結しようとする場合には、当該契約を締結するまでに、内閣府令で定めるところにより、貸金業法第 16 条の 2 第 1 項に規定する書面（契約締結前の書面）を当該顧客に交付しなければならない。

②貸金業者は、貸付けに係る契約について保証契約を締結しようとする場合には、当該保証契約を締結するまでに、内閣府令で定めるところにより、当該保証契約についての貸金業法第 16 条の 2 第 3 項に規定する書面（保証契約における契約締結前の書面）及び当該貸付けに係る契約についての貸金業法第 16 条の 2 第 1 項に規定する書面（契約締結前の書面）を、当該保証契約の保証人となろうとする者に同時に交付しなければならない。

③貸金業者が、貸金業法第 16 条の 2 第 1 項の規定に基づき貸付けに係る契約の相手方となろうとする者に交付すべき契約締結前の書面の記載事項には、「貸付けに関し貸金業者が受け取る書面の内容」

は含まれない。

④ 貸金業者が、貸金業法第16条の2第1項の規定に基づき貸付けに係る契約の相手方となろうとする者に交付すべき契約締結前の書面の記載事項には、「保証人となろうとする者の商号、名称又は氏名及び住所」が含まれる。

問題 ⑪

貸金業者Aが、個人顧客Bとの間で貸付けに係る契約を締結し、Bに貸金業法第17条第1項に規定する書面（以下、本問において「契約締結時の書面」という。）を交付した。この場合に関する次のa～dの記述のうち、その内容が適切なものの個数を①～④の中から1つだけ選び、解答欄にその番号をマークしなさい。なお、本問における貸付けに係る契約は、金銭の貸付けに係る契約であって、極度方式基本契約、極度方式貸付けに係る契約、手形の割引の契約及び売渡担保の契約ではないものとする。

a Aは、契約締結時の書面に記載した「貸金業者の商号、名称又は氏名及び住所」を変更した場合、変更後の内容を記載した契約締結時の書面をBに再交付する必要はない。

b Aは、Bとの合意に基づき、契約締結時の書面に記載した「各回の返済期日及び返済金額」を変更した場合、その内容がBにとって不利なものであるときに限り、変更後の内容を記載した契約締結時の書面をBに再交付しなければならない。

c Aは、Bとの間の貸付けに係る契約の締結に際し、Cとの間で、当該貸付けに係る契約について保証契約を締結し、Bに対して契約締結時の書面を交付した。その後、Aは、Dとの間で、当該貸付けに係る契約について保証契約を締結し、Cに加えてDを保証人に追加した。この場合、Aは、C及びDに係る事項が記載された契約締結時の書面をBに再交付する必要はない。

d Aは、Bとの合意に基づき、契約締結時の書面に記載した「期限の利益の喪失の定めがあるときは、その旨及びその内容」を変更した場合、当該変更がBの利益となる変更であるか否かにかかわらず、変更後の内容を記載した契約締結時の書面をBに再交付しなければならない。

① 1個　② 2個　③ 3個　④ 4個

問題 ⑫

株式会社である貸金業者が貸金業法に基づき保存すべきものに関する次のa〜dの記述のうち、その内容が適切なものの組み合わせを①〜④の中から1つだけ選び、解答欄にその番号をマークしなさい。

a 貸金業者は、貸付けに係る契約（極度方式基本契約及び極度方式貸付けに係る契約を除く。）について、保証人となろうとする者と保証契約を締結した場合には、内閣府令で定めるところにより、当該保証人となろうとする者の返済能力の調査に関する記録を作成し、当該記録を、当該貸付けに係る契約に定められた最終の返済期日（当該貸付けに係る契約に基づく債権が弁済その他の事由により消滅したときにあっては、当該債権の消滅した日）又は当該保証契約に基づく債務が消滅した日のうちいずれか早い日までの間保存しなければならない。

b 加入貸金業者 (注) は、貸金業法第41条の36第1項及び第2項に規定する同意（指定信用情報機関への信用情報の提供等に係る同意）を得た場合には、内閣府令で定めるところにより、当該同意に関する記録を作成し、当該記録を、当該同意に基づき指定信用情報機関が信用情報を保有している間保存しなければならない。

c 貸金業者は、貸金業法第19条の帳簿を、貸付けの契約ごとに、当該契約を締結した日から少なくとも7年間保存しなければならな

い。

d 貸金業者は、個人顧客との間で締結した極度方式基本契約が基準額
　超過極度方式基本契約に該当するかどうかの調査をした場合、内閣
　府令で定めるところにより、当該調査に関する記録を作成し、当該
　記録をその作成後7年間保存しなければならない。

（注）加入貸金業者とは、指定信用情報機関と信用情報提供契約を締
　　　結した相手方である貸金業者をいう。

　① a b　　② a c　　③ b d　　④ c d

問題 ⑬

生命保険契約等の締結に係る制限等に関する次の①～④の記述のう
ち、その内容が適切なものを1つだけ選び、解答欄にその番号をマー
クしなさい。

①貸金業を営む者は、住宅資金貸付契約の相手方又は相手方となろう
　とする者の死亡によって保険金の支払を受けることとなる保険契約
　を締結しようとする場合、当該保険契約において、自殺による死亡
　を保険事故としてはならない。
②貸金業を営む者は、貸付けの契約について、公的給付（注1）がその
　受給権者である債務者等又は債務者等の親族その他の者（以下、本
　問において「特定受給権者」という。）の預金又は貯金の口座に払
　い込まれた場合に当該預金又は貯金の口座に係る資金から当該貸付
　けの契約に基づく債権の弁済を受けることを目的として、特定受給
　権者に当該預金又は貯金の払出しとその払い出した金銭による当該
　債権の弁済をその預金又は貯金の口座のある金融機関に委託して行
　うことを求める行為をしてはならない。
③貸金業を営む者は、特定公正証書（注2）の効力について債務者等に

あらかじめ説明したときは、当該債務者等から、当該債務者等が特定公正証書の作成を公証人に嘱託することを代理人に委任することを証する書面（委任状）を取得することができる。

④ 貸金業を営む者は、貸付けの契約について、債務者等が特定公正証書の作成を公証人に嘱託することを代理人に委任する場合には、当該代理人を推薦することができる。

（注1）公的給付とは、法令の規定に基づき国又は地方公共団体がその給付に要する費用又はその給付の事業に関する事務に要する費用の全部又は一部を負担し、又は補助することとされている給付（給与その他対価の性質を有するものを除く。）であって、法令の規定により譲り渡し、担保に供し、又は差し押さえることができないこととされているものをいう。

（注2）特定公正証書とは、債務者等が貸付けの契約に基づく債務の不履行の場合に直ちに強制執行に服する旨の陳述が記載された公正証書をいう。

問題 ⑭

次のa～dの記述のうち、貸金業者が、貸金業法第24条の6の2（開始等の届出）に基づき、その登録をした内閣総理大臣又は都道府県知事に届け出なければならない事由に該当するものの個数を①～④の中から1つだけ選び、解答欄にその番号をマークしなさい。

a 日本以外の国にその本拠地を置く外国法人との合弁により、日本国外において合弁事業として金銭の貸付けを行うこととなった場合

b 役員又は使用人に貸金業の業務に関し法令に違反する行為又は貸金業の業務の適正な運営に支障を来す行為があったことを知った場合

c 特定の保証業者との保証契約の締結を貸付けに係る契約の締結の通常の条件とすることとなった場合

d 他人から貸付けに係る契約に基づく債権の譲渡を受けた場合

① 1個　　② 2個　　③ 3個　　④ 4個

次の①～④の記述のうち、内閣総理大臣又は都道府県知事が、貸金業法第24条の6の5（登録の取消し）の規定に基づき、その登録を受けた貸金業者の登録を取り消さなければならない場合に該当するものを1つだけ選び、解答欄にその番号をマークしなさい。

①自己の名義をもって、他人に貸金業を営ませたとき。
②純資産額が貸金業の業務を適正に実施するため必要かつ適当なものとして政令で定める金額に満たなくなったとき。
③貸金業法第24条第3項に規定する取立て制限者に対して貸付けに係る契約に基づく債権を譲渡したとき。
④貸金業者について破産手続開始の決定があったとき。

貸金業法第41条の35（個人信用情報の提供）に関する次のa～dの記述のうち、その内容が適切なものの組み合わせを①～④の中から1つだけ選び、解答欄にその番号をマークしなさい。なお、本問における貸金業者は、非営利特例対象法人及び特定非営利金融法人ではないものとする。

a 加入貸金業者 [注1] は、資金需要者である個人の顧客を相手方とする極度方式基本契約を締結したときは、遅滞なく、当該極度方式基本契約に係る個人信用情報を、加入指定信用情報機関 [注2] に提供しなければならない。

b 加入貸金業者は、資金需要者である個人の顧客を相手方とする貸付けに係る契約を締結し、当該貸付けに係る契約に係る個人信用情報を加入指定信用情報機関に提供した後、当該個人顧客の勤務先の商号又は名称に変更があった場合、その変更内容を当該加入指定信用情報機関に提供する必要はない。

c 加入貸金業者が加入指定信用情報機関に提供する個人信用情報には、「運転免許証等^(注3)の番号（当該個人顧客が運転免許証等の交付を受けている場合に限る。）」が含まれる。

d 貸金業者向けの総合的な監督指針によれば、貸金業者は、貸付けに係る契約を締結した際に取得した個人信用情報の指定信用情報機関への提供については、取得当日中に指定信用情報機関に提供することを原則とする等に留意するものとされている。

（注1）加入貸金業者とは、指定信用情報機関と信用情報提供契約を締結した相手方である貸金業者をいう。

（注2）加入指定信用情報機関とは、加入貸金業者と信用情報提供契約を締結した指定信用情報機関をいう。

（注3）運転免許証等とは、道路交通法第92条第1項に規定する運転免許証又は同法第104条の4第5項に規定する運転経歴証明書をいう。

① ab ② ac ③ bd ④ cd

問題 17

Aは貸金業者、BはAの顧客、Cは保証業者である。次の①～④の記述のうち、利息制限法上、その内容が適切なものを1つだけ選び、解答欄にその番号をマークしなさい。

① Aは、Bとの間で、元本を8万円とし利息を年2割（20％）とする

営業的金銭消費貸借契約（第一契約）を初めて締結し8万円をBに貸し付けた後、第一契約に基づく債務の残高が5万円である時点において、元本を5万円とし利息を年2割（20%）とする営業的金銭消費貸借契約（第二契約）を締結し5万円をBに貸し付けた。この場合、第一契約及び第二契約における利息の約定は、いずれも年1割8分（18%）を超過する部分に限り、無効となる。

② Aは、Bとの間で、元本を9万円とし利息を年2割（20%）とする営業的金銭消費貸借契約（第一契約）を締結し9万円をBに貸し付けると同時に元本を100万円とし利息を年1割4分（14%）とする営業的金銭消費貸借契約（第二契約）を締結し100万円をBに貸し付けた。この場合、第一契約における利息の約定は、年1割8分（18%）を超過する部分に限り、無効となる。

③ Aは、Bとの間で、元本を50万円、利息を年1割3分（13%）、期間を1年、元利一括返済とする営業的金銭消費貸借契約を締結して50万円をBに貸し付け、当該契約について、Cとの間で、保証契約を締結した。この場合において、Cは、Bとの間で、CがBから65,000円の保証料の支払を受ける旨の保証料の契約を締結したときは、当該保証料の約定は、45,000円を超過する部分に限り、無効となる。

④ Aは、Bとの間で、元本を20万円、利息を年1割3分（13%）、期間を1年、元利一括返済とする営業的金銭消費貸借契約を締結して20万円をBに貸し付け、当該契約について、Cとの間で、保証契約を締結した。また、Cは、Bとの間で、CがBから8,000円の保証料の支払を受ける旨の保証料の契約を締結した。この場合において、AとBとの合意により、当該営業的金銭消費貸借契約の利息を年1割8分（18%）に変更したときは、当該変更後の利息の約定は、年1割4分（14%）を超過する部分に限り、無効となる。

みなし利息に関する次の①〜④の記述のうち、利息制限法上、その内容が適切なものを1つだけ選び、解答欄にその番号をマークしなさい。

① 貸金業者は、顧客との間で締結した営業的金銭消費貸借契約において、貸金業法第17条第1項に規定する契約の内容を明らかにする書面（以下、本問において「契約締結時の書面」という。）を交付した後、返済の方式の変更を行ったため、変更後の内容を記載した契約締結時の書面の再交付に要した費用を当該顧客から受領した。この場合、当該費用は、利息とみなされる。

② 貸金業者は、顧客との間で締結した営業的金銭消費貸借契約において、金銭の貸付け及び弁済に用いるため当該契約締結時に当該顧客に交付したカードを当該顧客の要請により再発行しその手数料を当該顧客から受領した。この場合、当該手数料は、利息とみなされる。

③ 貸金業者は、顧客との間で締結した営業的金銭消費貸借契約において、契約の締結及び債務の弁済の費用として公租公課の支払に充てられるべきものを当該顧客から受領した。この場合、当該費用は、利息とみなされる。

④ 貸金業者は、顧客との間で締結した営業的金銭消費貸借契約において、口座振替の方法による弁済につき、当該顧客が弁済期に弁済できなかったため、当該顧客の要請を受けて行った再度の口座振替手続に要した費用を当該顧客から受領した。この場合、当該費用は、利息とみなされる。

株式会社であるＡが貸金業の登録の申請をした。次の①〜④の記述のうち、その事由が貸金業法第6条（登録の拒否）第1項各号のいずれにも該当しないものを1つだけ選び、解答欄にその番号をマークしな

さい。

① Aの取締役の中に、B株式会社の営業秘密を不正に取得し、不正競争防止法第21条（罰則）第1項第1号の罪を犯して罰金の刑に処せられ、その刑の執行を終わった日から5年を経過しない者がいる。

② Aの取締役の中に、貸金業法第24条の6の4（監督上の処分）第1項の規定により貸金業の登録を取り消されたB株式会社の取締役を当該取消しの日の2週間前に退任した者であって、当該取消しの日から5年を経過しないものがいる。

③ Aの取締役の中に、道路交通法の規定に違反し、懲役の刑に処せられ、その刑の執行を終わった日から5年を経過しない者がいる。

④ Aの常務に従事する取締役が3名であり、いずれの取締役も貸付けの業務に3年以上従事した経験を有しない。

問題 ⑳

貸金業法第10条（廃業等の届出）に関する次の①～④の記述のうち、その内容が適切でないものを1つだけ選び、解答欄にその番号をマークしなさい。

① 個人である貸金業者が死亡した場合、その相続人は、その日から30日以内に、その旨をその登録をした内閣総理大臣又は都道府県知事（以下、本問において「登録行政庁」という。）に届け出なければならない。

② 法人である貸金業者が他の貸金業者との合併により消滅した場合、当該消滅した法人を代表する役員であった者は、その日から30日以内に、その旨を登録行政庁に届け出なければならない。

③ 貸金業者について破産手続開始の決定があった場合、その破産管財人は、その日から30日以内に、その旨を登録行政庁に届け出なければならない。

④株式会社である貸金業者がその株主総会における解散決議により解散した場合、その清算人は、その日から30日以内に、その旨を登録行政庁に届け出なければならない。

問題 ㉑

貸金業者向けの総合的な監督指針（以下、本問において「監督指針」という。）におけるシステムリスク管理態勢に関する次の①～④の記述のうち、サイバー攻撃に備えた多段階のサイバーセキュリティ対策として列挙されている入口対策、内部対策、出口対策の例として、その内容が監督指針の記載に合致しないものを1つだけ選び、解答欄にその番号をマークしなさい。

①ファイアウォールの設置、抗ウィルスソフトの導入、不正侵入検知システム・不正侵入防止システムの導入
②特権ID・パスワードの適切な管理、不要なIDの削除、特定コマンドの実行監視
③システム部門から独立した内部監査部門による実効性のある内部監査、外部監査人による第三者評価
④通信ログ・イベントログ等の取得と分析、不適切な通信の検知・遮断

問題 ㉒

次の①～④の記述のうち、貸金業法第13条の2（過剰貸付け等の禁止）第2項に規定する個人顧客の利益の保護に支障を生ずることがない契約として貸金業法施行規則第10条の23で定めるものに該当しないものを1つだけ選び、解答欄にその番号をマークしなさい。

①個人顧客又は当該個人顧客の親族で当該個人顧客と生計を一にする

者の緊急に必要と認められる医療費（所得税法第73条第2項に規定する医療費をいう。）を支払うために必要な資金の貸付けに係る契約（貸金業法施行規則第10条の21第1項第4号に掲げる契約を除く。）であって、当該個人顧客の返済能力を超えないと認められるもの（当該個人顧客が現に当該貸付けに係る契約を締結していない場合に限る。）

② 現に事業を営んでいない個人顧客に対する新たな事業を行うために必要な資金の貸付けに係る契約であって、事業計画、収支計画及び資金計画の確認その他の方法により確実に当該事業の用に供するための資金の貸付けであると認められ、かつ、当該個人顧客の事業計画、収支計画及び資金計画に照らし、当該個人顧客の返済能力を超えない貸付けに係る契約であると認められるもの

③ 金融機関（預金保険法第2条第1項に規定する金融機関をいう。）からの貸付け（以下、本問において「正規貸付け」という。）が行われるまでのつなぎとして行う貸付けに係る契約（極度方式基本契約を除く。）であって、正規貸付けが行われることが確実であると認められ、かつ、返済期間が1か月を超えないもの

④ 個人顧客が外国において緊急に必要となった費用（特定費用）を支払うために必要な資金の貸付けに係る契約として当該個人顧客と貸金業者との間に締結される契約（極度方式基本契約ではないものとする。）であって、当該契約が当該個人顧客の返済能力を超えない貸付けに係る契約であると認められ、当該契約の貸付けの金額が30万円を超えず、返済期間が1年を超えないもの

問題 ㉓

株式会社である貸金業者Aが、貸金業法第13条の3第2項に基づき、3か月以内の一定の期間（以下、本問において「所定の期間」という。）ごとに、個人顧客Bとの間で締結している極度方式基本契約（以下、本問において「本件基本契約」という。）について行う、本件基本契

193

約が基準額超過極度方式基本契約に該当するかどうかの調査（以下、本問において「本件調査」という。）に関する次の①〜④の記述のうち、その内容が適切でないものを1つだけ選び、解答欄にその番号をマークしなさい。

① Aは、所定の期間の末日において、「Bと連絡することができないこと」等の合理的な理由により本件基本契約に基づく新たな極度方式貸付けの停止に係る措置を講じ、かつ当該措置を講じた旨、その年月日及び当該理由が貸金業法第19条の帳簿に貸付けの契約に基づく債権に関する債務者等その他の者との交渉の経過の記録として記載されているときは、本件調査を行う必要はない。

② Aは、所定の期間の末日において、本件基本契約に基づく極度方式貸付けの残高が10万円以下である場合は、AがBとの間で締結している他の極度方式基本契約に基づく極度方式貸付けの残高にかかわらず、本件調査を行う必要はない。

③ Aは、本件調査を行わなければならない場合、所定の期間の末日から3週間を経過する日までに、指定信用情報機関にBの個人信用情報の提供の依頼をしなければならない。

④ Aは、本件調査により、本件基本契約が基準額超過極度方式基本契約に該当すると認められるときは、本件基本契約が基準額超過極度方式基本契約に該当しないようにするため必要な本件基本契約の極度額を減額する措置、又は本件基本契約に基づく新たな極度方式貸付けを停止する措置を講じなければならない。

問題 **24**

貸付条件の広告等に関する次の①〜④の記述のうち、その内容が適切でないものを1つだけ選び、解答欄にその番号をマークしなさい。

① 貸金業者向けの総合的な監督指針によれば、貸金業法第15条（貸

付条件の広告等）第1項に規定する「貸付けの条件について広告を
する」とは、同法第15条第1項第2号、同法施行規則第12条（貸
付条件の広告等）第1項第1号及び第2号に掲げる事項（担保の内
容が貸付けの種類名となっている場合にあっては、同法施行規則
第11条（貸付条件の掲示）第3項第1号ロの「担保に関する事項」
には当たらない。）又は貸付限度額、その他の貸付けの条件の具体
的内容を1つでも表示した広告をすることをいう。

② 貸金業者は、貸付けの条件について広告をする場合において、貸金
業者登録簿に登録されたホームページアドレス又は電子メールアド
レスを表示するときは、貸金業者登録簿に登録された電話番号を併
せて表示しなければならない。

③ 貸金業者が貸付けの条件について広告をするときは、「期限の利益
の喪失の定めがあるときは、その旨及びその内容」を表示しなけれ
ばならない。

④ 貸金業者が、多数の者に対して同様の内容でダイレクトメールを送
付して貸付けの契約の締結について勧誘をする場合において、その
ダイレクトメールに電話番号を表示するときは、貸金業者登録簿に
登録された電話番号以外のものを表示してはならない。

問題 25

次の①～④の記述のうち、貸付けに係る契約を締結する場合における
貸金業法第17条第1項に規定する書面（契約締結時の書面）の記載
事項に含まれないものを1つだけ選び、解答欄にその番号をマークし
なさい。なお、本問における貸付けに係る契約は、金銭の貸付けに係
る契約であって、極度方式貸付けに係る契約、手形の割引の契約及び
売渡担保の契約ではないものとする。

① 債務者が金銭の受領のために利用する現金自動支払機その他の機械
の利用料などの、債務者が負担すべき元本及び利息以外の金銭に関

する事項

②運転免許証の写しなどの、貸付けに関し貸金業者が受け取る書面の内容

③契約上、返済期日前の返済ができるか否か及び返済ができるときは、その内容

④将来支払う返済金額とその内訳（元本及び利息の別）

問題 26

貸金業法第24条（債権譲渡等の規制）に関する次の①〜④の記述のうち、その内容が<u>適切でない</u>ものを1つだけ選び、解答欄にその番号をマークしなさい。なお、**本問における債権は、抵当証券法第1条第1項に規定する抵当証券に記載された債権ではないものとする。**

①貸金業者は、貸付けに係る契約に基づく債権を他人に譲渡するに当たっては、その者に対し、当該債権が貸金業者の貸付けに係る契約に基づいて発生したことその他内閣府令で定める事項、及びその者が当該債権に係る貸付けの契約に基づく債権に関してする行為について貸金業法第24条第1項に規定する条項の適用がある旨を、内閣府令で定める方法により、通知しなければならない。

②貸金業者は、貸付けに係る契約（極度方式基本契約及び極度方式貸付けに係る契約ではないものとする。）に基づく債権を貸金業者ではない者に譲渡した。この場合、貸金業法第24条第2項により準用される同法第17条第1項に規定する当該債権の内容を明らかにする書面を当該債権の債務者に遅滞なく交付しなければならないのは、当該債権の譲受人であり、当該債権の譲渡人である当該貸金業者ではない。

③貸金業者が、貸付けに係る契約に基づく債権を貸金業者ではない者に譲渡した場合、貸金業法第24条第2項により準用される当該債権に係る譲受け後の同法第19条（帳簿の備付け）に規定する帳簿は、

当該債権の譲受人が作成し保存する義務を負い、当該債権の譲渡人である当該貸金業者は、引き続き貸金業を営むときであっても、当該債権を譲渡するまでの間に当該債権の債務者ごとに作成していた同法第19条に規定する帳簿を保存する必要はない。

④貸金業者が、貸付けに係る契約に基づく債権を他人に譲渡した場合、当該債権の譲受人は、当該貸付けに係る契約に基づく債権の全部又は一部について弁済を受けたときに、貸金業法第24条第2項により準用される同法第18条（受取証書の交付）第1項に規定する書面に、当該債権の譲受年月日、当該債権に係る貸付けの契約の契約年月日等を記載し、当該書面を当該弁済をした者に直ちに交付しなければならない。

問題 **㉗**

出資法^(注)及び利息制限法に関する次の①～④の記述のうち、その内容が<u>適切でない</u>ものを1つだけ選び、解答欄にその番号をマークしなさい。なお、本問における保証は、業として行うものとする。

①出資法上、金銭の貸借の媒介を行う者が、その媒介に係る貸借（貸借の期間が1年以上であるものとする。）の金額の100分の5に相当する金額を超える手数料の契約をし、又はこれを超える手数料を受領する行為は、刑事罰の対象となる。

②出資法第5条（高金利の処罰）、第5条の2（高保証料の処罰）及び第5条の3（保証料がある場合の高金利の処罰）の規定の適用については、1年分に満たない利息を元本に組み入れる契約がある場合においては、元利金のうち当初の元本を超える金額は利息とみなされる。

③営業的金銭消費貸借の債権者が保証契約を締結しようとする場合において、主たる債務について既に他の保証契約があるときは、あらかじめ、保証人となるべき者に対し、その旨の通知をしなければな

らない。

④営業的金銭消費貸借上の債務の不履行による賠償額の予定は、その賠償額の元本に対する割合が利息制限法第1条（利息の制限）に規定する率の 1.46 倍を超えるときは、その超過部分について、無効となる。

（注）出資法とは、出資の受入れ、預り金及び金利等の取締りに関する法律をいう。

◉貸付け及び貸付けに付随する取引に関する法令及び実務に関すること◉

問題　㉘

行為能力に関する次の①〜④の記述のうち、民法上、その内容が適切なものを1つだけ選び、解答欄にその番号をマークしなさい。

①制限行為能力者の相手方は、その制限行為能力者が行為能力者となった後、その者に対し、1か月以上の期間を定めて、その期間内にその取り消すことができる行為を追認するかどうかを確答すべき旨の催告をすることができる。この場合において、その者がその期間内に確答を発しないときは、その行為を追認したものとみなされる。

②被保佐人とは、精神上の障害により事理を弁識する能力を欠く常況にある者をいい、被保佐人が借財又は保証をするには、その保佐人の同意を得なければならない。

③未成年者は、単に権利を得る法律行為をする場合には、その法定代理人の同意を得る必要はないが、義務を免れる法律行為をする場合には、その法定代理人の同意を得なければならない。

④成年被後見人の法律行為は、その成年後見人の同意を得て行われた

ときは、取り消すことができない。

代理に関する次の①～④の記述のうち、民法上、その内容が適切なものを1つだけ選び、解答欄にその番号をマークしなさい。

① 委任による代理人は、やむを得ない事由があるときであっても、本人の許諾を得なければ、復代理人を選任することができない。
② 法定代理人は、自己の責任で復代理人を選任することができる。この場合において、法定代理人は、やむを得ない事由があるときであっても、復代理人の行為についてすべての責任を負う。
③ 代理権を有しない者がした契約は、本人が追認をしない間は、相手方が取り消すことができる。ただし、契約の時において代理権を有しないことを相手方が知っていたときは、この限りでない。
④ 他人の代理人として契約をした者は、自己の代理権を証明することができず、かつ、本人の追認を得ることができなかった場合、他人の代理人として契約をした者が代理権を有しないことを相手方が知っていたときであっても、相手方の選択に従い、相手方に対して履行又は損害賠償の責任を負う。

問題　㉚

Aは、Bとの間で、元本を10万円とする利息付金銭消費貸借契約（以下、本問において「本件契約」という。）を締結しようとしている。この場合に関する次の①～④の記述のうち、民法上、その内容が適切なものを1つだけ選び、解答欄にその番号をマークしなさい。

① Aが、10月1日の午前10時に、1か月間を貸付期間として、本件契約を締結し10万円をBに貸し付けた場合、本件契約に基づく返

済期限は同年 10 月 31 日である。

② A が、10 月 15 日の午前 10 時に、15 日間を貸付期間として、本件契約を書面で締結し 10 万円を B に貸し付けた場合、A と B との間に特約がない限り、B は 10 月 15 日から利息を支払う義務を負う。

③ A は、10 月 15 日の正午に、返済期限を定めずに、本件契約を締結し 10 万円を B に貸し付けた場合、B に対し、相当の返済期間を定めることなく、いつでも貸し付けた金銭の返還を請求することができ、B は、返還請求があれば直ちに借入金を A に返還しなければならない。

④ A は、6 か月間を貸付期間として、本件契約を締結し 10 万円を B に貸し付けた。当該期間の末日が日曜日に当たる場合において、日曜日に取引をしない慣習があるときは、本件契約に基づく返済期限は、当該期間の末日の前日である土曜日である。

問題 ③1

債権の効力に関する次の①～④の記述のうち、民法上、その内容が適切なものを 1 つだけ選び、解答欄にその番号をマークしなさい。

① 債務の履行について不確定期限があるときは、債務者は、期限の到来した後に履行の請求を受けていなくても、その期限の到来を知っているか否かを問わず、その期限が到来した時から遅滞の責任を負う。

② 債権者が、債務の不履行に基づく損害賠償として、その債権の目的である物又は権利の価額の全部の支払を受けた場合であっても、債務者は、その支払と同時に債権者の承諾を得なければ、その物又は権利について債権者に代位することはできない。

③ 金銭の給付を目的とする債務の不履行の損害賠償については、債権者は、損害の証明をしなければならず、債務者は、不可抗力をもって抗弁とすることができる。

④ 当事者は、債務の不履行について損害賠償の額を予定することができる。賠償額の予定は、履行の請求又は解除権の行使を妨げない。

問題　32

保証に関する次の①〜④の記述のうち、民法上、その内容が適切なものを1つだけ選び、解答欄にその番号をマークしなさい。

① 保証債務は、当事者間に特約がなければ、主たる債務の元本及び主たる債務に関する利息を包含するが、主たる債務に関する違約金及び損害賠償を包含しない。
② 債権者が保証人に催告をした場合、当該保証人は、当該債権者自身が、主たる債務者に弁済をする資力があり、かつ、執行が容易であることを調査し、まず主たる債務者の財産について執行すべき旨を、当該債権者に請求することができる。
③ 債務者が保証人を立てる義務に従い保証人を立てた後に、当該保証人が保佐開始の審判を受け被保佐人となった場合であっても、債権者は、「保証人が行為能力者であり、かつ弁済をする資力を有すること」という要件を具備する者をもって当該保証人に代えることを請求することはできない。
④ 主たる債務者の意思に反して保証をすることは認められていない。

問題　33

弁済に関する次の①〜④の記述のうち、民法上、その内容が適切なものを1つだけ選び、解答欄にその番号をマークしなさい。

① 弁済の費用について別段の意思表示がないときは、その費用は、債権者及び債務者が等しい割合で負担する。
② 債務者が同一の債権者に対して同種の給付を目的とする数個の債務

を負担する場合において、弁済として提供した給付がすべての債務を消滅させるのに足りないときは、弁済をする者は、給付の時に、その弁済を充当すべき債務を指定することができる。ただし、弁済を受領する者がその充当に対して直ちに異議を述べたときは、この限りでない。

③弁済の提供は、債権者があらかじめその受領を拒んでいるときであっても、債務の本旨に従って現実にしなければならない。

④弁済により債権者に代位した者は、自己の権利に基づいて求償をすることができる範囲内において、債権の効力及び担保としてその債権者が有していた一切の権利を行使することができる。

問題　34

AのBに対する金銭債権を「甲債権」とし、BのAに対する金銭債権を「乙債権」とする。甲債権と乙債権の相殺に関する次の①～④の記述のうち、民法上、その内容が適切なものを1つだけ選び、解答欄にその番号をマークしなさい。

①A及びBは、甲債権と乙債権とを相殺しようとする場合、その相手方に対して相殺の意思表示をしなければならないが、その意思表示には、条件又は期限を付することができる。

②甲債権と乙債権の双方の債務の履行地が異なる場合、A及びBは、甲債権と乙債権とを相殺することができない。

③甲債権の弁済期が11月1日であり、乙債権の弁済期が同年11月25日である場合、Aは、同年11月1日の時点で、乙債権についての期限の利益を放棄して、甲債権と乙債権とを相殺することができる。

④甲債権が貸付金債権であり、乙債権が悪意による不法行為に基づく損害賠償債権である場合、Aは、甲債権と乙債権とを相殺することができる。

約束手形及び電子記録債権に関する次の①〜④の記述のうち、その内容が適切なものを1つだけ選び、解答欄にその番号をマークしなさい。なお、本問におけるA、B及びCは、いずれも法人であるものとする。

① Aは、Bに対して、一定の金額を支払うべき旨の単純な約束（以下、本問において「支払約束文句」という。）に加え「商品の受領と引換えに手形金を支払う」旨の記載を付した約束手形を振り出した。この場合、支払約束文句に付加された記載は無効となるが、当該約束手形自体は無効とならない。

② Aは、AのBに対する電子記録債権をCに譲渡する旨をCとの間で合意した。この場合、当該電子記録債権の譲渡は、AとCとの間の合意のみではその効力を生じず、譲渡記録をしなければ、その効力を生じない。

③ Aは、AのBに対する電子記録債権（その発生記録において、電子記録債権法第20条（抗弁の切断）第1項の規定を適用しない旨の定めが記録されていないものとする。）をCに譲渡した。Bは、当該電子記録債権の原因となった契約をAの債務不履行を理由として解除した後、当該電子記録債権の支払期日において、Cから当該電子記録債権の支払を請求された場合、当該電子記録債権の原因となった契約が解除されたことを主張して、Cの請求を拒むことができる。

④ Aは、Bの詐欺により、Bに対して約束手形を振り出した。Cは、当該事情を知らず、かつ知らないことに過失なく、Bから当該約束手形の裏書譲渡を受けた。Aは、Cから手形金の支払を請求された場合、Bの詐欺を理由とする手形行為取消しの抗弁をもって、Cに対抗することができる。

無効及び取消しに関する次の①〜④の記述のうち、民法上、その内容が<u>適切でない</u>ものを1つだけ選び、解答欄にその番号をマークしなさい。

① 無効な行為は、追認によっても、その効力を生じない。ただし、当事者がその行為の無効であることを知って追認をしたときは、新たな行為をしたものとみなされる。

② 成年被後見人は、行為能力者となった後であっても、成年後見人であった者の同意を得なければ、成年被後見人であったときに行った法律行為を追認することができない。

③ 取り消された行為は、初めから無効であったものとみなされる。

④ 民法第124条（追認の要件）の規定により追認をすることができる時以後に、取り消すことができる行為について履行の請求があったときは、追認をしたものとみなされる。ただし、異議をとどめたときは、この限りでない。

条件及び期限に関する次の①〜④の記述のうち、民法上、その内容が<u>適切でない</u>ものを1つだけ選び、解答欄にその番号をマークしなさい。

① 債務者が担保を減少させた場合であっても、債務者は、期限の利益を主張することができる。

② 条件の成否が未定である間における当事者の権利義務は、一般の規定に従い、処分し、相続し、もしくは保存し、又はそのために担保を供することができる。

③ 法律行為に始期を付したときは、その法律行為の履行は、期限が到来するまで、これを請求することができない。法律行為に終期を付

したときは、その法律行為の効力は、期限が到来した時に消滅する。
④解除条件付法律行為は、解除条件が成就した時からその効力を失う。

問題 38

根抵当権に関する次の①～④の記述のうち、民法上、その内容が<u>適切でないもの</u>を1つだけ選び、解答欄にその番号をマークしなさい。

①根抵当権の担保すべき不特定の債権の範囲は、債務者との特定の継続的取引契約によって生ずるものその他債務者との一定の種類の取引によって生ずるものに限定して、定めなければならない。

②根抵当権の極度額の変更は、利害関係を有する者の承諾を得なければ、することができない。

③根抵当権の担保すべき元本については、その確定すべき期日を定め又は変更することができる。その期日は、これを定め又は変更した日から3年以内でなければならない。

④債務者又は根抵当権設定者が破産手続開始の決定を受けたときは、根抵当権の担保すべき元本は、確定する。

問題 39

Aが、Bに対して有する貸付金債権（以下、本問において「本件債権」という。）をC及びDに二重に譲渡した場合に関する次の①～④の記述のうち、民法上、その内容が<u>適切でないもの</u>を1つだけ選び、解答欄にその番号をマークしなさい。なお、本件債権について、AとBとの間で譲渡禁止の特約はなされていないものとする。

①AC間の債権譲渡について、BがAに対して確定日付のある証書によらないで承諾をし、Cに対して本件債権の弁済をした後に、AD間の債権譲渡について、AがBに対して確定日付のある証書による

通知をし、当該通知がBに到達した。この場合において、Bは、D
から本件債権の弁済を請求されたときは、既にCに弁済したことを
主張して、Dに対する弁済を拒絶することはできない。

② AC間の債権譲渡について、AがBに対して確定日付のある証書に
よらない通知をし、当該通知がBに到達した後に、AD間の債権譲
渡について、AがBに対して確定日付のある証書による通知をし、
当該通知がBに到達した。この場合、Dは、AD間の債権譲渡をC
に対抗することができる。

③ AC間の債権譲渡について、AがBに対して確定日付のある証書に
よらない通知をし、当該通知がBに到達した後に、AD間の債権譲
渡について、AがBに対して確定日付のある証書によらない通知を
し、当該通知がBに到達した。この場合において、BがDに対して
本件債権のすべてを弁済したときは、Bは、Cに対して本件債権の
弁済を拒絶することができる。

④ AC間の債権譲渡について、AがBに対して確定日付のある証書に
よる通知をし、当該通知がBに到達した後に、AD間の債権譲渡に
ついて、AがBに対して確定日付のある証書による通知をし、当該
通知がBに到達した。この場合、Cは、AC間の債権譲渡をDに対
抗することができる。

問題 ❹⓪

契約に関する次の①～④の記述のうち、民法上、その内容が適切でな
いものを１つだけ選び、解答欄にその番号をマークしなさい。

① 承諾期間を定めて契約の申込みを受けた者（承諾者）が、承諾期間
内において、申込みに条件を付し、その他変更を加えてこれを承諾
したときは、その申込みの拒絶とともに新たな申込みをしたものと
みなされる。

② 契約又は法律の規定により当事者の一方が解除権を有するときは、

その解除は、相手方に対する意思表示によってする。当該意思表示は、撤回することができない。

③契約の性質又は当事者の意思表示により、特定の日時又は一定の期間内に履行をしなければ契約をした目的を達することができない場合において、債務者が履行をしないでその時期を経過したときは、債権者は、相当の期間を定めてその履行の催告をすることなく、直ちにその契約の解除をすることができる。

④当事者の一方がその解除権を行使したときは、各当事者は、未だ履行していない義務があるときはその義務を免れ、既に給付したものがあるときは現に利益を受けている限度において相手方にこれを返還する義務を負う。

問題 ④1

相続に関する次の①〜④の記述のうち、民法上、その内容が<u>適切でない</u>ものを１つだけ選び、解答欄にその番号をマークしなさい。

①Aは、配偶者B、弟Cの孫Dのみを遺して死亡した。C及びCの子E（Dの直系尊属であるものとする。）は、Aより先に死亡していた。この場合、Dは、Aの相続人とならない。

②Aは、配偶者B及び子Cのみを遺して死亡した。B及びCは、遺産分割協議により、AのDに対する借入金債務をCのみが相続することとした。この場合、Dは、B及びCに対して、当該借入金債務に係るそれぞれの法定相続分の割合に相当する債務の弁済を請求することができる。

③Aは、配偶者B及び子Cのみを遺して死亡した。Bは、Cの同意を得ることなく、単独で限定承認をすることができる。

④Aは、配偶者B、Aの孫であるC及びDのみを遺して死亡した。C及びDの親でありAの子であるEは、Aより先に死亡していた。この場合、Cの相続分は、４分の１である。

倒産処理手続に関する次の①〜④の記述のうち、その内容が<u>適切でないもの</u>を1つだけ選び、解答欄にその番号をマークしなさい。

① 破産法上、破産手続開始の決定があった場合において、当該決定と同時に破産手続廃止の決定がなされなかったときは、破産財団に属する財産の管理及び処分をする権利は、裁判所が選任した破産管財人に専属する。

② 民事再生法上、再生手続開始の決定があった場合には、再生債務者の業務の遂行並びに財産（日本国内にあるかどうかを問わない。）の管理及び処分をする権利は、裁判所が選任した監督委員に専属する。

③ 会社更生法上、更生手続開始の決定があった場合には、更生会社の事業の経営並びに財産（日本国内にあるかどうかを問わない。）の管理及び処分をする権利は、裁判所が選任した管財人に専属する。

④ 会社法上、特別清算が開始された場合には、清算人は、債権者、清算株式会社及び株主に対し、公平かつ誠実に清算事務を行う義務を負う。

◉資金需要者等の保護に関すること◉

個人情報の保護に関する法律についてのガイドライン（通則編）に関する次の①〜④の記述のうち、その内容が適切なものを1つだけ選び、解答欄にその番号をマークしなさい。

① 個人情報とは生存する個人に関する情報をいうが、「個人に関する情報」とは、氏名、住所、性別、生年月日、顔画像等個人を識別する情報に限られず、個人の身体、財産、職種、肩書等の属性に関し

て、事実、判断、評価を表すすべての情報であり、評価情報、公刊物等によって公にされている情報や、映像、音声による情報が含まれるが、これらが暗号化等によって秘匿化されている場合には「個人に関する情報」には該当しない。

② 個人データとは、個人情報取扱事業者が管理する個人情報データベース等を構成し、又は構成の用に供されるべき個人情報をいい、個人情報データベース等から外部記録媒体に保存された個人情報、個人情報データベース等から紙面に出力された帳票等に印字された個人情報、及び個人情報データベース等を構成する前の入力用の帳票等に記載されている個人情報は、すべて個人データに該当する。

③ 個人情報取扱事業者は、個人情報を取得した場合は、その利用目的を、本人に通知し、又は公表しなければならないが、「公表」とは、不特定多数の人々が知ることができるように発表することをいい、自社のホームページのトップページから5回程度の操作で到達できる場所への掲載は「公表」に該当するが、自社の店舗や事務所等、顧客が訪れることが想定される場所におけるポスター等の掲示は、自社の顧客という特定の者のみが知ることができるため「公表」には該当しない。

④ 個人情報取扱事業者は、個人情報の保護に関する法律第23条第1項各号に掲げる場合を除くほか、あらかじめ本人の同意を得ないで、個人データを第三者に提供してはならないが、「提供」とは、個人データ、保有個人データ又は匿名加工情報（以下、本問において「個人データ等」という。）を、自己以外の者が利用可能な状態に置くことをいい、個人データ等が、物理的に提供されていない場合であっても、ネットワーク等を利用することにより、個人データ等を利用できる状態にあれば（利用する権限が与えられていれば）、「提供」に該当する。

問題 44

消費者契約法に関する次の①～④の記述のうち、その内容が適切なものを１つだけ選び、解答欄にその番号をマークしなさい。

① 適格消費者団体とは、不特定かつ多数の消費者の利益のために消費者契約法の規定による取消権及び差止請求権を行使するのに必要な適格性を有する法人である消費者団体として内閣総理大臣の認定を受けた者をいう。

② 消費者契約において、「事業者の債務不履行により消費者に生じた損害を賠償する責任の全部を免除する」旨の条項が定められた場合、消費者は、当該消費者契約を取り消すことができる。

③ 消費者契約の解除に伴う損害賠償の額を予定する条項であって、その額が、当該条項において設定された解除の事由、時期等の区分に応じ、当該消費者契約と同種の消費者契約の解除に伴い当該事業者に生ずべき平均的な損害の額を超えるものは、当該条項そのものを無効とする。

④ 消費者の不作為をもって当該消費者が新たな消費者契約の申込み又はその承諾の意思表示をしたものとみなす条項その他の法令中の公の秩序に関しない規定の適用による場合に比して消費者の権利を制限し又は消費者の義務を加重する消費者契約の条項であって、民法第１条第２項に規定する基本原則に反して消費者の利益を一方的に害するものは、無効とする。

問題 45

不当景品類及び不当表示防止法（以下、本問において「景品表示法」という。）に関する次の①～④の記述のうち、その内容が適切なものを１つだけ選び、解答欄にその番号をマークしなさい。

①「景品類」とは、顧客を誘引するための手段として、くじの方法により、事業者が相手方に提供する物品、金銭その他の経済上の利益であって、内閣総理大臣が指定するものをいい、事業者が自己の供給する商品又は役務の取引に付随して相手方に提供する物品等に限られない。

②「表示」とは、顧客を誘引するための手段として、事業者が自己の供給する商品又は役務の内容又は取引条件その他これらの取引に関する事項について行う広告その他の表示であって、公正取引委員会が指定するものをいう。

③事業者は、自己の供給する商品又は役務の取引について、景品類の提供又は表示により不当に顧客を誘引し、一般消費者による自主的かつ合理的な選択を阻害することのないよう、景品類の価額の最高額、総額その他の景品類の提供に関する事項及び商品又は役務の品質、規格その他の内容に係る表示に関する事項を適正に管理するために必要な体制の整備その他の必要な措置を講じなければならない。

④事業者が、景品表示法第４条（景品類の制限及び禁止）及び第５条（不当な表示の禁止）の規定に違反する行為をした場合、内閣総理大臣は、当該事業者に対し、政令で定める方法により算定した額の課徴金を国庫に納付することを命じなければならない。

問題 46

個人情報の保護に関する法律（以下、本問において「個人情報保護法」という。）についての次の①～④の記述のうち、その内容が<u>適切でないもの</u>を１つだけ選び、解答欄にその番号をマークしなさい。

①個人情報取扱事業者は、個人データを第三者（個人情報保護法第２条（定義）第５項各号に掲げる者を除く。）に提供し、個人情報保護委員会規則で定めるところにより、当該個人データを提供した年

月日、当該第三者の氏名又は名称その他の個人情報保護委員会規則で定める事項に関する記録を作成した。この場合、当該個人情報取扱事業者は、当該記録を、当該記録を作成した日から個人情報保護委員会規則で定める期間保存しなければならない。

② 個人情報取扱事業者は、第三者（個人情報保護法第2条第5項各号に掲げる者を除く。）から個人データの提供を受けるに際しては、個人情報保護委員会規則で定めるところにより、「当該第三者の氏名又は名称及び住所並びに法人にあっては、その代表者（法人でない団体で代表者又は管理人の定めのあるものにあっては、その代表者又は管理人）の氏名」、「当該第三者による当該個人データの取得の経緯」の確認を行わなければならない。ただし、当該個人データの提供が個人情報保護法第27条（第三者提供の制限）第1項各号又は第5項各号のいずれかに該当する場合は、この限りでない。

③ 個人情報の保護に関する法律についてのガイドライン（通則編）によれば、個人情報取扱事業者は、あらかじめ本人の同意を得ないで個人データを第三者に提供してはならないが、フランチャイズ組織の本部と加盟店の間で個人データを交換する場合は、第三者提供に該当しないとされている。

④ 金融分野における個人情報保護に関するガイドラインによれば、金融分野における個人情報取扱事業者は、個人情報保護法第27条に従い、第三者提供についての同意を得る際には、原則として、書面（電磁的記録を含む。）によることとし、当該書面における記載を通じて、個人データの提供先の第三者、提供先の第三者における利用目的、第三者に提供される個人データの項目を本人に認識させた上で同意を得ることとされている。

問題 47

日本貸金業協会（以下、本問において「協会」という。）が定める貸付自粛対応に関する規則についての次の①～④の記述のうち、その内

容が適切でないものを1つだけ選び、解答欄にその番号をマークしなさい。

① 貸付自粛とは、本人が、自らに浪費の習癖があることもしくはギャンブル等依存症により本人やその家族の生活に支障を生じさせるおそれがあることその他の理由により自らを自粛対象者^(注1)とする旨又は親族のうち一定の範囲の者が金銭貸付による債務者を自粛対象者とする旨を協会もしくは全銀協センター^(注2)に対して申告することにより、協会が、これに対応する情報を個人信用情報機関に登録を依頼し、当該情報を登録した個人信用情報機関が、一定期間、当該個人信用情報機関の会員に対して当該情報を提供することをいう。

② 自粛対象者本人、自粛対象者の親権者、後見人、保佐人もしくは補助人又は自粛対象者の配偶者もしくは二親等内の親族は、いつでも、協会に対し、貸付自粛の申告をすることができる。

③ 自粛対象者の配偶者は、当該自粛対象者の同意を得ずに当該自粛対象者について貸付自粛の申告をした。この場合、当該自粛対象者は、いつでも当該申告を取り消すことができる。

④ 協会員は、個人信用情報機関と個人信用情報の提供を受けることに関し契約を締結している場合において、個人顧客との間で貸付けに係る契約（貸金業法施行規則第1条の2の3第2号から第5号のいずれかに該当する契約及び極度方式貸付けに係る契約を除く。）を締結しようとするときは、当該個人信用情報機関に対し、貸付自粛情報の提供を求めなければならない。

（注1）自粛対象者とは、本人が貸金業者に対し金銭の貸付けを求めてもこれに応じないこととするよう求める対象となる個人をいう。

（注2）全銀協センターとは、一般社団法人全国銀行協会全国銀行個人信用情報センターをいう。

●財務及び会計に関すること●

問題 **48**

企業会計原則（大蔵省企業会計審議会発表）の一般原則に関する次の
①～④の記述のうち、その内容が適切なものを1つだけ選び、解答欄
にその番号をマークしなさい。

① 株主総会提出のため、信用目的のため、租税目的のため等種々の目
　的のために異なる形式の財務諸表を作成してはならない。これを一
　般に単一性の原則という。
② 資本と負債とを明確に区別し、特に資本金と借入金とを混同しては
　ならない。これを一般に明確性の原則という。
③ 企業会計は、高額の取引につき、正規の簿記の原則に従って、公正
　な財務諸表を作成しなければならない。これを一般に公正性の原則
　という。
④ 企業会計は、その処理の原則及び手続を毎期継続して適用し、みだ
　りにこれを変更してはならない。これを一般に継続性の原則という。

問題 **49**

企業会計原則（大蔵省企業会計審議会発表）の貸借対照表原則に関す
る次の①～④の記述のうち、その内容が適切なものを1つだけ選び、
解答欄にその番号をマークしなさい。

① 資産は、流動資産に属する資産、固定資産に属する資産及び繰延資
　産に属する資産に区別しなければならない。仮払金、未決算等の勘
　定を貸借対照表に記載するには、その性質を示す適当な科目で表示
　しなければならない。
② 取引先との通常の商取引によって生じた支払手形、買掛金等の債務、

社債、退職金給与引当金、特別修繕引当金及び期限が一年以内に到来する債務は、流動負債に属するものとする。

③ 資本は、資本金に属するものと剰余金に属するものとに区別しなければならない。資本金の区分には、法定資本の額を記載する。剰余金は、貸借対照表の欄外に資本準備金、利益準備金等の種類別に注記するものとする。

④ 貸借対照表に記載する資産の価額は、原則として、当該資産の期末時点における評価額を基礎として計上しなければならない。

問題　50

企業会計原則（大蔵省企業会計審議会発表）の損益計算書原則に関する次の①～④の記述のうち、その内容が<u>適切でない</u>ものを１つだけ選び、解答欄にその番号をマークしなさい。

① 損益計算書は、企業の経営成績を明らかにするため、一会計期間に属するすべての収益とこれに対応するすべての費用とを記載して経常利益を表示し、これに特別損益に属する項目を加減して当期純利益を表示しなければならない。

② すべての費用及び収益は、その支出及び収入に基づいて計上し、その発生した期間に正しく割り当てられるように処理しなければならない。未実現収益も、当期の損益計算に計上しなければならない。

③ 前払費用及び前受収益は、これを当期の損益計算から除去し、未払費用及び未収収益は、当期の損益計算に計上しなければならない。

④ 費用及び収益は、総額によって記載することを原則とし、費用の項目と収益の項目とを直接に相殺することによってその全部又は一部を損益計算書から除去してはならない。

第18回

解答解説

問題 1 用語の定義

正解 2

a 適切でない

　貸金業者とは、貸金業の登録を受けた者をいう（貸金業法2条2項、3条1項）。貸付けに係る契約について、業として保証を行う者は保証業者であり貸金業者に含まれない（貸金業法12条の8第6項）。

b 適切でない

　資金需要者等とは、顧客等又は債務者等をいう（貸金業法2条6項）。そして、顧客等とは、資金需要者である顧客又は保証人となろうとする者をいい（貸金業法2条4項）、また、債務者等とは、債務者又は保証人をいう（貸金業法2条5項）。したがって、債務者であった者は資金需要者等に含まれない。

c 適切である

　住宅資金貸付契約とは、住宅の建設若しくは購入に必要な資金（住宅の用に供する土地又は借地権の取得に必要な資金を含む。）又は住宅の改良に必要な資金の貸付けに係る契約をいう（貸金業法2条17項）。

d 適切である

　手続実施基本契約とは、紛争解決等業務の実施に関し指定紛争解決機関と貸金業者との間で締結される契約をいう（貸金業法2条23項）。

問題 ❷ 登録拒否事由

正解 3

a 拒否されない

破産手続開始の決定を受けて**復権を得ない者**は、貸金業の登録を拒否される（貸金業法6条1項2号）。しかし、復権を得た者は、復権を得た日から5年を経過していなくても登録を拒否されない。

b 拒否される

出資法の規定に違反し、罰金の刑に処せられ、その刑の執行を終わり、又は刑の執行を受けることがなくなった日から5年を経過しない者は、貸金業の登録を拒否される（貸金業法6条1項5号）。

c 拒否される

法人が貸金業法24条の6の4（監督上の処分）第1項の規定により貸金業の登録を取り消された場合、当該取消しの日前30日以内に当該法人の役員であった者で当該取消しの日から5年を経過しないものは、貸金業の登録を拒否される（貸金業法6条1項3号）。本肢の取締役が退任したのは、当該取消しの日の30日前なので、取消しの日から5年を経過しないと貸金業の登録を拒否される。

d 拒否されない

法人において、常務に従事する役員のうちに貸付けの業務に3年以上従事した経験を有する者がいない場合、当該法人は、貸金業の登録を拒否される（貸金業法6条1項15号、同施行規則5条の7第1項2号）。この**貸付の業務**は、**貸金業に限定されていない**ので、貸金業者以外の金融機関で3年以上従事した経験を有するものも含まれる。したがって、本肢の株式会社は、貸金業の登録を拒否されない。

問題 ③ 反社会的勢力による被害の防止

正解 3

a 適切である

　反社会的勢力との関係を遮断するための対応を総括する部署（反社会的勢力対応部署という）を整備し、反社会的勢力による被害を防止するための一元的な管理態勢が構築され、機能しているか。特に、一元的な管理態勢の構築に当たっては、反社会的勢力対応部署において反社会的勢力に関する情報を積極的に収集・分析するとともに、当該情報を一元的に管理したデータベースを構築し、適切に更新（情報の追加、削除、変更等）する体制となっているかに留意する（監督指針Ⅱ－2－6（1）②イ）。

b 適切である

　反社会的勢力との取引を未然に防止するため、反社会的勢力に関する情報等を活用した適切な事前審査を実施するとともに、契約書や取引約款への暴力団排除条項の導入を徹底するなど、反社会的勢力が取引先となることを防止しているかに留意する（監督指針Ⅱ－2－6（1）③）。

c 適切でない

　反社会的勢力とは一切の関係をもたず、反社会的勢力であることを知らずに関係を有してしまった場合には、相手方が反社会的勢力であると判明した時点で可能な限り**速やかに関係を解消する**ための態勢整備が求められている（監督指針Ⅱ－2－6（1））。

d 適切である

　反社会的勢力からの不当要求に対しては、あらゆる民事上の法的対抗手段を講ずるとともに、積極的に被害届を提出するなど、刑事事件化も躊躇しない対応を行うこととしているかに留意する（監督指針Ⅱ－2－6（1）⑥ハ）。

正解 1

① 適切である

　　貸金業務取扱主任者が、その職務に関し貸金業に関する法令の規定に違反したとき、又は著しく不適当な行為を行ったときは、内閣総理大臣は、主任者登録を取り消すことができる（貸金業法24条の30第4号）。そして、当該取消処分の日から5年を経過しない者は、主任者登録を受けることができない（貸金業法24条の27第1項7号）。

② 適切でない

　　主任者登録は、**申請により更新する**（貸金業法24条の32）。したがって、主任者登録を更新するには、申請が必要である。なお、主任者登録の更新は、登録講習機関が行う講習で更新の申請の日前6か月以内に行われるものを受ける必要がある（貸金業法24条の25第2項）。

③ 適切でない

　　貸金業者が営業所又は事務所に設置する貸金業務取扱主任者は、営業時間内に営業所等に**常時駐在する必要はない**が、単に所属する営業所等が1つに決まっていることだけでは足りず、社会通念に照らし、常時勤務していると認められるだけの実態を必要とする（監督指針Ⅱ－2－9（2）①）。

④ 適切でない

　　貸金業者は、**予見し難い事由**により、営業所等において貸金業の業務に従事する者の数に対する貸金業務取扱主任者の数の割合が50分の1を下回るに至ったときは、**2週間以内**に、貸金業法の規定に適合させるために必要な措置をとらなければならない（貸金業法12条の3第3項）。この「予見し難い事由」は、個別具体的に判断されるが、急な死亡や失踪など限定的に解釈されるべきであり、会社の都合や**定年による退職**など会社として**予見できると思われる**

ものは含まれない（監督指針Ⅱ－2－9（2）③）。したがって、唯一の貸金業務取扱主任者が定年退職したことにより、営業所等に貸金業務取扱主任者を欠く場合は、事前に新たな貸金業務取扱主任者を設置する等をすべきであり、貸金業務取扱主任者を欠くに至ってから2週間以内に新たな貸金業務取扱主任者を設置する又は当該営業所等を廃止するのでは足りない。

問題 ⑤ 返済能力の調査等

正解 4

a 適切でない

　貸金業者は、当該**貸付けの契約**（貸付けに係る契約に限る）**に係る貸付けの金額**と当該個人顧客と当該**貸付けの契約以外の貸付けに係る契約**を締結しているときは、その貸付けの残高の合計額の合算した額（当該貸金業者合算額）が**50万円を超える**場合、資金需要者である個人の顧客から、源泉徴収票その他の当該個人顧客の収入又は収益その他の資力を明らかにする事項を記載し、又は記録した書面又は電磁的記録として内閣府令で定めるものの提出又は提供を受けなければならない（貸金業法13条3項1号）。本肢では、60万円の貸付けに係る契約を締結しようとしているので、当該貸金業者合算額が50万円を超えており、年収証明書の提出が必要となる。

b 適切でない

　年収証明書として給与の支払明細書の提出又は提供を受けるときは、原則として、**直近2か月分以上**のものでなければならない（貸金業法施行規則10条の17第2項2号）。直近1年以内の間に発行された任意の2か月分ではない。

c 適切である

　所得証明書には、行政サービスの一環として、地方公共団体が交付する所得・課税証明書も含まれる（監督指針Ⅱ－2－13－1（2）②ロa）。

d 適切である

　年収証明書の提出を受けられないなど当該個人顧客の年収を把握
できないときは、当該個人顧客の返済能力を確認できないことから、
法第13条の2第1項により貸付けの契約（極度方式貸付けに係る
契約を含む）を締結できないことに留意する必要がある（監督指針
Ⅱ-2-13-1（1）②ハ）。

問題 ⑥ 個人過剰貸付契約から除かれる契約

正解 3

a 適切でない

　不動産の建設若しくは購入に必要な資金（借地権の取得に必要な
資金を含む）又は不動産の改良に必要な資金の貸付けに係る契約
は、除外契約に該当する（貸金業法施行規則10条の21第1項1号）。
この場合、**住宅を担保にする必要はない。**

b 適切である

　自動車の購入に必要な資金の貸付けに係る契約のうち、当該自動
車の所有権を貸金業者が取得し、又は当該自動車が譲渡により担保
の目的となっているものは、除外契約に該当する（貸金業法施行規
則10条の21第1項3号）。

c 適切である

　個人顧客又は当該個人顧客の親族で当該個人顧客と生計を一にす
る者の健康保険法に規定する高額療養費を支払うために必要な資金
の貸付けに係る契約は、除外契約に該当する（貸金業法施行規則
10条の21第1項4号）。

d 適切である

　不動産（借地権を含み、個人顧客若しくは担保を提供する者の居
宅、居宅の用に供する土地若しくは借地権又は当該個人顧客若しく
は担保を提供する者の生計を維持するために不可欠なものを除く）
を担保とする貸付けに係る契約であって、当該個人顧客の返済能力

を超えないと認められるもの（貸付けの金額が当該貸付けに係る契約の締結時における当該不動産の価格（鑑定評価額、公示価格、路線価、固定資産税評価額その他の資料に基づき合理的に算出した額をいう）の範囲内であるものに限る）は、除外契約に該当する（貸金業法施行規則10条の21第1項6号）。

問題 ⑦ 基準額超過極度方式基本契約に係る調査

正解 2

① 適切でない

　貸金業者は、基準額超過極度方式基本契約に係る調査をしなければならない場合において、**極度方式個人顧客合算額が100万円を超える**ときは、当該調査を行うに際し、当該個人顧客から源泉徴収票その他の当該個人顧客の収入又は収益その他の資力を明らかにする事項を記載し、又は記録した書面又は電磁的記録として内閣府令で定めるものの提出又は提供を受けなければならない（貸金業法13条の3第3項、同施行規則10条の26第1項）。本肢では、Bの極度方式個人顧客合算額が80万円であるから、源泉徴収票等の提出又は提供は不要である。

② 適切である

　3か月以内の一定の期間の末日における当該極度方式基本契約に基づく極度方式貸付けの残高の合計額が10万円以下である場合又は期間の末日において当該極度方式基本契約について一定の事由により、当該極度方式基本契約に基づく新たな極度方式貸付けの停止に係る措置が講じられている場合は、基準額超過極度方式基本契約に該当するかどうかの調査をする必要はない（貸金業法13条の3第2項、同施行規則10条の25第3項）。

③ 適切でない

　肢②の解説参照。期間の末日において当該極度方式基本契約について一定の事由により、当該極度方式基本契約に基づく**新たな極度**

方式貸付けの停止に係る措置が講じられている場合は、基準額超過極度方式基本契約に該当するかどうかの調査をする必要はない。

④ 適切でない

貸金業者は、個人顧客と極度方式基本契約を締結している場合において、基準額超過極度方式基本契約の調査により、当該極度方式基本契約が基準額超過極度方式基本契約に該当すると認められるときは、当該極度方式基本契約に関して極度方式貸付けを抑制するために①当該極度方式基本契約が基準額超過極度方式基本契約に該当しないようにするため必要な当該極度方式基本契約の**極度額の減額の措置**、又は②当該極度方式基本契約に基づく**新たな極度方式貸付けの停止の措置**のいずれかをしなければならない（貸金業法13条の4、同施行規則10条の29）。極度方式基本契約を**解除する方法は規定されていない**。

問題 ⑧ 広告又は勧誘

正解 2

① 適切でない

貸金業者は、その貸金業の業務に関して広告又は勧誘をするときは、貸付けの利率その他の貸付けの条件について、著しく事実に相違する表示若しくは説明をし、又は実際のものよりも著しく有利であると人を誤認させるような表示若しくは説明をしてはならない（貸金業法16条1項）。この規定に違反した場合、**1年以下の懲役**若しくは**300万円以下の罰金**に処し、又はこれを併科する（貸金業法48条1項3号）。

② 適切である

協会員は、①テレビCM、②新聞及び雑誌広告、③電話帳広告について個人向け貸付けの契約に係る広告を出稿するにあたり、協会が設ける審査機関から承認を得なければならない（自主規制基本規則45条1項）。

③適切でない

　　当該資金需要者等が、協会員が勧誘を行った取引に係る**勧誘を引き続き受けることを希望しない旨の明確な意思の表示**を行った場合（例えば、当該勧誘対象者から協会員に対して、勧誘に係る取引について「今はいらない」「当面は不要である」等の一定の期間当該取引に係る勧誘を拒否する旨の意思を明示的に表示した場合等）は、当該意思表示のあった日から最低**6か月間**は当該勧誘に係る取引及びこれと類似する取引の勧誘を見合わせるものとする（自主規制基本規則55条1項2号）。

④適切でない

　　貸金業者は、その貸金業の業務に関して広告又は勧誘をするときは、借入れが容易であることを過度に強調することにより、資金需要者等の借入意欲をそそるような表示又は説明をしてはならない（貸金業法16条2項3号）。そして、この規定に違反した場合、**登録の取消しの対象となる**（貸金業法24条の6の4第1項2号）。なお、内閣総理大臣又は都道府県知事は、その登録を受けた貸金業者の業務の運営に関し、資金需要者等の利益の保護を図るため必要があると認めるときは、当該貸金業者に対して、その必要の限度において、業務の方法の変更その他業務の運営の改善に必要な措置を命ずることができる（貸金業法24条の6の3第1項）。

問題 ⑨ 契約締結前の書面

正解 4

①適切でない

　　貸金業者は、極度方式基本契約を締結しようとする場合には、当該極度方式基本契約を締結するまでに、内閣府令で定めるところにより、一定事項を明らかにし、当該極度方式基本契約の内容を説明する書面（極度方式基本契約における契約締結前の書面）を当該極度方式基本契約の相手方となろうとする者に交付しなければならな

い（貸金業法 16 条の 2 第 2 項）。しかし、**契約年月日、契約の相手方の商号、名称又は氏名及び住所等**は、**記載事項に含まれない。**

② 適切でない

極度方式貸付けに係る契約を締結しようとする場合、**契約締結前の書面を交付する義務はない**（貸金業法 16 条の 2 第 1 項）。

③ 適切でない

契約締結前の書面交付後、契約締結前に法令で定められた記載事項の内容に変更が生じた場合には、**再度**、当該契約の相手方となろうとする者に対し**契約締結前の書面を交付する必要がある**（監督指針Ⅱ－2－16（2）②）。

④ 適切である

保証契約の内容を説明する書面を保証人となろうとする者に交付するときは、保証契約の概要を記載した書面と保証契約の詳細を記載した書面の 2 種類の書面を同時に交付しなければならない（貸金業法施行規則 12 条の 2 第 7 項）。

問題 ⑩ 契約締結時の書面

正解 3

a 適切でない

貸金業者は、貸付けに係る契約について保証契約を締結したときは、遅滞なく、内閣府令で定めるところにより、当該保証契約の内容を明らかにする一定事項を記載した書面を当該保証契約の保証人に交付しなければならない（貸金業法 17 条第 3 項）。しかし、**貸付契約の相手方であるBに交付する必要はない。**

b 適切である

貸金業者は、貸付けに係る契約について保証契約を締結したときは、遅滞なく、内閣府令で定めるところにより、当該保証契約の内容を明らかにする事項その他の内閣府令で定めるものを記載した書面（保証契約における契約締結時の書面）を当該保証契約の保証人

に交付しなければならない（貸金業法17条3項）。そして、当該書面には、保証人が主たる債務者と連帯して債務を負担するときは、民法454条の規定の趣旨その他の連帯保証債務の内容に関する事項として内閣府令で定めるものを記載しなければならない（貸金業法16条の2第3項5号）。

c 適切でない

保証契約を締結した後、当該保証契約に基づく債務の弁済の方式を変更した場合、当該変更が**相手方の利益になるか否かに関わらず**、変更後の当該保証契約における**契約締結時の書面を再交付する必要がある**（貸金業法施行規則13条7項1号ロ、12条の2第6項1号）。

d 適切である

貸金業者は、貸付けに係る契約について保証契約を締結したとき、又は貸付けに係る契約で保証契約に係るものを締結したときは、遅滞なく、内閣府令で定めるところにより、貸金業法17条1項に掲げる貸付けに係る契約の内容を明らかにする事項について、当該貸付けに係る契約の内容を明らかにする書面をこれらの保証契約の保証人に交付しなければならない（貸金業法17条4項）。

問題 ⑪ 書面の再交付

正解 2

a 適切である

極度額（貸金業者が極度方式基本契約の相手方に対し貸付けの元本の上限として極度額を下回る額を提示する場合にあっては、当該下回る額又は極度額）を引き下げた後、元の額を上回らない額まで引き上げたときは、変更後の極度方式基本契約に係る書面を相手方に交付する必要はない（貸金業法施行規則13条5項2号）。

b 適切でない

極度方式基本契約締結後に、各回の返済期日及び返済金額の設定の方式を変更した場合、当該変更が**相手方の利益になるか否かに関**

わらず、変更後の当該極度方式基本契約における**契約締結時の書面を再交付する必要がある**（貸金業法施行規則 13 条 4 項 1 号ロ、13 条 3 項 1 号チ）。

c 適切でない

　極度方式基本契約締結後に、**貸付の利率を引き下げた場合、変更後の当該極度方式基本契約における契約締結時の書面を再交付する必要はない**（貸金業法施行規則 13 条 4 項 1 号イ）。

d 適切である

　極度方式基本契約締結後に、貸金業の登録番号の括弧書（登録回数）に変更が生じた場合、変更後の当該極度方式基本契約における契約締結時の書面を再交付する必要はない（貸金業法施行規則 13 条 4 項）。

問題　12　書面等の保存

正解　1

① 適切である

　貸金業者は、従業者名簿を、最終の記載をした日から 10 年間保存しなければならない（貸金業法施行規則 10 条の 9 の 2 第 3 項）。

② 適切でない

　貸金業者は、返済能力の調査の記録を、貸付けに係る契約にあっては、原則として、当該貸付けに係る契約に定められた**最終の返済期日までの間保存**しなければならない（貸金業法施行規則 10 条の 18 第 2 項 1 号）。

③ 適切でない

　貸金業者は、個人顧客ごとに、基準額超過極度方式基本契約に該当するかどうかの調査をした場合、当該調査に関する記録を作成しなければならず、当該記録をその**作成後 3 年間保存**しなければならない（貸金業法施行規則 10 条の 27 第 1 項・2 項）。

④ 適切でない

貸金業者は、帳簿を貸付けの契約ごとに、当該契約に定められた**最終の返済期日**（当該契約に基づく債権が弁済その他の事由により消滅したときにあっては、当該債権の消滅した日）から少なくとも**10年間保存**しなければならない（貸金業法施行規則17条1項）。

問題 ⑬ 債権譲渡

正解 4

① 適切でない

　　貸金業者は、貸付けに係る契約に基づく債権を他人に譲渡するに当たっては、その者に対し、当該債権が貸金業者の貸付けに係る契約に基づいて発生したことその他内閣府令で定める事項並びにその者が当該債権に係る貸付けの契約に基づく債権に関してする行為について貸金業法24条1項に規定する条項の適用がある旨を、内閣府令で定める方法により、通知しなければならない（貸金業法24条1項）。これの通知は、**譲受人が貸金業者であったとしてもしなければならない**。

② 適切でない

　　貸金業者は、貸付けに係る契約（極度方式基本契約及び極度方式貸付けに係る契約ではないものとする）に基づく債権を他人に譲渡した場合、当該**債権の譲受人**は、貸金業法に規定する当該**債権の内容を明らかにする書面**を当該債権の債務者に遅滞なく**交付しなければならない**（貸金業法24条1項、17条1項）。

③ 適切でない

　　貸金業者が貸付けの契約に基づく**債権を他人に譲渡した**ときは、その者の商号、名称又は氏名及び住所、譲渡年月日並びに当該債権の額を帳簿に記載して**保存しなければならない**（貸金業法19条、同施行規則16条1項6号）。帳簿を譲受人に引き渡すのではない。

④ 適切である

　　貸金業者は、貸付けに係る契約に基づく債権を他人に譲渡した場

合、法令の規定により貸金業法24条の規定を適用しないこととされるときを除き、その日から2週間以内に、その旨をその登録をした内閣総理大臣又は都道府県知事に届け出なければならない（貸金業法24条の6の2第4号、同施行規則26条の25第1項3号）。

問題　⑭　不祥事件

正解　4

a 適切である

　不祥事件とは、貸金業の業務に関し法令に違反する行為の外、①貸金業の業務に関し、資金需要者等の利益を損なうおそれのある詐欺、横領、背任等、②貸金業の業務に関し、資金需要者等から告訴、告発され又は検挙された行為、③その他貸金業の業務の適正な運営に支障を来す行為又はそのおそれのある行為であって、上記に掲げる行為に準ずるものをいう（監督指針Ⅱ-2-8）。

b 適切である

　貸金業者において不祥事件が発覚し、当該貸金業者から第一報があった場合は、①社内規則等に則った内部管理部門への迅速な報告及び経営陣への報告、②刑罰法令に抵触しているおそれのある事実については、警察等関係機関等への通報、③独立した部署（内部監査部門等）での不祥事件の調査・解明の実施を確認するものとする。なお、貸金業者から第一報がなく届出書の提出があった場合にも、同様の取扱いとする（監督指針Ⅱ-2-8（1）①）。

c 適切である

　不祥事件と貸金業者の業務の適切性の関係については、①不祥事件の発覚後の対応は適切か、②不祥事件への経営陣の関与はないか、組織的な関与はないか、③不祥事件の内容が資金需要者等に与える影響はどうか、④内部牽制機能が適切に発揮されているか、⑤再発防止のための改善策の策定や自浄機能は十分か、関係者の責任の追及は明確に行われているか、⑥資金需要者等に対する説明や問い合

わせへの対応等は適切か。の着眼点に基づき検証を行うこととする（監督指針Ⅱ－2－8（1）②）。

d 適切である

不祥事件の届出があった場合には、事実関係（当該行為が発生した営業所等、当該行為者の氏名・職名・職歴（貸金業務取扱主任者である場合にはその旨）、当該行為の概要、発覚年月日、発生期間、発覚の端緒）、発生原因分析、改善・対応策等について深度あるヒアリングを実施し、必要に応じて法24条の6の10に基づき報告書を徴収することにより、貸金業者の自主的な業務改善状況を把握することとする（監督指針Ⅱ－2－8（2））。

問題 ⑮ 利息・保証料の制限

正解 1

a 適切である

金銭の貸付けを行う者が業として金銭の貸付けを行う場合において、年20％を超える割合による利息の契約をしたときは、5年以下の懲役若しくは1,000万円以下の罰金に処し、又はこれを併科する（出資法5条2項）。本肢のAは、利息を年18％としており、20％を超えていないので、出資法上、刑事罰の対象とならない。

b 適切でない

金銭の貸付け（金銭の貸付けを行う者が業として行うものに限る）の保証（業として行うものに限る）を行う者が、当該保証に係る貸付けの利息と合算して当該貸付けの金額の年**20％を超える**割合となる**保証料の契約**をしたときは、**5年以下の懲役若しくは1,000万円以下の罰金**に処し、又はこれを併科する（出資法5条の2第1項）。本肢のCは、元本の3％の保証料をBから支払ってもらう契約を締結しており、金銭の貸付けの利率18％と合わせて年20％を超える割合（21％）となるため、刑事罰の対象となる。

c 適切でない

金銭を目的とする消費貸借における利息の契約は、元本の額が**100万円以上**の場合、年**15%を超える**ときは、その**超過部分について、無効**とする（利息制限法1条3号）。

d 適切でない

　営業的金銭消費貸借上の債務を主たる債務とする保証（業として行うものに限る）がされた場合における保証料（主たる債務者が支払うものに限る）の契約は、その保証料が当該主たる債務の**元本に係る法定上限額**から当該主たる債務について支払うべき**利息の額**を減じて得た金額を超えるときは、その**超過部分について、無効**とする（利息制限法8条1項）。本肢の債務の元本は100万円であるから、利息と保証料の合計が年15%の割合を超えた部分は無効とされる。本問では利息が15%を超えており、保証料3%の部分も無効となる。

問題 ⑯ みなし利息

正解 1

a 適切である

　営業的金銭消費貸借においては、債務者が金銭の受領又は弁済のために利用する現金自動支払機その他の機械の利用については、①1万円以下の額は110円、②1万円を超える額は220円まで利息とみなされない（利息制限法6条2項3号、同施行令4条）。

b 適切である

　営業的金銭消費貸借においては、公租公課の支払に充てられるべきものは利息とみなされない（利息制限法6条2項1号）。

c 適切でない

　営業的金銭消費貸借に関し債権者の受ける元本以外の金銭のうち、口座振替の方法による弁済において、債務者が弁済期に弁済できなかった場合に行う**再度の口座振替手続に要する費用**は**利息とみなされない**（利息制限法6条1項、同施行令1条3号）。

d 適切でない

　営業的金銭消費貸借に関し債権者の受ける元本以外の金銭のうち、金銭の貸付け及び弁済に用いるため債務者に交付された**カードの再発行の手数料**その他の債務者の要請により債権者が行う事務の費用として政令で定めるものについては、**利息とみなされない**（利息制限法6条1項、同施行令1条1号）。しかし、本肢の**契約締結時にカードを交付した際のカードの発行の手数料は利息とみなされる**。

問題 ⑰ 変更の届出

正解 4

①適切である

　貸金業者は、営業所又は事務所ごとに置かれる貸金業務取扱主任者の氏名及び登録番号に変更があったときは、その日から2週間以内に、その旨をその登録をした内閣総理大臣又は都道府県知事に届け出なければならない（貸金業法8条1項、4条6号）。

②適切である

　貸金業者が法人である場合においては、その役員（業務を執行する社員、取締役、執行役、代表者、管理人又はこれらに準ずる者をいい、いかなる名称を有する者であるかを問わず、法人に対し、これらの者と同等以上の支配力を有するものと認められる者として内閣府令で定めるものを含む）の氏名、商号又は名称及び政令で定める使用人の氏名に変更があったときは、その日から2週間以内に、その旨をその登録をした内閣総理大臣又は都道府県知事に届け出なければならない（貸金業法8条1項、4条2号）。

③適切である

　貸金業者は、その業務に関して広告又は勧誘をする際に表示等をする営業所又は事務所の電話番号その他の連絡先等であって内閣府令で定めるもの（ホームページアドレス・メールアドレス等）を変

更する場合は、あらかじめ、その旨をその登録をした内閣総理大臣又は都道府県知事に届け出なければならない（貸金業法8条1項、4条7号）。

④ 適切でない

貸金業者は、**業務の種類及び方法**に変更があったときは、その日から**2週間以内**に、その旨をその登録をした内閣総理大臣又は都道府県知事に届け出なければならない（貸金業法8条1項、4条8号）。あらかじめ届け出る必要はない。

問題　⑱　廃業等の届出

正解　1

① 適切でない

貸金業者について**破産手続開始の決定**があった場合、その**破産管財人**は、**その日から30日以内**に、その旨をその登録をした**内閣総理大臣又は都道府県知事に届け出なければならない**（貸金業法10条1項3号）。破産手続開始の申し立てがあった日から30日以内ではない。

② 適切である

貸金業者が死亡した場合、その相続人は、死亡の事実を知った日から30日以内に、その旨をその登録をした内閣総理大臣又は都道府県知事に届け出なければならない（貸金業法10条1項1号）。

③ 適切である

法人が合併（人格のない社団又は財団にあっては、合併に相当する行為）により消滅した場合、その法人を代表する役員であった者は、その日から30日以内に、その旨をその登録をした内閣総理大臣又は都道府県知事に届け出なければならない（貸金業法10条1項2号）。

④ 適切である

金融サービスの提供に関する法律12条の登録（貸金業貸付媒介

業務の種別に係るものに限る）を受けた場合　当該登録又は変更登録を受けた者は、その日から30日以内に、その旨をその登録をした内閣総理大臣又は都道府県知事に届け出なければならない（貸金業法10条1項6号）。

問題 ⑲　経営管理等及び業務の適切性

正解　2

① 適切である

　　社内規則等については、貸金業者のそれぞれの規模・特性に応じて、創意・工夫を生かし、法令及び法の趣旨を踏まえ自主的に策定する必要があるが、その内容については協会の策定する自主規制規則に則った内容が求められる（監督指針Ⅱ－2－1）。

② 適切でない

　　他に貸金業の業務に従事する者がいない個人の貸金業者、又は貸金業の業務に従事する者が1名で且つ当該者が常務に従事する唯一の役員として代表者となっている法人形態の貸金業者においては、これらの者が法に規定された貸金業務取扱主任者であることをかんがみ、内部監査に代わり、自己の行う貸金業に関する業務の検証を行う場合には、①自己検証を実施するために十分な時間が確保されているか、②自己検証を実施するに際し、別添自己検証リストに基づき自社の社内規則等を参考に自己検証項目を設定しているか、③自己検証を実施する頻度が少なくとも**月1回以上**となっているか、④実施した自己検証を記録し、少なくとも3年間保存することとされているかを踏まえ、業務の適切性を確保するために十分な態勢を整備しているかに留意するとしている（監督指針Ⅱ－1（1）⑥ハ）。

③ 適切である

　　貸金業者が貸金市場の担い手としての自らの役割を十分に認識して、法令及び社内規則等を厳格に遵守し、健全かつ適切な業務運営に努めることは、貸金業者に対する資金需要者等からの信頼を確立

することとなり、ひいては貸金市場の健全性を確保する上で極めて重要である（監督指針Ⅱ－2－1）。

④ 適切である

　金融機関においては、経営者保証に関し、ガイドラインの趣旨や内容を十分に踏まえた適切な対応を行うことにより、ガイドラインを融資慣行として浸透・定着させていくことが求められている（監督指針Ⅱ－2－13－3）。

問題 ⑳ 禁止行為等

正解 2

① 適切である

　貸金業者は、その貸金業の業務に関し、保証人となろうとする者に対し、主たる債務者が弁済することが確実であると誤解させるおそれのあることを告げる行為をしてはならない（貸金業法12条の6第3号）。

② 適切でない

　貸金業者は、貸付けの契約（住宅資金貸付契約その他の内閣府令で定める契約を除く）の相手方又は相手方となろうとする者の死亡によって保険金の支払を受けることとなる保険契約を締結しようとする場合には、当該保険契約において、**自殺による死亡を保険事故としてはならない**（貸金業法12条の7）。自殺以外の死亡により保険金の支払を受けることとなる保険契約を締結することは禁止されていない。

③ 適切である

　貸金業者は、その貸金業の業務に関して広告又は勧誘をするときは、他の貸金業者の利用者又は返済能力がない者を対象として勧誘する旨の表示又は説明をしてはならない（貸金業法16条2項2号）。

④ 適切である

　金銭の貸借の媒介を行った貸金業者は、当該媒介により締結され

た貸付けに係る契約の債務者から当該媒介の手数料を受領した場合において、当該契約につき更新（媒介のための新たな役務の提供を伴わないと認められる法律行為として内閣府令で定めるものを含む。）があったときは、これに対する新たな手数料を受領し、又はその支払を要求してはならない（貸金業法 12 条の 8 第 10 項）。

問題 ㉑ 返済能力の調査

正解 3

① 適切である

　貸金業者が個人である顧客等と貸付けの契約（極度方式貸付けに係る契約その他の内閣府令で定める貸付けの契約を除く）を締結しようとする場合には、返済能力の調査を行うに際し、指定信用情報機関が保有する信用情報を使用しなければならない（貸金業法 13 条 2 項）。顧客が法人の場合は、指定信用情報機関が保有する信用情報を使用する必要はない。

② 適切である

　極度方式基本契約の相手方と連絡することができないことにより、極度額（貸金業者が極度方式基本契約の相手方に対し当該極度方式基本契約に基づく極度方式貸付けの元本の残高の上限として極度額を下回る額を提示している場合にあっては、当該下回る額）を一時的に減額していた場合（当該相手方の返済能力の低下による場合を除く）に、当該相手方と連絡することができたことにより、極度額をその減額の前の額まで増額する場合は、返済能力の調査は不要である（貸金業法 13 条 5 項、同施行規則 10 条の 19）。本肢では、顧客 B の返済能力は低下していないので、極度額を減額前の 30 万円まで増額する場合、返済能力の調査は不要である。

③ 適切でない

　肢①の解説参照。貸金業者が個人である顧客等と**極度方式貸付けに係る契約**を締結しようとする場合は、**指定信用情報機関が保有す**

る信用情報を使用する必要はない。この場合、本肢のような「極度方式貸付けの金額が5万円を超え、かつ、当該極度方式貸付けの金額と本件基本契約に基づく極度方式貸付けの残高の合計額が10万円を超えるときを除き」という制限はない。

④ 適切である

　貸金業者は、個人である顧客との間で、手形（融通手形を除く）の割引を内容とする契約を締結しようとする場合には、Bの返済能力の調査を行うに際し、指定信用情報機関が保有する信用情報を使用する必要はない（貸金業法施行規則10条の16第2号、1条の2の3第2号）。

問題 22 過剰貸付け等の禁止

正解 3

① 適切である

　貸金業者は、貸付けの契約を締結しようとする場合において、返済能力の調査により、当該貸付けの契約が個人過剰貸付契約その他顧客等の返済能力を超える貸付けの契約と認められるときは、当該貸付けの契約を締結してはならない（貸金業法13条の2第1項）。

② 適切である

　現に事業を営んでいない個人顧客に対する新たな事業を行うために必要な資金の貸付けに係る契約であって、①事業計画、収支計画及び資金計画の確認その他の方法により確実に当該事業の用に供するための資金の貸付けであると認められること、②当該個人顧客の事業計画、収支計画及び資金計画に照らし、当該個人顧客の返済能力を超えない貸付けに係る契約であると認められることの両方の要件に該当するものは、個人顧客の利益の保護に支障を生ずることがない契約に該当する（貸金業法施行規則10条の23第1項5号）。

③ 適切でない

　年間の事業所得の金額（過去の事業所得の状況に照らして安定的

と認められるものに限る）は、年間の給与に類する定期的な収入の金額に該当する（貸金業法施行規則10条の22第1項4号）。そして、年間の事業所得の金額とは、**事業から得た総収入から必要経費を控除したもの**をいう。

④ 適切である

　貸金業者は、不動産の建設若しくは購入に必要な資金（借地権の取得に必要な資金を含む）又は不動産の改良に必要な資金の貸付けに係る契約に係る契約を締結した場合には、不動産（借地権を含む。）の売買契約書又は建設工事の請負契約書その他の締結した契約が当該契約に該当することを証する書面若しくはその写し又はこれらに記載された情報の内容を記録した電磁的記録を、当該貸付けに係る契約に定められた最終の返済期日（当該貸付けに係る契約に基づく債権が弁済その他の事由により消滅したときにあっては、当該債権の消滅した日までの間保存しなければならない（貸金業法施行規則10条の21第2項1号）。

問題 ㉓ 個人顧客の利益の保護に支障を生じない契約

正解 1

① 適切でない

　事業を営む個人顧客に対する貸付けに係る契約であって、①**実地調査、当該個人顧客の直近の確定申告書の確認その他の方法により当該事業の実態が確認されていること**、②**当該個人顧客の事業計画、収支計画及び資金計画**（貸付けの金額が100万円を超えないものであるときは、当該個人顧客の営む事業の状況、収支の状況及び資金繰りの状況）**に照らし、当該個人顧客の返済能力を超えない貸付けに係る契約であると認められる**ことの**両方の要件に該当する**ものは、個人顧客の利益の保護に支障を生ずることがない契約に該当する（貸金業法施行規則10の23第1項4号）。

② 適切である

　金融機関からの貸付け（正規貸付けという）が行われるまでのつなぎとして行う貸付けに係る契約（極度方式基本契約を除く）であって、①正規貸付けが行われることが確実であると認められること、②返済期間が1か月を超えないことの両方の要件に該当するものは、個人顧客の利益の保護に支障を生ずることがない契約に該当する（貸金業法施行規則10の23第1項6号）。

③適切である

　個人顧客が特定費用を支払うために必要な資金の貸付けに係る契約（極度方式基本契約ではないものとする）として当該個人顧客と貸金業者との間に締結される契約であって、当該契約が当該個人顧客の返済能力を超えない貸付けに係る契約であると認められ、当該契約の貸付けの金額が10万円であり（当該個人顧客は、当該契約以外の貸付けに係る契約を一切締結していないものとする）、返済期間が3か月であるものは、個人顧客の利益の保護に支障を生ずることがない契約に該当する（貸金業法施行規則10の23第1項2号の2）。本肢は、返済期間が1年であるから、個人顧客の利益の保護に支障を生ずることがない契約に該当しない。

④適切である

　個人顧客が既に貸金業者以外の者と締結した契約に基づき負担している債務（既存債務という）を弁済するために必要な資金の貸付けに係る契約であって、当該個人顧客が当該契約に基づき将来支払うべき返済金額の合計額が既存債務について将来支払うべき返済金額の合計額を上回らず、当該契約の1か月の負担が既存債務に係る1か月の負担を上回らないものは、個人顧客の利益の保護に支障を生ずることがない契約に該当する（貸金業法施行規則10の23第1項1号）。本肢は、当該契約の1か月の負担が既存債務に係る1か月の負担を上回るので、個人顧客の利益の保護に支障を生ずることがない契約に該当しない。

問題 ㉔ 貸付条件の広告等

正解 1

① 適切でない

　貸金業者は、貸付けの条件について広告をするとき、又は貸付けの契約の締結について勧誘をする場合において貸付けの条件を表示し、若しくは説明するときは、内閣府令で定めるところにより、一定の事項を表示し、又は説明しなければならないが、**貸付けに関し貸金業者が受け取る書面の内容**については、**表示をするものとされていない**（貸金業法15条1項）。

② 適切である

　広告とは、個別の具体的内容に応じて判断する必要があるが、ある事項を随時又は継続して広く宣伝するため、一般の人に知らせることをいい、例えば、①テレビコマーシャル、②ラジオコマーシャル、③新聞紙、雑誌その他の刊行物への掲載、④看板、立て看板、はり紙、はり札等への表示、⑤広告塔、広告板、建物その他の工作物等への表示、⑥チラシ、カタログ、パンフレット、リーフレット等の配布、⑦インターネット上の表示が該当する（監督指針Ⅱ－2－15（2）②）。

③ 適切である

　貸金業者は、その貸金業の業務に関して広告又は勧誘をするときは、資金需要者等の返済能力を超える貸付けの防止に配慮するとともに、その広告又は勧誘が過度にわたることがないように努めなければならない（貸金業法16条5項）。

④ 適切である

　貸金業者は、貸付けの条件について広告をし、又は書面若しくはこれに代わる電磁的記録を送付して勧誘（広告に準ずるものとして内閣府令で定めるものに限る）をするときは、電話番号その他の連絡先等であって内閣府令で定めるものについては、これに貸金業者登録簿に登録されたもの以外のものを表示し、又は記録してはなら

ない（貸金業法 15 条 2 項）。

問題 25 **特定公正証書**

正解 3

① 適切である

　　貸金業を営む者は、貸付けの契約について、債務者等から、当該債務者等が特定公正証書（債務者等が貸付けの契約に基づく債務の不履行の場合に直ちに強制執行に服する旨の陳述が記載された公正証書をいう）の作成を公証人に嘱託することを代理人に委任することを証する書面を取得してはならない（貸金業法 20 条 1 項）。

② 適切である

　　貸金業を営む者は、貸付けの契約について、債務者等が特定公正証書の作成を公証人に嘱託することを代理人に委任する場合には、当該代理人の選任に関し推薦その他これに類する関与をしてはならない（貸金業法 20 条 2 項）。

③ 適切でない

　　貸金業者は、貸付けの契約について、特定公正証書の作成を公証人に嘱託する場合には、**あらかじめ**（当該貸付けの契約に係る資金需要者等との間で特定公正証書の作成を公証人に嘱託する旨を約する契約を締結する場合にあっては、当該契約を締結するまでに）、内閣府令で定めるところにより、債務者等となるべき資金需要者等に対し、①当該貸付けの契約に基づく債務の不履行の場合には、特定公正証書により、債務者等が直ちに強制執行に服することとなる旨、②上記①に掲げるもののほか、債務者等の法律上の利益に与える影響に関する事項として内閣府令で定めるものについて**書面を交付して説明しなければならない**（貸金業法 20 条 3 項）。あらかじめ書面を交付して説明しなければならないのであり、嘱託した場合に説明をするのではない。

④ 適切である

貸金業を営む者は、貸付けの契約について、公的給付がその受給権者である債務者等又は債務者等の親族その他の者(特定受給権者)の預金又は貯金の口座に払い込まれた場合に当該預金又は貯金の口座に係る資金から当該貸付けの契約に基づく債権の弁済を受けることを目的として、当該特定受給権者の預金通帳等の引渡しもしくは提供を求め、又はこれらを保管する行為をしてはならない（貸金業法20条の2第1項1号）。

問題 ㉖ 貸金業者に対する監督等

正解 3

① 適切である

貸金業者は、事業年度ごとに、内閣府令で定めるところにより、貸金業に係る事業報告書を作成し、毎事業年度経過後3か月以内に、これをその登録をした内閣総理大臣又は都道府県知事に提出しなければならない（貸金業法24条の6の9）。

② 適切である

内閣総理大臣又は都道府県知事は、貸金業法を施行するため必要があると認めるときは、その登録を受けた貸金業者に対して、その業務に関し報告又は資料の提出を命ずることができる（貸金業法24条の6の10）。

③ 適切でない

内閣総理大臣又は都道府県知事は、その登録を受けた貸金業者が暴力団員等の使用の禁止に違反した場合においては、その**登録を取り消さなければならない**（貸金業法24条の6の5第1項5号）。必ず取り消さなければならず、業務の停止を命ずることはできない。

④ 適切である

内閣総理大臣又は都道府県知事は、その登録を受けた貸金業者が正当な理由がないのに、当該登録を受けた日から6か月以内に貸金業を開始しないとき、又は引き続き6か月以上貸金業を休止した場

合においては、その登録を取り消すことができる（貸金業法24条の6の6第1項2号）。

問題 ㉗ 利息制限法

正解 4

① 適切である

　営業的金銭消費貸借上の債務を既に負担している債務者が同一の債権者から重ねて営業的金銭消費貸借による貸付けを受けた場合における当該貸付けに係る営業的金銭消費貸借上の利息は、当該既に負担している債務の残元本の額と当該貸付けを受けた元本の額との合計額を元本の額とみなす（利息制限法5条1号）。本肢では、第一契約として10万円を貸付けたが、完済後に第二契約として、5万円を貸し付けている。したがって、第二契約の元本額は5万円であり、利息の約定は20％を超える部分が無効となる。したがって、第二契約における年20％とする利息の約定は有効である。

② 適切である

　債務者が同一の債権者から同時に2以上の営業的金銭消費貸借による貸付けを受けた場合におけるそれぞれの貸付けに係る営業的金銭消費貸借上の利息は、当該2以上の貸付けを受けた元本の額の合計額を元本の額とみなす（利息制限法5条2号）。本肢では、第一契約として20万円を貸付けると同時に第二契約として80万円を貸し付けている。したがって、第一契約の元本20万円と第二契約の元本80万円の合計額である100万円が第一契約及び第二契約の元本額とみなされるので、第一契約及び第二契約の利息の約定は、年15％を超過する部分が無効となる。

③ 適切である

　肢①の解説参照。本肢では、第一契約として60万円を貸付け、元本残高が30万円である時点で、第二契約として、80万円を貸し付けている。したがって、第二契約の元本額は第一契約の元本残高

30万円との合計額である110万円であり、利息の約定は15％を超える部分が無効となる。

④適切でない

　　肢②の解説参照。本肢では、第一契約として50万円を貸付け、一切弁済していない時点で、第二契約として5万円を貸し付けると同時に第三契約として50万円を貸し付けている。したがって、第一契約の残高50万円、第二契約5万円及び第三契約50万円の合計額である105万円が、第二契約及び第三契約の元本額とみなされるので、**第二契約**及び**第三契約の利息の約定は、年15％を超過する部分が無効**となる。

問題 ㉘　意思能力及び行為能力

正解　3

①適切でない

　　法律行為の当事者が意思表示をした時に**意思能力を有しなかったとき**は、その法律行為は、**無効**とする（民法3条の2）。取り消すことができるのではない。

②適切でない

　　未成年者が法律行為をするには、その法定代理人の同意を得なければならない。ただし、**単に権利を得**、又は**義務を免れる法律行為**については、**法定代理人の同意を得る必要はない**（民法5条1項）。

③適切である

　　成年被後見人の法律行為は、取り消すことができる。ただし、日用品の購入その他日常生活に関する行為については、この限りでない（民法9条）。そして、成年後見人には同意権がないため、あらかじめ成年後見人の同意を得ていてもその法律行為は有効で確定せず、取り消すことができる。

④適切でない

　　被保佐人が**借財**又は保証をすることをするには、その**保佐人の同**

意を得なければならない（民法13条1項2号）。したがって、被保佐人は、あらかじめ保佐人の同意を得なければ、金銭の借入れをすることができない。

問題 ㉙ 無効及び取消し

正解 4

① 適切でない

無効な行為は、**追認によっても**、その**効力を生じない**。ただし、当事者がその行為の無効であることを知って追認をしたときは、新たな行為をしたものとみなす（民法119条）。追認をしても、**初めから有効であったとはみなされない**。

② 適切でない

行為能力の制限によって取り消すことができる行為は、**制限行為能力者**（他の制限行為能力者の法定代理人としてした行為にあっては、当該他の制限行為能力者を含む）又はその代理人、承継人若しくは同意をすることができる者に限り、**取り消すことができる**（民法120条1項）。したがって、制限行為能力者も法定代理人等の同意が無くても、その行為を取り消すことができる。

③ 適切でない

取り消された行為は、**初めから無効**であったものとみなす（民法121条）。将来に向かって無効となるのではない。

④ 適切である

錯誤、詐欺又は強迫によって取り消すことができる行為の追認は、取消しの原因となっていた状況が消滅し、かつ、取消権を有することを知った後にしなければ、その効力を生じない。（民法124条1項）。

問題 30 消滅時効

正解 4

① 適切でない

債権は、①債権者が権利を行使することができることを**知った時から5年間**行使しないとき、②権利を**行使することができる時**から**10年間**行使しないときのいずれかに該当した場合には、時効によって消滅する（民法166条1項）。

② 適切でない

時効の利益は、**あらかじめ放棄することができない**（民法146条）。

③ 適切でない

時効の完成猶予又は更新は、完成猶予又は更新の事由が生じた**当事者**及びその**承継人の間**においてのみ、その**効力を有する**（民法153条1項）。利害関係が生じるすべての者の間に効力を有するのではない。

④ 適切である

確定判決又は確定判決と同一の効力を有するものによって確定した権利については、10年より短い時効期間の定めがあるものであっても、その時効期間は、10年とする（民法169条1項）。

問題 31 債権の目的及び効力

正解 1

① 適切である

債権の目的が特定物の引渡しであるときは、債務者は、その引渡しをするまで、契約その他の債権の発生原因及び取引上の社会通念に照らして定まる善良な管理者の注意をもって、その物を保存しなければならない（民法400条）。

② 適切でない

債務の不履行に対する損害賠償の請求は、これによって通常生ず

べき損害の賠償をさせることをその目的とする（民法416条1項）。**特別の事情によって生じた損害**であっても、当事者がその事情を**予見すべきであったとき**は、債権者は、その**賠償を請求することができる**（同2項）。

③適切でない

債務者がその債務の本旨に従った履行をしないとき又は債務の履行が不能であるときは、債権者は、これによって生じた損害の賠償を請求することができる（民法415条1項）。そして、金銭債務の損害賠償については、債務者は、**不可抗力をもって抗弁とすることができない**（民法419条3項）。

④適切でない

金銭債務の損害賠償については、債権者は、**損害の証明をすることを要しない**（民法419条2項）。

問題 ㉜ 債権譲渡

正解 3

①適切でない

当事者が債権の譲渡を禁止し、又は制限する旨の意思表示（**譲渡制限の意思表示**）をしたときであっても、債権の譲渡は、その**効力を妨げられない**（民法466条2項）。したがって、Cは、本件債権を取得することができる。

②適切でない

債権の譲渡（現に発生していない債権の譲渡を含む）は、譲渡人が債務者に通知をし、又は債務者が承諾をしなければ、債務者その他の第三者に対抗することができない（民法467条1項）。**債務者に対しての対抗要件**である譲渡人の通知又は債務者の承諾については、**確定日付のある証書によることは求められていない**。

③適切である

債権譲渡の通知又は承諾は、確定日付のある証書によってしなけ

れば、債務者以外の第三者に対抗することができない（民法467条2項）。したがって、Bが、確定日付のある証書によらない承諾をしたCへの債権譲渡は、Aが確定日付のある証書による通知をして債権を譲渡したDへは対抗することができず、この場合、Dが債権を譲り受けたことになるので、Bは、Cからの本件債権の弁済の請求を拒むことができる。

④適切でない

債権が二重に譲渡され、確定日付ある通知又は承諾が複数存在する場合、譲受人相互間の優劣は、確定日付ある通知が**債務者に到達した日時**又は確定日付ある債務者の承諾の日時の先後によって決する（最判昭49.3.7）。確定日付の先後で決せられるのではない。

問題 33 相殺

正解 2

①適切でない

差押えを受けた債権の第三債務者は、差押え後に取得した債権による相殺をもって差押債権者に対抗することはできないが、差押え前に取得した債権による相殺をもって対抗することができる（民法511条1項）。しかし、**差押を受けた債権**の**債権者**が**相殺できる旨の規定は存在しない**。したがって、甲債権の差押えを受けたAは、甲債権と乙債権を相殺することはできない。

②適切である

２人が互いに同種の目的を有する債務を負担する場合において、双方の債務が弁済期にあるときは、各債務者は、その対当額について相殺によってその債務を免れることができる（民法505条1項）。この場合、**自働債権が弁済期**にあれば、**受働債権については弁済期が到来していなくても**、期限の利益を放棄することで**相殺をすることができる**（最判平25.2.28）。

③適切でない

肢①の解説参照。Aは、乙債権が**差押えを受ける前**に甲債権を取得しているので、甲債権と乙債権の相殺をDに対抗することができる。

④ 適切でない

時効によって消滅した債権がその消滅以前に相殺に適するようになっていた場合には、その債権者は、相殺をすることができる（民法508条）。本肢では、甲債権が時効で消滅する前に、甲債権及び乙債権が相殺適状となっているので、Aは、甲債権と乙債権を相殺することができる。

問題 **34** 金銭消費貸借契約

正解 1

① 適切である

書面でする消費貸借の借主は、貸主から金銭その他の物を受け取るまで、契約の解除をすることができる（民法587条の2第2項）。

② 適切でない

貸主は、特約がなければ、借主に対して**利息を請求することができない**（民法589条1項）。

③ 適切でない

法律行為に始期（支払期日等）を付したときは、その法律行為の履行は、期限が到来するまで、これを請求することができない。（民法135条1項）。そして、①**債務者が破産手続開始の決定を受けたとき**、②**債務者が担保を滅失させ、損傷させ、又は減少させたとき**、③**債務者が担保を供する義務を負う場合において、これを供しないとき**のいずれかに該当する場合には、債務者は、**期限の利益を主張することができない**（民法137条）。しかし、債務者が各回の借入金債務について、そのうち1回債務の履行を遅滞しただけでは、債務者から期限の利益を失わせることはできない。この場合は、債権者と債務者との間で特約をする必要がある。

④適切でない

　利息の支払が**1年分以上延滞**した場合において、債権者が催告を
しても、債務者がその利息を支払わないときは、債権者は、これを
元本に組み入れることができる（民法 405 条）。

問題　㉟　犯罪収益移転防止法

正解　2

①適切でない

　貸金業者が、自然人である顧客の取引時確認として確認しなけれ
ばならない事項は、①**本人特定事項**（氏名、住居（本邦内に住居を
有しない外国人で政令で定めるものにあっては、主務省令で定める
事項）及び**生年月日**）、②**取引を行う目的**、③**職業**である（犯罪収
益移転防止法4条1項）。取引を行う目的も確認事項である。また、
収入は確認事項ではない。

②適切である

　貸金業者が、自然人である顧客の取引時確認として本人特定事項
の確認をするために、当該顧客の運転免許証の提示を受ける場合に
は貸金業者が当該運転免許証の提示を受ける日において有効なも
の、また住民票の写しの提示を受ける場合には貸金業者が当該住民
票の写しの提示を受ける日前6か月以内に作成されたものに限られ
る（犯罪収益移転防止法施行規則7条1項）。

③適切でない

　貸金業者が、自然人である顧客の取引時確認として本人特定事項
の確認をするために**運転免許証の提示**を受ける場合、その**原本の提
示が必要である**（犯罪収益移転防止法施行規則6条1項1号、7条
1号）。

④適切でない

　貸金業者が、既に取引をしたことのある顧客との間で金銭の貸付
けを内容とする契約を締結する場合、**過去の取引において取引時確**

認を行っているときは、契約を締結する都度、当該顧客の**取引時確認をする必要はない**（犯罪収益移転防止法 4 条 3 項）。

問題 ㊱ 意思表示

正解 4

① 適切である

相手方と通じてした虚偽の意思表示は、無効とする（民法 94 条 1 項）。この虚偽表示による無効は、善意の第三者に対抗することができない（同 2 項）。本肢の C は事情を知らない（善意）の第三者であるから、A は AB 間の契約が虚偽表示により無効であることを C に対抗できない。

② 適切である

意思表示は、①意思表示に対応する意思を欠く錯誤（表示の錯誤）、②表意者が法律行為の基礎とした事情についてのその認識が真実に反する錯誤（動機の錯誤）に基づくものであって、その錯誤が法律行為の目的及び取引上の社会通念に照らして重要なものであるときは、取り消すことができる（民法 95 条 1 項）。そして、②の動機の錯誤の場合、その事情（動機）が法律行為の基礎とされていることが表示されていたときに限り、することができる（同 2 項）。本肢の A は動機を B に表示していないので、動機の錯誤を理由に契約を取り消すことができない。

③ 適切である

詐欺による意思表示は、取り消すことができる（民法 96 条 1 項）。この詐欺による取消しは、善意でかつ過失がない第三者に対抗することができない（同 3 項）。本肢の第三者 C は、詐欺の事情を知らず（善意）、知らないことに過失がないので、A は詐欺による取消しを C に対抗することができない。

④ 適切でない

強迫による意思表示は、取り消すことができる（民法 96 条 1 項）。

この強迫による取消しは、**善意でかつ過失がない第三者にも対抗することができる**（同３項反対解釈）。したがって、Ａは、強迫による取消しを、強迫の事情を知らず、知らないことに過失がない第三者Ｃに対抗することができる。

問題 37 期間の計算

正解 3

①適切である

時間によって期間を定めたときは、その期間は、即時から起算する（民法139条）。

②適切である

日、週、月又は年によって期間を定めたときは、期間の初日は、算入しない（民法140条）。したがって、事実を知った日から２週間以内とされている場合、事実を知った初日である10月１日は期間に定めないため、届出期間は10月15日となる。

③適切でない

期間の末日が日曜日、国民の祝日に関する法律に規定する休日その他の休日に当たるときは、その日に取引をしない慣習がある場合に限り、期間は、その**翌日に満了する**（民法142条）。

④適切である

月又は年によって期間を定めた場合において、最後の月に応当する日がないときは、その月の末日に満了する（民法143条２項ただし書）。

問題 38 質権及び抵当権

正解 2

①適切である

債権を目的とする質権の設定（現に発生していない債権を目的と

するものを含む）は、第三債務者にその質権の設定を通知し、又は第三債務者がこれを承諾しなければ、これをもって第三債務者その他の第三者に対抗することができない（民法364条）。

②適切でない

債権の目的物が金銭であるときは、質権者は、**自己の債権額に対応する部分に限り、これを取り立てることができる**（民法366条2項）。したがって、被担保債権である貸金債権の額まで売買代金債権を直接に取り立てることができるのであり、売買代金債権の全額を取り立てられるのではない。

③適切である

根抵当権者は、確定した元本並びに利息その他の定期金及び債務の不履行によって生じた損害の賠償の全部について、極度額を限度として、その根抵当権を行使することができる（民法398条の3第1項）。

④適切である

元本の確定前においては、根抵当権の担保すべき債権の範囲の変更をすることができる（民法398条の4第1項）。この変更をするには、後順位の抵当権者その他の第三者の承諾を得ることを要しない（同2項）。

問題 39 保証

正解 1

①適切でない

保証人は、その**保証債務についてのみ、違約金又は損害賠償の額を約定することができる**（民法447条2項）。

②適切である

保証人は、主たる債務者と連帯して債務を負担したときは、催告の抗弁及び検索の抗弁のいずれの権利も有しない（民法454条）。

③適切である

255

行為能力の制限によって取り消すことができる債務を保証した者は、保証契約の時においてその取消しの原因を知っていたときは、主たる債務の不履行の場合又はその債務の取消しの場合においてこれと同一の目的を有する独立の債務を負担したものと推定する（民法449条）。

④適切である

債務者が保証人を立てる義務を負う場合には、その保証人は、①行為能力者であること、②弁済をする資力を有することの両方の要件を具備する者でなければならない（民法450条1項）。

問題 ⑩ 相続

正解 4

①適切である

子及び配偶者が相続人であるときは、子の相続分及び配偶者の相続分は、各2分の1とする（民法900条1号）。この場合、子の相続分2分の1をCとDで分けることになるので、C及びDの法定相続分は各4分の1である。

②適切である

被相続人が相続開始の時において有した債務の債権者は、遺言により相続分の指定がされた場合であっても、各共同相続人に対し、法定相続分に応じてその権利を行使することができる（民法902条の2）。

③適切である

相続人が、限定承認又は相続の放棄をした後であっても、相続財産の全部若しくは一部を隠匿し、私にこれを消費し、又は悪意でこれを相続財産の目録中に記載しなかったときは、相続人は、単純承認をしたものとみなす（民法921条3号）。

④適切でない

Dが**相続放棄**をした場合、Eは**代襲相続をすることができない**（民

法887条2項)。したがって、Dが相続放棄をしたときは、配偶者Bと子Cが共同相続人となり、Eは相続人とならない。

問題 ㊶ 手形法及び電子記録債権法

正解 1

① 適切でない

　詐欺によって振り出された約束手形を裏書により譲り受けた所持人は、当該事情を**知らず**、かつ知らないことにつき**過失がなかった**場合、当該約束手形の振出人は、当該所持人から手形金の支払を請求されたときは、**詐欺を理由とする手形行為取消しの抗弁をもって、当該所持人に対抗することができない**（手形法17条、77条1項1号）。

② 適切である

　手形の占有者が裏書の連続によりその権利を証明するときはこれを適法の所持人とみなす（手形法16条1項、77条1項1号）。したがって、裏書が連続している約束手形の所持人は、正当な権利者であることを証明しなくても手形上の債務者に対し手形金の支払を求めることができる。

③ 適切である

　電子記録債権(保証記録に係るもの及び電子記録保証をした者(電子記録保証人) が取得する電子記録債権（特別求償権）を除く)は、発生記録をすることによって生ずる（電子記録債権法15条）。

④ 適切である

　電子記録名義人に対してした電子記録債権についての支払は、当該電子記録名義人がその支払を受ける権利を有しない場合であっても、その効力を有する。ただし、その支払をした者に悪意又は重大な過失があるときは、この限りでない（電子記録債権法21条）。

正解 4

① 適切である

　　当事者は、第一審に限り、合意により管轄裁判所を定めることができる（民事訴訟法11条1項）。ただし、訴えについて法令に専属管轄の定めがある場合には、適用しない（民事訴訟法13条1項）。

② 適切である

　　訴えの提起は、訴状を裁判所に提出してしなければならない（民事訴訟法134条1項）。ただし、簡易裁判所においては、訴えは、口頭で提起することができる（民事訴訟法271条）。

③ 適切である

　　法令により裁判上の行為をすることができる代理人のほか、弁護士でなければ訴訟代理人となることができない（民事訴訟法54条）。そして、商業登記簿に支配人として登記された支配人は、法令により裁判上の行為をすることができる代理人に該当するので、訴訟代理人となることができる（会社法11条）。

④ 適切でない

　　原告又は被告が**最初にすべき**口頭弁論の期日に出頭せず、又は出頭したが本案の弁論をしないときは、裁判所は、その者が提出した訴状又は答弁書その他の**準備書面に記載した事項を陳述したものとみなし**、出頭した相手方に弁論をさせることができる（民事訴訟法158条）。しかし、口頭弁論の**続行期日**においては、このような規定は存在せず、準備書面に記載した事項を**陳述したとはみなされない**。

問題 ㊸ 個人情報保護法

正解 3

① 適切でない

取得時に生存する特定の個人を識別することができなかったとしても、**取得後、新たな情報が付加**され、又は**照合**された結果、生存する特定の個人を識別できる場合は、その時点で**個人情報に該当する**（個人情報保護法ガイドライン通則編 2 - 1）

② 適切でない

個人データとは、**個人情報データベース等を構成する個人情報**をいう（個人情報保護法 16 条 3 項）。

③ 適切である

生存する個人に関する情報であって、個人識別情報が含まれるものは、個人情報に該当する（個人情報保護法 2 条 1 項 2 号）。そして、個人識別情報には、特定の個人の身体の一部の特徴を電子計算機の用に供するために変換した文字、番号、記号その他の符号であって、当該特定の個人を識別することができるものが該当する（個人情報保護法 2 条 2 項 1 号）。

④ 適切でない

個人関連情報とは、生存する個人に関する情報であって、個人情報、仮名加工情報及び匿名加工情報の**いずれにも該当しないもの**をいう（個人情報保護法 2 条 7 項）。

問題 **44** 消費者契約法

正解 1

① 適切である

適格消費者団体は、事業者、受託者等又は事業者の代理人若しくは受託者等の代理人（事業者等）が、消費者契約の締結について勧誘をするに際し、不特定かつ多数の消費者に対して重要事項について事実と異なることを告げる行為を現に行い又は行うおそれがあるときは、その事業者等に対し、当該行為の停止もしくは予防又は当該行為に供した物の廃棄若しくは除去その他の当該行為の停止もしくは予防に必要な措置をとることを請求することができる（消費者

契約法 12 条 1 項）。

② 適切でない

　消費者は、事業者が消費者契約の締結について勧誘をするに際し、当該消費者に対して当該事業者に対し、当該消費者が、その住居又はその業務を行っている場所から退去すべき旨の意思を示したにもかかわらず、それらの場所から**退去しないことにより困惑**し、それによって当該消費者契約の申込み又はその承諾の意思表示をしたときは、これを**取り消すことができる**（消費者契約法 4 条 3 項 1 号）。無効となるのではない。

③ 適切でない

　消費者の不作為をもって当該消費者が**新たな消費者契約の申込み**又はその**承諾の意思表示をしたものとみなす条項**その他の法令中の公の秩序に関しない規定の適用による場合に比して消費者の権利を制限し又は消費者の義務を加重する消費者契約の条項であって、民法 1 条 2 項に規定する基本原則（信義則の原則）に反して消費者の利益を一方的に害するものは、**無効とする**（消費者契約法 10 条）。取り消すことができるのではない。

④ 適切でない

　取消権は、追認をすることが**できる時**から**1 年間**（霊感商法等に係る取消権については、3 年間）行わないときは、時効によって消滅する。当該**消費者契約の締結の時**から**5 年**（霊感商法等に係る取消権については、10 年）を経過したときも、同様とする（消費者契約法 7 条 1 項）。

問題　**45**　個人情報保護法

正解　3

① 適切である

　本人は、個人情報取扱事業者に対し、当該本人が識別される保有個人データの電磁的記録の提供による方法その他の個人情報保護委

員会規則で定める方法による開示を請求することができる（個人情報保護法33条1項）。

② 適切である

　本人は、個人情報取扱事業者に対し、当該本人が識別される保有個人データの内容が事実でないときは、当該保有個人データの内容の訂正、追加又は削除を請求することができる（個人情報保護法34条1項）。

③ 適切でない

　本人は、個人情報取扱事業者に対し、当該本人が識別される保有個人データが18条（利用目的による制限）若しくは19条（不正な利用の禁止）の規定に違反して取り扱われているとき、又は20条（適正な取得）の規定に違反して取得されたものであるときは、当該保有個人データの利用の停止又は消去（利用停止等）を請求することができる（35条1項）。また、本人は、個人情報取扱事業者に対し、当該本人が識別される保有個人データを当該個人情報取扱事業者が利用する必要がなくなった場合、当該本人が識別される保有個人データに係る26条1項本文に規定する事態（**漏えい等**）が生じた場合その他当該本人が識別される保有個人データの取扱いにより当該**本人の権利又は正当な利益が害されるおそれがある場合**には、当該**保有個人データの利用停止等**又は第三者への提供の停止を**請求することができる**（同5項）。

④ 適切である

　個人情報取扱事業者は、本人からの請求に係る保有個人データの全部若しくは一部について利用停止等を行ったとき若しくは利用停止等を行わない旨の決定をしたとき、又は本人らの請求に係る保有個人データの全部若しくは一部について第三者への提供を停止したとき若しくは第三者への提供を停止しない旨の決定をしたときは、本人に対し、遅滞なく、その旨を通知しなければならない（個人情報保護法35条7項）。

正解 1

① 適切でない

　内閣総理大臣は、措置命令に関し、事業者がした表示が**優良誤認表示**に該当するか否かを判断するため必要があると認めるときは、当該表示をした事業者に対し、期間を定めて、当該表示の裏付けとなる合理的な根拠を示す**資料の提出**を求めることができる。この場合において、当該事業者が当該資料を提出しないときは、不当な表示の禁止の規定の適用については、当該表示は**優良誤認表示**に該当する表示とみなす（景品表示法7条2項）。有利誤認表示ではなく優良誤認表示に該当する表示とみなされる。

② 適切である

　内閣総理大臣は、景品類の制限及び禁止の規定による制限若しくは禁止若しくは不当な表示の禁止の規定による指定をし、又はこれらの変更若しくは廃止をしようとするときは、内閣府令で定めるところにより、公聴会を開き、関係事業者及び一般の意見を求めるとともに、消費者委員会の意見を聴かなければならない（景品表示法6条1項）。

③ 適切である

　表示とは、顧客を誘引するための手段として、事業者が自己の供給する商品又は役務の内容又は取引条件その他これらの取引に関する事項について行う広告その他の表示であって、内閣総理大臣が指定するものをいう（景品表示法2条4項）。

④ 適切である

　景品類とは、顧客を誘引するための手段として、その方法が直接的であるか間接的であるかを問わず、くじの方法によるかどうかを問わず、事業者が自己の供給する商品又は役務の取引（不動産に関する取引を含む）に付随して相手方に提供する物品、金銭その他の経済上の利益であって、内閣総理大臣が指定するものをいう（景品

表示法2条3項)。

問題 47 紛争解決等業務

正解 2

① 適切である

　貸金業務関連紛争とは、貸金業務等関連苦情のうち、当該苦情の相手方である貸金業者と当該苦情に係る契約者等の自主的な交渉では解決ができないものであって、当事者が和解をすることができるものをいう（紛争解決規則2条2号）。

② 適切でない

　契約者等若しくは**加入貸金業者**である個人、法人又は権利能力なき社団等であって貸金業務関連紛争の当事者である者は、貸金業相談・紛争解決センターに対し**紛争解決手続開始の申立てをすることができる**（紛争解決規則59条1項）。加入貸金業者から申立てをすることもできる。

③ 適切である

　紛争解決手続において、当事者双方が紛争解決委員の和解案を受諾したときには、その時点で当該和解案の内容で和解が成立したものとする（紛争解決規則89条2項）。

④ 適切である

　当事者である協会員等が特別調停案の受諾を拒む場合には、拒否の事由を明らかにして書面により行わなければならない（紛争解決規則90条3項）。

問題 48 企業会計原則

正解 3

① 適切でない

　株主総会提出のため、信用目的のため、租税目的のため等種々の

目的のために**異なる形式の財務諸表を作成する必要がある場合**、それらの内容は、信頼しうる会計記録に基づいて作成されたものであって、政策の考慮のために**事実の真実な表示をゆがめてはならない**。これを単一性の原則という（企業会計原則一の7）。異なる形式の財務諸表を作成することが禁止されているわけではない。

②適切でない

　　このような原則はない。

③適切である

　　企業会計は、その処理の原則及び手続を毎期継続して適用し、みだりにこれを変更してはならない。これを継続性の原則という（企業会計原則一の5）。

④適切でない

　　このような原則はない。

問題 ㊽ 損益計算書

正解 4

①適切でない

　　売上高から売上原価を控除した額（売上原価が売上高をこえる場合は、売上原価から売上高を控除した額）は、**売上総利益金額**又は**売上総損失金額**として表示しなければならない（財務諸表等の用語等に関する規則83条）。

②適切でない

　　売上総利益金額から販売費及び一般管理費の合計額を控除した額（販売費及び一般管理費の合計額が売上総利益金額をこえる場合は、販売費及び一般管理費の合計額から売上総利益金額を控除した額）を**営業利益金額**若しくは**営業損失金額**として表示し、又は売上総損失金額に販売費及び一般管理費の合計額を加えた額を営業損失金額として表示しなければならない（財務諸表等の用語等に関する規則89条）。

③適切でない

　営業利益金額又は営業損失金額に、営業外収益の金額を加減し、次に営業外費用の金額を加減した額を、**経常利益金額**又は**経常損失金額**として表示しなければならない。(財務諸表等の用語等に関する規則95条)。

④適切である

　経常利益金額又は経常損失金額に特別利益の金額を加減し、次に特別損失の金額を加減した額を、税引前当期純利益金額又は税引前当期純損失金額として表示しなければならない(財務諸表等の用語等に関する規則95条の4)。

問題 ㊿ キャッシュ・フロー計算書

正解　2

①適切である

　売上債権、棚卸資産、仕入債務その他営業活動により生じた資産及び負債の増加額又は減少は、営業活動によるキャッシュ・フローの区分に掲記される(財務諸表等の用語等に関する規則113条2号ロ)。

②適切でない

　社債の発行による収入、社債の償還による支出、株式の発行による収入は、**財務活動によるキャッシュ・フロー**の区分に掲記される(財務諸表等の用語等に関する規則115条)。

③適切である

　有形固定資産の取得による支出、有形固定資産の売却による収入は、投資活動によるキャッシュ・フローの区分に掲記される(財務諸表等の用語等に関する規則114条)。

④適切である

　長期借入れによる収入、長期借入金の返済による支出は、財務活動によるキャッシュ・フローの区分に掲記される(115条)。

第17回

解答解説

解答解説　　Answer

問題 ① 用語の定義

正解 1

a 適切でない

　貸金業とは、金銭の貸付け又は金銭の貸借の媒介（手形の割引、売渡担保その他これらに類する方法によってする金銭の交付又は当該方法によってする金銭の授受の媒介を含む）で業として行うものをいう（貸金業法2条1項）。**営利の目的をもって行うかどうかは貸金業の要件となっていない。**

b 適切である

　「個人信用情報」とは、個人を相手方とする貸付けに係る契約（極度方式基本契約その他の内閣府令で定めるものを除く）に係る41条の35 1項各号に掲げる事項をいう（貸金業法2条14項）。そして、個人信用情報には、氏名（ふりがなを付す）、住所、生年月日、電話番号、勤務先の商号又は名称、運転免許証等の番号（当該個人顧客が運転免許証等の交付を受けている場合に限る）が含まれる（同施行規則30条の13第1項）。

c 適切でない

　住宅資金貸付契約とは、住宅の建設若しくは購入に必要な資金（住宅の用に供する土地又は借地権の取得に必要な資金を含む）又は**住宅の改良に必要な資金の貸付けに係る契約**をいう（貸金業法2条17項）。

d 適切でない

　「紛争解決手続」とは、貸金業務関連紛争（貸金業務に関する紛争で当事者が和解をすることができるものをいう）について**訴訟手続によらずに解決を図る手続**をいう（貸金業法2条21項）。

問題 ❷ 貸金業の登録

正解 3

a 適切でない

　貸金業の登録を受けようとする者が、内閣総理大臣又は都道府県知事に提出する登録申請書には、営業所又は事務所ごとに置かれる貸金業務取扱主任者の氏名及び登録番号を記載しなければならない（貸金業法4条1項6号）。しかし、貸金業務取扱主任者の**住所は不要である**。

b 適切である

　貸付けに関する業務に従事する使用人の数が50人以上の従たる営業所等においては、支店次長、副支店長、副所長その他いかなる名称を有する者であるかを問わず、当該営業所等の業務を統括する者の権限を代行し得る地位にある者は、政令で定める使用人に該当するので、その者の氏名を登録申請書に記載しなければならない（貸金業法4条1項2号・3号、同施行規則3条1項3号）。

c 適切である

　登録申請書に記載する、その業務に関して広告又は勧誘をする際に表示等をする営業所等の電話番号については、場所を特定するもの並びに当該場所を特定するものに係る着信課金サービス及び統一番号サービスに係るものに限られる（貸金業法4条1項7号、同施行規則3条の2第1項1号）。

d 適切でない

　代理店とは、貸金業者の委任を受けて、当該貸金業者のために貸付けに関する業務の全部又は一部を代理した者が、当該業務を営む施設又は設備をいうが、**銀行**、長期信用銀行、協同組織金融機関及び株式会社商工組合中央金庫の営業所又は事務所（**現金自動設備に限る**）は**代理店から除かれている**（貸金業法施行規則1条の5第4項）。

正解 **4**

①適切でない

貸金業者は、**営業所の所在地**を変更する場合、**あらかじめ**、その旨を登録行政庁に届け出なければならない（貸金業法8条1項、4条1項5号）。

②適切でない

貸金業者は、その**業務の種類**を変更した場合、その日から**2週間以内**に、その旨を登録行政庁に届け出なければならない（貸金業法8条1項、4条1項8号）。

③適切でない

貸金業者が**貸金業を廃止**した場合、貸金業者であった個人又は貸金業者であった法人を代表する役員は、その日から**30日以内**にその旨を登録行政庁に届け出なければならない（貸金業法10条1項5号）。

④適切である

貸金業者は、役員又は使用人に貸金業の業務に関し法令に違反する行為又は貸金業の業務の適正な運営に支障を来す行為があったことを知った場合、その日から2週間以内にその旨を登録行政庁に届け出なければならない（貸金業法24条の6の2第4号、同施行規則26条の25第1項4号）。

問題 ④ 委託業務の的確な遂行を確保するための措置

正解 **4**

a 適切である

貸金業者は、貸金業の業務を第三者に委託する場合には、当該業務の内容に応じ、当該業務を的確、公正かつ効率的に遂行することができる能力を有する者に委託するための措置を講じなければなら

ない（貸金業法施行規則 10 条の 5 第 1 号）。

b 適切である

　貸金業者は、貸金業の業務を第三者に委託する場合には、当該業務の内容に応じ、当該業務の委託を受けた者（受託者という）における当該業務の実施状況を、定期的に又は必要に応じて確認すること等により、受託者が当該業務を的確に遂行しているかを検証し、必要に応じ改善させる等、受託者に対する必要かつ適切な監督等を行うための措置を講じなければならない（貸金業法施行規則 10 条の 5 第 2 号）。

c 適切である

　貸金業者は、貸金業の業務を第三者に委託する場合には、当該業務の内容に応じ、受託者が当該業務を適切に行うことができない事態が生じた場合には、他の適切な第三者に当該業務を速やかに委託する等、当該業務に係る資金需要者等の保護に支障が生じること等を防止するための措置を講じなければならない（貸金業法施行規則 10 条の 5 第 4 号）。

d 適切である

　貸金業者は、貸金業の業務を第三者に委託する場合には、当該業務の内容に応じ、貸金業者の業務の健全かつ適切な運営を確保し、当該業務に係る資金需要者等の保護を図るため必要がある場合には、当該業務の委託に係る契約の変更又は解除をする等の必要な措置を講ずるための措置を講じなければならない（貸金業法施行規則 10 条の 5 第 5 号）。

問題　　5　手続実施基本契約

正解　3

a 適切でない

　貸金業者は、①指定紛争解決機関が存在する場合は、一の指定紛争解決機関との間で**手続実施基本契約を締結する措置**を講じなけれ

ばならず、②指定紛争解決機関が存在しない場合は、貸金業務に関する苦情処理措置及び紛争解決措置を講じなければならない（貸金業法12条の2の2第1項）。したがって、指定紛争解決機関である日本貸金業協会が存在しているので、日本貸金業協会との間で手続実施基本契約を締結する措置を講じなければならない。

b 適切である

貸金業者は、手続実施基本契約を締結する措置を講じた場合には、当該手続実施基本契約の相手方である指定紛争解決機関の商号又は名称を公表しなければならない（貸金業法12条の2の2第2項）。

c 適切でない

紛争解決委員は、紛争解決手続において、貸金業務関連紛争の解決に必要な和解案を作成し、当事者に対し、その受諾を勧告することができることはできるが、これを**拒否することができないとはされていない**（紛争解決等業務に関する規則89条1項）。

d 適切である

貸金業相談・紛争解決センター（指定紛争解決機関）は、当事者である加入貸金業者に係る契約者等の申し出があるときは、紛争解決手続における和解で定められた義務の履行状況を調査し、当該加入貸金業者に対して、その義務の履行を勧告することができる（紛争解決等業務に関する規則98条2項・4項）。

問題 ⑥ 貸金業務取扱主任者

正解 1

a 適切でない

貸金業者は、貸金業の業務に従事する者の数に対し、50分の1以上となる割合の貸金業務取扱主任者を営業所又は事務所ごとに設置しなければならず、**予見し難い事由**により、営業所又は事務所における貸金業務取扱主任者の数が、この割合を下回るに至ったときは、**2週間以内**に、必要な措置をとらなければならない（貸金業法

12条の3第1項・3項)。この「予見し難い事由」には、**会社の都合や定年による退職**など会社として**予見できると思われるものは含まれない**(監督指針Ⅱ−2−9(2)③)。したがって、定年退職により貸金業務取扱主任者が常時勤務する者でなくなった場合は、2週間以内に新たに貸金業務取扱主任者を設置するのでは足りない。

b 適切である

　肢aの解説参照。本肢では、従業者110人全員が貸金業の業務に従事しているので、110 ÷ 50 = 2.2人以上となり、端数は切り上げるので3人以上の貸金業務取扱主任者の設置が必要となる。

c 適切でない

　肢aの解説参照。本肢では、貸金業務取扱主任者が急に失踪したという予見し難い事由に該当するので、2週間以内に新たに貸金業務取扱主任者を設置する必要がある。しかし、**30日以内**の期間で、貸金業務取扱主任者を**兼務させることができる旨の規定は存在しない**。

d 適切でない

　現金自動設備にあっては、営業所等(現金自動設備を除く)の同一敷地内(隣接地を含む)に設置されたものは、営業所等に含まれない(貸金業法施行規則1条の5第3項ただし書)。したがって、本肢の現金自動設備においては、営業所等ではないため、貸金業務取扱主任者を設置する必要がないので、乙営業所に2人以上の貸金業務取扱主任者の設置は不要である。

問題 7 禁止行為等

正解 2

a 適切である

　貸金業者は、暴力団員等をその業務に従事させ、又はその業務の補助者として使用してはならない(貸金業法12条の5)。

b 適切でない

　　貸金業者は、貸付けに係る契約について、業として保証を行う者と保証契約を締結しようとするときは、**あらかじめ**、当該保証契約を締結するまでに、当該保証業者への照会その他の方法により①**当該保証業者と当該貸付けに係る契約の相手方又は相手方となろうとする者との間における保証料に係る契約の締結の有無**、②**保証料に係る契約を締結する場合には、当該保証料の額**を確認しなければならない（貸金業法 12 条の 8 第 6 項）。

c 適切でない

　　貸金業者は、貸付けの契約（**住宅資金貸付契約その他の内閣府令で定める契約を除く**）の相手方又は相手方となろうとする者の死亡によって保険金の支払を受けることとなる保険契約を締結しようとする場合には、当該保険契約において、自殺による死亡を保険事故としてはならない（貸金業法 12 条の 7 ）。

d 適切である

　　貸金業者が、その貸金業の業務に関し、資金需要者等に対し、虚偽のことを告げる行為をした場合、当該行為は刑事罰の対象となる（貸金業法 48 条 1 項 1 号の 2 ）。

問題　　8　返済能力の調査等

正解　4

① 適切でない

　　貸金業者が個人である顧客等と貸付けの契約（極度方式貸付けに係る契約その他の内閣府令で定める貸付けの契約を除く）を締結しようとする場合には、返済能力の調査を行うに際し、指定信用情報機関が保有する信用情報を使用しなければならない（貸金業法 13 条 2 項）。ただし、**他の貸金業者を債権者とする金銭の貸借の媒介に係る契約**を締結しようとする場合は、**指定信用情報機関が保有する信用情報を使用する必要はない**（貸金業法施行規則 10 条の 16 第

2号、1条の2の3第5号）。

② 適切でない

　貸金業者は、**当該貸付けの契約（貸付けに係る契約に限る）に係る貸付けの金額**と当該個人顧客と**当該貸付けの契約以外の貸付けに係る契約**を締結しているときは、その**貸付けの残高の合計額の合算した額（当該貸金業者合算額）**が **50万円を超える場合**、資金需要者である個人の顧客から、源泉徴収票その他の当該個人顧客の収入又は収益その他の**資力を明らかにする事項を記載し、又は記録した書面又は電磁的記録**として内閣府令で定めるものの**提出又は提供を受けなければならない**（貸金業法13条3項1号）。本肢では、当該貸金業者合算額は50万円ちょうどであり、50万円を超えていないので、資力を明らかにする書面等の提出は不要である。

③ 適切でない

　資金需要者である個人の顧客から、源泉徴収票その他の当該個人顧客の収入又は収益その他の資力を明らかにする事項を記載し、又は記録した書面又は電磁的記録として内閣府令で定めるものの提出又は提供を受けなければならない場合において、**個人顧客の勤務先に変更があった場合**その他当該書面等が明らかにする当該個人顧客の資力に変更があったと認められる場合には、当該変更後の資力を明らかにするものを提出しなければならない。そして、**給与の支払明細書**については、**直近2ヵ月分以上**のものの提出が必要である（貸金業法施行規則10条の17第1項3号、3項2号）。

④ 適切である

　貸金業者は、顧客等との間で、貸付けに係る契約（極度方式基本契約及び極度方式貸付けに係る契約ではないものとする）を締結した場合、返済能力の調査に関する記録を当該貸付けに係る契約に定められた最終の返済期日（当該貸付けに係る契約に基づく債権が弁済その他の事由により消滅したときは、当該債権の消滅した日）までの間保存しなければならない（貸金業法13条4項、同施行規則10条の18第2項1号）。

正 解 4

① 適切でない

　　貸金業者は、個人顧客と極度方式基本契約を締結する場合におい
て、①当該極度方式基本契約の極度額と当該個人顧客と当該極度方
式基本契約以外の貸付けに係る契約を締結しているときは、その貸
付けの残高（極度方式基本契約の場合は極度額）の合計額（当該貸
金業者合算額）が **50 万円を超える**場合、又は②当該貸金業者合算
額と指定信用情報機関から提供を受けた信用情報により判明した当
該個人顧客に対する当該貸金業者以外の貸金業者の貸付けの残高の
合計額（個人顧客合算額）が **100 万円を超える**場合のいずれかに
該当するときは、資金需要者である個人の顧客から、源泉徴収票そ
の他の当該個人顧客の収入又は収益その他の資力を明らかにする事
項を記載し、又は記録した書面又は電磁的記録として内閣府令で定
めるものの提出又は提供を受けなければならない（貸金業法 13 条
3 項 1 号・2 号）。そして、「貸付けに係る契約」には、**保証契約は
含まれていない**（貸金業法 2 条 3 項）。したがって、**保証契約につ
いては、資力を明らかにする書面の提供を受ける必要はない。**

② 適切でない

　　貸金業者は、貸付けに係る契約について**保証契約を締結しようと
する場合**には、当該保証契約を締結するまでに、内閣府令で定める
ところにより、一定事項を明らかにし、当該保証契約の内容を説明
する書面を当該保証契約の保証人となろうとする者に交付しなけれ
ばならない（貸金業法 16 条の 2 第 3 項）。しかし、**保証の対象とな
る貸付に係る契約の内容を説明する書面**を交付する**義務はない。**

③ 適切でない

　　貸金業者は、**貸付けの契約**を締結しようとする場合には、顧客等
の収入又は収益その他の資力、信用、借入れの状況、返済計画その
他の返済能力に関する事項を調査しなければならない（貸金業法

13条1項)。この返済能力の調査は、**法人であっても対象となる。**また、「貸付の契約」には保証契約も含まれるので（貸金業法2条3項）、保証契約を締結しようとする場合、**保証人となろうとする者の返済能力に関する事項を調査しなければならない。**

④適切である

　　貸金業者が個人である顧客等と貸付けの契約（極度方式貸付けに係る契約その他の内閣府令で定める貸付けの契約を除く）を締結しようとする場合には、返済能力に関する事項の調査を行うに際し、指定信用情報機関が保有する信用情報を使用しなければならない（貸金業法13条2項）。そして、「顧客等」とは資金需要者である顧客又は保証人となろうとする者をいうので（貸金業法2条4項）、個人である保証人となろうとする者Cとの間で保証契約を締結しようとする場合、Bだけでなく、Cについても指定信用情報機関が保有する信用情報を使用して、返済能力の調査をしなければならない。

問題　⑩　個人顧客の保護に支障を生じることがない契約

正解　3

①該当しない

　　自動車の購入に必要な資金の貸付けに係る契約のうち、当該自動車の所有権を貸金業者が取得し、又は当該自動車が譲渡により担保の目的となっているものは、**個人過剰貸付契約から除かれる契約**（除外契約）に該当し、個人顧客の保護に支障を生じることがない契約には該当しない（貸金業法施行規則10条の21第1項3号）。

②該当しない

　　金融機関からの貸付けが行われるまでのつなぎとして行う貸付けに係る契約（極度方式基本契約を除く。）であって、①正規貸付けが行われることが確実であると認められること、②**返済期間が1か月を超えないこと**の両方の要件に該当するものは個人顧客の利益の保護に支障を生ずることがない契約に該当する。本肢では、返済期

間が 1 か月を超えているので、個人顧客の保護に支障を生じることがない契約には該当しない（貸金業法施行規則 10 条の 23 第 1 項 6 号）。

③該当する

　　個人顧客又は当該個人顧客の親族で当該個人顧客と生計を一にする者の緊急に必要と認められる医療費を支払うために必要な資金の貸付けに係る契約であって、当該個人顧客の返済能力を超えないと認められるもの（当該個人顧客が現に当該貸付けに係る契約を締結していない場合に限る）は、個人顧客の利益の保護に支障を生ずることがない契約に該当する（貸金業法施行規則 10 条の 23 第 1 項 2 号）。

④該当しない

　　債務を既に負担している個人顧客が当該債務を弁済するために必要な資金の貸付けに係る契約であって、当該貸付けに係る契約の将来支払う返済金額の合計額と当該貸付けに係る契約の締結に関し当該個人顧客が負担する元本及び利息以外の金銭の合計額の合計額が**当該債務に係る将来支払う返済金額の合計額を上回らないものは、**個人顧客の利益の保護に支障を生ずることがない契約に該当する（貸金業法施行規則 10 条の 23 第 1 項 1 号）。本肢では、当該債務に係る将来支払う返済金額の合計額を上回っているので、個人顧客の利益の保護に支障を生ずることがない契約に該当しない。

問題　11　貸付条件等の掲示

正解　2

①適切でない

　　貸金業者が、貸付条件等の掲示として、営業所又は事務所ごとに掲示しなければならない事項には、当該**貸金業者の商号、名称**又は**氏名**及び**登録番号は含まれない**（貸金業法 14 条、同施行規則 11 条）。これらは標識で掲示される事項である（貸金業法 23 条、同施行規

則20条、別紙様式7）。

② 適切である

　　貸付条件等の掲示として、営業所等ごとに掲示しなければならない事項には、金銭の貸付けにあっては、「主な返済の例」が含まれる（貸金業法施行規則11条3項1号ハ）。

③ 適切でない

　　貸金業者は、営業所又は事務所ごとに、**公衆**の見やすい場所に、内閣府令で定める様式の**標識を掲示しなければならない**（貸金業法23条）。

④ 適切でない

　　営業所等のうち**現金自動設備**についても**標識は必要である**（貸金業法23条、同施行規則20条、別紙様式7）。

問題 ⑫ マンスリーステートメント

正解 3

a 適切である

　　一定期間における貸付け及び弁済その他の取引の状況を記載した書面（マンスリーステートメント）の交付に際しては、当該書面が交付される旨及び個別書面の記載事項が簡素化される旨を示したうえで、あらかじめ書面又は電磁的方法により承諾を得ているかに留意する必要がある（監督指針Ⅱ−2−16（1）④）。

b 適切である

　　債務者等から、当該書面での交付の承諾を撤回したい旨の意思表示があった場合、当該書面以外の方法による書面交付の適用開始の時期等について、適切な説明が行われているかに留意する必要がある（監督指針Ⅱ−2−16（1）④）。

c 適切でない

　　貸金業者は、極度方式貸付けに係る契約を締結した場合において、その相手方又は当該契約の基本となる極度方式基本契約に係る

極度方式保証契約の保証人に対し、これらの者の承諾を得て、内閣府令で定めるところにより、一定期間における貸付け及び弁済その他の取引の状況を記載した書面として内閣府令で定めるもの（マンスリーステートメント）を交付するときは、極度方式貸付け契約締結時の書面の交付に代えて、一定事項を記載した書面（簡素化書面）をこれらの者に交付することができる（貸金業法17条6項）。**マンスリーステートメントの交付は義務ではない**。また、契約締結時の書面に代えて交付するのは**簡素化書面**である。

d 適切である

　　貸金業者は、極度方式貸付けに係る契約又は当該契約の基本となる極度方式基本契約に係る極度方式保証契約に基づく債権の全部又は一部について弁済を受けた場合において、当該弁済をした者に対し、その者の承諾を得て、内閣府令で定めるところにより、一定期間における貸付け及び弁済その他の取引の状況を記載した書面として内閣府令で定めるものを交付するときは、受取証書の交付に代えて、①受領年月日、②受領金額を記載した書面をその者に交付することができる（貸金業法18条3項）。

問題 13 **帳簿**

正解 4

a 適切でない

　　貸金業者は、内閣府令で定めるところにより、その**営業所又は事務所ごと**に、その業務に関する帳簿を備え、債務者ごとに貸付けの契約について契約年月日、貸付けの金額、受領金額その他内閣府令で定める事項を記載し、これを保存しなければならない（貸金業法19条）。**主たる営業所以外にも帳簿を備えなければならない**。

b 適切でない

　　貸金業者は、帳簿を貸付けの契約ごとに、当該**契約に定められた最終の返済期日**（当該契約に基づく債権が弁済その他の事由により

消滅したときにあっては、当該債権の消滅した日）から少なくとも**10年間保存**しなければならない（貸金業法施行規則17条1項）。

c 適切である

　「交渉の経過の記録」とは、債権の回収に関する記録、貸付けの契約（保証契約を含む）の条件の変更（当該条件の変更に至らなかったものを除く）に関する記録等、貸付けの契約の締結以降における貸付けの契約に基づく債権に関する交渉の経過の記録をいう（監督指針Ⅱ−2−17③）。

d 適切である

　「交渉の経過の記録」として記録される事項である交渉内容には、催告書等の書面の内容が含まれる（監督指針Ⅱ−2−17(1)③二）。

問題 14 債権譲渡

正解 3

① 適切でない

　貸金業者は、貸付けに係る契約に基づく債権を他人に譲渡する場合、譲受人に対して、当該債権が貸金業者の貸付けに係る契約に基づいて発生したこと及び譲受人が当該債権に関して行う行為について貸金業法の一部の規定の適用がある旨を、内閣府令で定める方法により、通知しなければならない（貸金業法24条1項）。これは、**譲受人が貸金業者である場合でも同様である。**

② 適切でない

　貸金業者が、貸付けに係る契約に基づく債権を譲渡した場合、当該債権の**譲受人**は、貸金業法24条により準用される当該債権の内容を明らかにする同法17条（契約締結時の書面の交付）に規定する書面を、遅滞なく、当該債権の**債務者に交付しなければならない**（貸金業法24条1項・2項）。

③ 適切である

　貸金業者から貸付けに係る契約に基づく債権を譲り受けた者は、

その債権について保証人となろうとする者との間で保証契約を締結しようとする場合には、当該保証契約を締結するまでに、当該保証契約の内容を説明する書面を、当該保証契約の保証人となろうとする者に交付しなければならない（貸金業法24条1項・2項）。

④ 適切でない

　貸金業者は、貸付けの契約に基づく債権の譲渡又は取立ての委託（債権譲渡等という）をしようとする場合において、その相手方が取立て制限者であることを知り、若しくは知ることができるとき、又は当該債権譲渡等の後取立て制限者が当該債権の債権譲渡等を受けることを知り、若しくは**知ることができるときは、当該債権譲渡等をしてはならない**（貸金業法24条3項）。そして、この規定に違反した場合、行政処分の対象となる。

問題 ⑮ 個人信用情報

正解 2

a 適切である

　加入貸金業者は、資金需要者である個人の顧客を相手方とする貸付けに係る契約を締結したときは、遅滞なく、当該貸付け（極度方式基本契約に基づく極度方式貸付け含む）に係る契約に係る個人信用情報を信用情報提供契約を締結した指定信用情報機関に提供しなければならない（貸金業法41条の35第2項）。

b 適切でない

　肢aの解説参照。**住宅資金貸付契約は、個人信用情報の対象とならない契約には該当しない**ため、当該住宅資金貸付契約に係る個人信用情報を信用情報提供契約を締結した指定信用情報機関に提供しなければならない。

c 適切である

　個人信用情報には、勤務先の商号又は名称が含まれる（貸金業法施行規則30条の13第1項5号）。

d 適切でない

　個人信用情報には、**国民健康保険証**で本人確認を行った場合にお
ける**その保険証の番号は含まれない**（貸金業法施行規則30条の13
第1項7号）。これは、健康保険法の改正により、個人情報保護の
観点から、健康保険事業又はこれに関連する事務の遂行等の目的以
外で告知を求めることが令和2年10月1日以降禁止されたためで
ある。

問題 ⑯ **利息制限法**

正解 2

a 適切でない

　営業的金銭消費貸借上の債務を既に負担している債務者が同一の
債権者から重ねて営業的金銭消費貸借による貸付けを受けた場合に
おける当該貸付けに係る営業的金銭消費貸借上の利息は、当該既に
負担している債務の残元本の額と当該貸付けを受けた元本の額との
合計額を元本の額とみなす（利息制限法5条1号）。本肢では、第
一契約として95万円を貸し付け、まったく弁済されていない時点
で、第二契約として、9万円を貸し付けている。したがって、第二
契約の元本額は第一契約の95万円との合計額である104万円であ
り、利息の約定は15％を超える部分が無効となる。しかし、**第一
契約の利率については影響がないので、15％を超える部分も無効
とならず18％となる。**

b 適切である

　肢aの解説参照。本肢では、第一契約として30万円を貸付け、
残高が9万円の時点で、第二契約として、5万円を貸し付けている。
したがって、第二契約の元本額は第一契約の残高9万円との合計額
である14万円であり、利息の約定は18％を超える部分が無効とな
る。

c 適切でない

肢 a の解説参照。本肢では、第一契約として50万円を貸付け、残高が5万円の時点で、第二契約として、3万円を貸し付けている。したがって、第二契約の元本額は第一契約の残高5万円との合計額である8万円であり、利息の約定は**20%を超える部分**が無効となる。

d 適切である

　債務者が同一の債権者から同時に2以上の営業的金銭消費貸借による貸付けを受けた場合におけるそれぞれの貸付けに係る営業的金銭消費貸借上の利息は、当該2以上の貸付けを受けた元本の額の合計額を元本の額とみなす（利息制限法5条2号）。本肢では、第一契約として50万円を貸付け、残高が45万円の時点で、第二契約として5万円を貸し付けると同時に第三契約として50万円を貸し付けている。したがって、第一契約の残高45万円、第二契約5万円及び第三契約50万円の合計額である100万円が、第二契約及び第三契約の元本額とみなされるので、第二契約及び第三契約の利息の約定は、年15%を超過する部分が無効となる。

問題 ⑰ みなし利息

正解 1

a 適切である

　金銭を目的とする消費貸借に関し債権者の受ける元本以外の金銭は、礼金、割引金、手数料、調査料その他いかなる名義をもってするかを問わず、利息とみなす（利息制限法3条）。したがって、顧客に交付したカードの発行手数料は利息とみなされる。なお、**債務者の要請**により行う金銭の貸付け及び弁済に用いるため債務者に交付された**カードの「再発行」の手数料は利息とみなされない**（利息制限法6条1項、同施行令1条1号）。

b 適切である

　顧客が指定する銀行口座に振り込む際に要した手数料を当該顧客

から受領した場合、当該手数料は、利息とみなされる（利息制限法3条、6条1項、同施行令1条3号）。

c 適切でない

口座振替の方法による弁済において、債務者が弁済期に弁済できなかった場合に、**債務者の要請**により行う**再度の口座振替手続に要する費用**は利息とみなされない（利息制限法6条1項、同施行令1条3号）。

d 適切でない

貸金業者は、顧客との間で締結した営業的金銭消費貸借契約において、**債務者に交付された書面の再発行**及び当該書面の交付に代えて電磁的方法により債務者に提供された事項の再提供の**手数料**については、**利息とみなされない**（利息制限法6条1項、同施行令1条2号）。

問題 ⑱ 登録拒否事由

正解 1

① 適切でない

法人でその役員又は政令で定める使用人のうちに禁錮以上の刑に処せられ、その刑の執行を終わり、又は刑の執行を受けることがなくなった日から5年を経過しない者がいるときは、当該法人は貸金業の登録拒否事由に該当する（貸金業法6条1項9号ロ・4号）。しかし、**執行猶予の言渡しを取り消されることなくその猶予の期間を経過した場合**は、刑に処されなかったことになるので、**登録拒否事由に該当しない**（刑法27条）。

② 適切である

法人において、常務に従事する役員のうちに貸付けの業務に3年以上従事した経験を有する者がいない場合は、貸金業を的確に遂行するための必要な体制が整備されていないとして、登録拒否事由に該当する（貸金業法施行規則5条の7第1項2号）。

③ 適切である

　　法人でその役員又は政令で定める使用人のうちに禁錮以上の刑
（本肢では懲役の刑）に処せられ、その刑の執行を終わり、又は刑
の執行を受けることがなくなった日から５年を経過しない者がいる
ときは、当該法人は貸金業の登録拒否事由に該当する（貸金業法６
条１項９号・４号）。

④ 適切である

　　法人において、再生手続開始の決定又は更生手続開始の決定を受
けた場合を除き、純資産額が5,000万円に満たない場合は登録拒否
事由に該当する（貸金業法６条１項14号・同３項、同施行規則５
条の５）。

問題　⑲　システムリスク管理

正解　3

① 適切である

　　サイバーセキュリティ事案とは、情報通信ネットワークや情報シ
ステム等の悪用により、サイバー空間を経由して行われる不正侵入、
情報の窃取、改ざんや破壊、情報システムの作動停止や誤作動、不
正プログラムの実行やDDoS攻撃等の、いわゆる「サイバー攻撃」
により、サイバーセキュリティが脅かされる事案をいう（監督指針
Ⅱ－２－４）。

② 適切である

　　システムリスク管理態勢の検証については、貸金業者の業容に応
じて、経営陣は、システムリスクの重要性を十分に認識した上で、
システムを統括管理する役員を定めているかに留意して検証するこ
ととする（監督指針Ⅱ－２－４（１）①ハ）。

③ 適切でない

　　システムリスク管理態勢の検証については、貸金業者の業容に応
じて、貸金業者が責任を負うべき資金需要者等の重要情報を網羅的

に洗い出し、把握、管理しているか。資金需要者等の重要情報の洗い出しにあたっては、業務、システム、外部委託先を対象範囲とし、**通常の業務では使用しないシステム領域に格納されたデータを洗い出しの対象範囲としている**かに留意して検証することとする（監督指針Ⅱ－2－4（1）④二）。

④ 適切である

システムリスク管理態勢の検証については、貸金業者の業容に応じて、システム部門から独立した内部監査部門において、システムに精通した監査要員による定期的なシステム監査が行われているかに留意して検証することとする（監督指針Ⅱ－2－4（1）⑦イ）。また、外部監査人によるシステム監査を導入する方が監査の実効性があると考えられる場合には、内部監査に代え外部監査を利用して差し支えないとされている。

問題　⑳　基準額超過極度方式基本契約に関する調査

正解　4

① 適切である

極度方式基本契約の契約期間を当該極度方式基本契約を締結した日から同日以後1か月以内の一定の期日までの期間及び当該一定の期日の翌日以後1か月ごとの期間に区分したそれぞれの期間において、当該期間内に行った当該極度方式基本契約に基づく極度方式貸付けの金額の合計額が5万円を超え、かつ、当該期間の末日における当該極度方式基本契約に基づく極度方式貸付けの残高の合計額が10万円を超える場合は、本件調査を行わなければならない（貸金業法施行規則10条の24第1項1号）。本肢では、期間の末日における当該極度方式基本契約に基づく極度方式貸付けの残高の合計額が5万円であるから、調査をする必要はない。

② 適切である

3か月以内の一定の期間の末日における当該極度方式基本契約に

基づく極度方式貸付けの残高(当該極度方式基本契約の相手方である個人顧客と締結している当該極度方式基本契約以外の極度方式基本契約に基づく極度方式貸付けの残高を含む)の合計額が10万円以下である場合は、調査が不要となる(貸金業法施行規則10条の25第3項1号)。本肢では、残高の合計額が30万円であるから、調査を行わなければならない。

③ 適切である

　　極度方式基本契約が基準額超過極度方式基本契約に該当するかどうかの調査をしなければならない場合において、当該個人顧客に係る極度方式個人顧客合算額が100万円を超えるときは、当該調査を行うに際し、当該個人顧客から源泉徴収票その他の当該個人顧客の収入又は収益その他の資力を明らかにする事項を記載し、又は記録した書面又は電磁的記録として内閣府令で定めるものの提出又は提供を受けなければならない(貸金業法13条の3第3項)。本肢では、BがA以外の貸金業者との間で締結した貸付けに係る契約の貸付残高が60万円、本件基本契約の極度額が50万円なので、Bの極度方式個人顧客合算額は110万円となり、源泉徴収票等の提出等を受けなければならない。

④ 適切でない

　　貸金業者は、個人顧客と極度方式基本契約を締結している場合には、3か月以内の一定の期間ごとに、指定信用情報機関が保有する当該個人顧客に係る信用情報を使用して、当該極度方式基本契約が基準額超過極度方式基本契約に該当するかどうかを調査しなければならない(貸金業法13条の3第2項、同施行規則10条の25第3項2号・3号)。この調査は、極度方式基本契約の**極度額の減額の措置**を講じていても**行わなければならない**。

問題 ㉑ 契約締結前の書面

正解 1

①該当しない

　当該契約の相手方となろうとする個人顧客の**氏名**及び**住所**は、契約締結前書面の記載事項に**該当しない**。

②該当する

　各回の返済期日及び返済金額の設定の方式は、契約締結前書面の記載事項に該当する（貸金業法施行規則12条の2第2項1号ヘ）。

③該当する

　返済の方法及び返済を受ける場所は、契約締結前書面の記載事項に該当する（貸金業法施行規則12条の2第2項1号ホ）。

④該当する

　返済の方式は、契約締結前書面の記載事項に該当する（貸金業法16条の2第2項4号）。

問題 ㉒ 極度方式貸付け契約締結時の書面

正解 3

①適切である

　極度方式貸付けに係る契約であって当該契約で定める利息の額が旧利息制限法に定める利息の制限額を超えないものを締結するときは、個別契約に係る書面に登録番号の記載を省略することができる（貸金業法施行規則13条1項1号イ）。

②適切である

　極度方式貸付けに係る契約であって当該契約で定める利息の額が旧利息制限法に定める利息の制限額を超えないものを締結する場合において、極度方式基本契約に係る契約締結時の書面に記載されているとき、又は記載されているものより契約の相手方に有利なものであるときは、利息の計算の方法を個別契約に係る書面に記載を省

略することができる（貸金業法施行規則13条1項1号へ）。

③ 適切でない

　　極度方式基本契約に係る書面に貸付の利率を記載したときでも、個別契約に係る書面における**貸付の利率の記載は省略できない**（貸金業法17条2項4号）

④ 適切である

　　極度方式貸付けに係る契約であって当該契約で定める利息の額が旧利息制限法に定める利息の制限額を超えないものを締結するときは、個別契約に係る書面に記載すべき各回の返済期日及び返済金額について、次回の返済期日及び返済金額の記載に代えることができる（貸金業法施行規則13条1項1号チ）。

問題　㉓　書面の再交付

正解　2

① 適切である

　　貸金業者は、「利息の計算方法」を変更した場合、顧客の利益となる変更を除き、契約締結時書面を再交付しなければならない（貸金業法施行規則13条2項1号イ）。

② 適切でない

　　貸金業者は、「返済の方法及び返済を受ける場所」を変更した場合、当該変更が**顧客の利益となるか否かを問わず**、変更後の内容を記載した契約締結時の書面を契約の相手方に再交付しなければならない（貸金業法施行規則13条2項1号ロ）。

③ 適切である

　　貸金業者は、「債務者が負担すべき元本及び利息以外の金銭に関する事項」を変更した場合、顧客の利益となる変更を除き、契約締結時書面を再交付しなければならない（貸金業法施行規則13条2項1号イ）。

④ 適切である

貸金業者は、「期限の利益の喪失の定めがあるときは、その旨及びその内容」を変更した場合、顧客の利益となる変更を除き、契約締結時書面を再交付しなければならない（貸金業法施行規則13条2項1号イ）。

問題　㉔　受取証書

正解　1

① 適切でない

貸金業者は、貸付けの契約に基づく債権の全部又は一部について弁済を受けたときは、その都度、**直ちに**法令に定める事項を記載した書面（受取証書）を当該**弁済をした者に交付しなければならない**（貸金業法18条1項）。遅滞なく交付するのではない。

② 適切である

預金又は貯金の口座に対する払込みその他内閣府令で定める方法により弁済を受ける場合にあっては、当該弁済をした者の請求があった場合に限り、受取証書を交付する（貸金業法18条2項）。

③ 適切である

貸金業者の登録番号、債務者の商号、名称又は氏名については、弁済を受けた債権に係る貸付けの契約を契約番号その他により明示することをもって、当該事項の記載に代えることができる（貸金業法施行規則15条2項）。

④ 適切である

受領金額及びその利息、賠償額の予定に基づく賠償金又は元本への充当額は、受取証書に記載しなければならない（貸金業法18条1項4号）。

問題 ㉕ 債権の取立て

正解 4

① 適切である

　　貸金業を営む者又は貸金業を営む者の貸付けの契約に基づく債権
の取立てについて貸金業を営む者その他の者から委託を受けた者
は、債務者等に対し、支払を催告するために書面又はこれに代わる
電磁的記録を送付するときは、内閣府令で定めるところにより、こ
れに一定事項を記載し、又は記録しなければならないが、記載事項
には当該書面を送付する者の氏名が含まれる（貸金業法 21 条 2 項
2 号）。

② 適切である

　　債務者等が、貸付けの契約に基づく債権に係る債務の処理を弁護
士に委託し、又はその処理のため必要な裁判所における民事事件に
関する手続をとり、弁護士等又は裁判所から書面によりその旨の通
知があつた場合において、正当な理由がないのに、債務者等に対し、
電話をかけ、電報を送達し、若しくはファクシミリ装置を用いて送
信し、又は訪問する方法により、当該債務を弁済することを要求し、
これに対し債務者等から直接要求しないよう求められたにもかかわ
らず、更にこれらの方法で当該債務を弁済することを要求すること
をしてはならない（貸金業法 21 条 1 項 9 号）。

③ 適切である

　　貸金業を営む者又は貸金業を営む者の貸付けの契約に基づく債権
の取立てについて貸金業を営む者その他の者から委託を受けた者
は、債務者等に対し、支払を催告するために書面又はこれに代わる
電磁的記録を送付するときは、当該書面に封をする方法、本人のみ
が使用していることが明らかな電子メールアドレスに電子メールを
送付する方法その他の債務者の借入れに関する事実が債務者等以外
の者に明らかにならない方法により行わなければならない（貸金業
法施行規則 19 条 2 項)。

④ 適切でない

　　貸金業者以外の者が貸付けた債権について、貸金業者が、保証契約に基づき求償権を有する場合（保証履行により求償権を取得した場合を含む）、その取立てに当たっては、**貸金業法21条が適用され得る**ことに留意することとされている（監督指針Ⅱ − 2 − 19⑵⑧）。

問題 26 貸金業者に対する監督等

正解 1

① 適切でない

　　内閣総理大臣又は都道府県知事（登録行政庁）は、**資金需要者等の利益の保護を図るため必要があると認めるときは**、当該職員に、その登録を受けた貸金業者の営業所若しくは事務所に立ち入らせ、その業務に関して質問させ、又は帳簿書類その他の物件を検査させることができる（貸金業法24条の6の10第3項）。しかし、3年毎に、当該職員に、その登録を受けた貸金業者の営業所もしくは事務所に立ち入らせ、その業務に関して質問させ、又は帳簿書類その他の物件を検査させなければならないとはされていない。

② 適切である

　　登録行政庁は、その登録を受けた貸金業者が、自己の名義で、貸金業法3条1項の登録を受けていない者に貸金業を営ませた場合、当該貸金業者の登録を取り消さなければならない（貸金業法24条の6の5第1項4号）。

③ 適切である

　　登録行政庁は、その登録を受けた貸金業者が正当な理由がないのに、当該登録を受けた日から6か月以内に貸金業を開始しないとき、又は引き続き6か月以上貸金業を休止した場合においては、その登録を取り消すことができる（貸金業法24条の6の6第1項2号）。

④ 適切である

　　登録行政庁は、その登録を受けた貸金業者の業務の運営に関し、

資金需要者等の利益の保護を図るため必要があると認めるときは、当該貸金業者に対して、その必要の限度において、業務の方法の変更その他業務の運営の改善に必要な措置を命ずることができる（貸金業法24条の6の3第1項）。

問題 ㉗ 利息制限法・出資法

正解 4

①適切である

　金銭の貸借の媒介を行った貸金業者は、当該媒介により締結された貸付けに係る契約の債務者から当該媒介の手数料を受領した場合において、当該契約につき更新（媒介のための新たな役務の提供を伴わないと認められる法律行為として内閣府令で定めるものを含む。）があったときは、これに対する新たな手数料を受領し、又はその支払を要求してはならない（貸金業法12条の8第10項）。

②適切である

　金銭の貸借の媒介を行う者は、その媒介に係る貸借の金額の100分の5に相当する金額（当該貸借の期間が1年未満であるものについては、当該貸借の金額に、その期間の日数に応じ、年5％の割合を乗じて計算した金額）を超える手数料の契約をし、又はこれを超える手数料を受領してはならない（出資法4条1項）。この規定に違反した者は3年以下の懲役もしくは300万円以下の罰金に処し、又はこれを併科する（出資法8条3項1号）。

③適切である

　貸金業者は、その利息が利息制限法第1条に規定する金額を超える利息の契約を締結してはならない（貸金業法12条の8第1項）。そして、これに違反した場合、行政処分の対象となる（貸金業法24条の6の4第1項2号）。

④適切でない

　金銭の貸付けを行う者が業として金銭の貸付けを行う場合におい

て、**年20%を超える**割合による利息の契約をしたときは、5年以下の懲役若しくは1,000万円以下の罰金に処し、又はこれを併科する（出資法5条2項）。

問題 ㉘ 制限行為能力者

正解 3

① 適切でない

法定代理人が目的を定めて処分を許した財産は、その目的の範囲内において、未成年者が自由に処分することができる。**目的を定めないで処分を許した財産を処分**するときも、**同様とする**（民法5条3項）。

② 適切でない

一種又は数種の営業を許された未成年者は、その**営業に関して**は、成年者と同一の行為能力を有する（民法6条1項）。したがって、営業に関する法律行為以外については、法定代理人の同意がなく未成年者が単独で行った場合、取り消すことができる。

③ 適切である

成年後見人は、民法に定める欠格事由に該当しなければ、法人でもなることができる（民法843条、847条）。

④ 適切でない

成年被後見人の法律行為は、**取り消すことができる**。ただし、日用品の購入その他日常生活に関する行為については、この限りでない（民法9条）。そして、成年後見人には**同意権がないので**、成年被後見人は、成年後見人の**同意を得て行った法律行為も取り消すことができる**（民法859条参照）。

問題 29　消滅時効

正解　2

① 適切でない

　　時効の利益は、**あらかじめ放棄することができない**（民法 146 条）。

② 適切である

　　民事調停法もしくは家事事件手続法による調停が申し立てられた場合において、確定判決と同一の効力を有するものによって権利が確定することなくその事由が終了した場合（本肢の民事調停が不調に終わった場合）にあっては、その終了の時から 6 か月を経過するまでの間は、時効は、完成しない（時効の完成猶予：民法 147 条）。

③ 適切でない

　　催告があったときは、その時から 6 か月を経過するまでの間は、時効は、完成しない（民法 150 条 1 項）。しかし、催告によって時効の完成が猶予されている間にされた**再度の催告**は、催告の規定による**時効の完成猶予の効力を有しない**。

④ 適切でない

　　権利についての協議を行う旨の合意が書面でされたときは、①その**合意があった時から 1 年を経過した時**、②その合意において当事者が協議を行う期間（1 年に満たないものに限る）を定めたときは、その期間を経過した時、③当事者の一方から相手方に対して協議の続行を拒絶する旨の通知が書面でされたときは、その通知の時から 6 か月を経過した時のいずれか早い時までの間は、**時効は、完成しない**（民法 151 条）。**時効が新たにその進行を始める（時効の更新）**のではない。

問題 30　質権及び抵当権

正解　1

① 適切である

質権の設定は、債権者にその目的物を引き渡すことによって、その効力を生ずる（民法344条）。

② 適切でない

　質権者は、その権利の存続期間内において、**自己の責任で**、質物について、**転質をすることができる**。この場合において、転質をしたことによって生じた損失については、不可抗力によるものであっても、その責任を負う（民法348条）。

③ 適切でない

　抵当権は、その担保する債権について**不履行があったとき**は、その後に生じた**抵当不動産の果実に及ぶ**（民法371条）。

④ 適切でない

　抵当権者は、**利息その他の定期金を請求する権利を有するとき**は、原則として、その満期となった**最後の2年分**についてのみ、その抵当権を行使することができる（民法375条1項）。したがって、利息その他の定期金の全額について抵当権を行使することはできない。

問題 ㉛ 保証

正解 4

① 適切でない

　保証債務は、主たる債務に関する利息、違約金、損害賠償その他その債務に従たるすべてのものを包含する（民法447条1項）。また、保証人は、その**保証債務についてのみ**、**違約金又は損害賠償の額を約定することができる**（同2項）。

② 適切でない

　主たる債務の目的又は態様が保証契約の締結後に加重されたときであっても、**保証人の負担は加重されない**（民法448条2項）。

③ 適切でない

　主たる債務者に対する履行の請求その他の事由による時効の完成

猶予及び更新は、**保証人に対しても、その効力を生ずる**（民法457
条1項）。

④適切である

　　主たる債務者が期限の利益を有する場合において、その利益を喪
失したときは、債権者は、保証人に対し、その利益の喪失を知った
時から2か月以内に、その旨を通知しなければならない（民法458
条の3第1項）。

問題 ㉜ 弁済

正解 2

①適切でない

　　受領権者以外の者であって取引上の社会通念に照らして受領権者
としての外観を有するものに対してした弁済は、その弁済をした者
が善意であり、かつ、**過失がなかったときに限り**、その効力を有す
る（民法478条）。過失があった場合は効力を有しないので、過失
の有無にかかわらず効力を有するのではない。

②適切である

　　債務の弁済は、原則として、第三者もすることができる（民法
474条1項）。ただし、その債務の性質が第三者の弁済を許さない
とき、又は当事者が第三者の弁済を禁止し、もしくは制限する旨の
意思表示をしたときは、第三者は弁済をすることができない（同4
項）。したがって、当事者が第三者の弁済を禁止した場合は、弁済
をするについて正当な利益を有する第三者であっても、弁済をする
ことができない。

③適切でない

　　債務者が1個又は数個の債務について元本のほか利息及び費用を
支払うべき場合（債務者が数個の債務を負担する場合にあっては、
同一の債権者に対して同種の給付を目的とする数個の債務を負担す
るときに限る）において、弁済をする者がその債務の全部を消滅さ

せるのに足りない給付をしたときは、これを順次に費用、利息及び元本に充当しなければならない（民法489条1項）。ただし、弁済をする者と弁済を受領する者との間に**弁済の充当の順序に関する合意があるときは、その順序に従い、その弁済を充当する**（民法490条）。

④ 適切でない

弁済の提供は、債務の本旨に従って現実にしなければならない。ただし、**債権者があらかじめその受領を拒み**、又は債務の履行について債権者の行為を要するときは、**弁済の準備をしたことを通知してその受領の催告をすれば足りる**（民法493条）。

問題 ㉝ 相続

正解 4

① 適切でない

胎児は、**相続については、既に生まれたものとみなす**（民法886条1項）。したがって、胎児も生きて産まれたときは相続人となることができる。

② 適切でない

配偶者及び直系尊属が相続人であるときは、**配偶者**の相続分は、**3分の2**とし、**直系尊属**の相続分は、**3分の1**とする（民法900条2号）。

③ 適切でない

相続人が数人あるときは、限定承認は、**共同相続人の全員が共同してのみ**これをすることができる（民法923条）。本肢では、Bが単純承認をしているので、C及びDは限定承認をすることができない。

④ 適切である

被相続人の金銭債務その他可分債務について、相続開始と同時に各相続人が相続分に応じて分割承継し、遺産分割の対象にならない

（最判昭 34.6.19）。したがって、AのDに対する借入金債務をBのみが相続することとした場合であっても、Dは、B及びCに対して、当該借入金債務に係るそれぞれの法定相続分の割合に相当する債務の弁済を請求することができる。

問題 ㉞ 破産法

正解 4

① 適切でない

　裁判所は、破産財団をもって破産手続の費用を支弁するのに不足すると認めるときは、破産手続開始の決定と同時に、**破産手続廃止の決定**をしなければならない（破産法 216 条 1 項）。申立てが却下されるのではない。

② 適切でない

　個人である債務者(破産手続開始の決定後にあっては、破産者)は、破産手続開始の申立てがあった日から**破産手続開始の決定が確定した日**以後 1 か月を経過する日までの間に、破産裁判所に対し、免責許可の申立てをすることができる（破産法 248 条 1 項）。破産手続廃止の決定が確定した後ではない。

③ 適切でない

　破産者が、浪費又は賭博その他の射幸行為をしたことによって著しく財産を減少させ、又は過大な債務を負担した場合、裁判所は、原則として、免責許可の決定をすることができない（破産法 252 条 1 項 4 号）。ただし、免責の許可を決定することができない場合に該当するときであっても、裁判所は、**破産手続開始の決定に至った経緯その他一切の事情を考慮して免責を許可することが相当であると認めるときは、免責許可の決定をすることができる**（同 2 項）。

④ 適切である

　破産者は、免責許可の決定が確定したときは、復権する（破産法 255 条 1 項 1 号）。

問題 35 犯罪収益移転防止法

正解 1

① 適切である

　特定事業者（貸金業者）との間で現に特定取引等の任に当たっている自然人が顧客等と異なる場合であって、当該顧客等が株式を金融商品取引所に上場している株式会社であるときは、当該特定事業者との間で現に特定取引等の任に当たっている自然人の本人特定事項の確認を行わなければならない（犯罪収益移転防止法4条5項）。

② 適切でない

　貸金業者は、顧客から**電気料金等の公共料金の領収証書の原本（補完書類）の提示**を受けていても、取引時確認を行ったとは認められない（犯罪収益移転防止法施行規則6条1項、7条1項）。その他に健康保険証等の原本の提示等が必要となる。

③ 適切でない

　貸金業者は、特定業務に係る取引について、当該取引において収受した財産が犯罪による収益である疑いがあるかどうか、又は顧客等が当該取引に関し組織的犯罪処罰法10条の罪若しくは麻薬特例法6条の罪に当たる行為を行っている疑いがあるかどうかを判断し、これらの疑いがあると認められる場合においては、速やかに、政令で定めるところにより、政令で定める事項を**行政庁に届け出なければならない**（犯罪収益移転防止法8条1項）。**指定信用情報機関への届出は不要**である。

④ 適切でない

　特定事業者は、取引時確認を行った場合には、直ちに、主務省令で定める方法により、当該取引時確認に係る事項、当該取引時確認のためにとった措置その他の主務省令で定める事項に関する記録（確認記録）を作成しなければならない（犯罪収益移転防止法6条1項）。そして、確認記録を、特定取引等に係る**契約が終了した日**その他の主務省令で定める日から、**7年間保存**しなければならない

（同2項）。

問題 36 代理

正解 4

①適切である

代理人が相手方に対してした意思表示の効力が意思の不存在、錯誤、詐欺、強迫又はある事情を知っていたこと若しくは知らなかったことにつき過失があったことによって影響を受けるべき場合には、その事実の有無は、代理人について決するものとする（民法101条1項）。

②適切である

同一の法律行為について、相手方の代理人として、又は当事者双方の代理人としてした行為は、代理権を有しない者がした行為とみなす。ただし、債務の履行及び本人があらかじめ許諾した行為については、この限りでない（民法108条1項）。

③適切である

代理権を有しない者が他人の代理人としてした契約は、本人がその追認をしなければ、本人に対してその効力を生じない（民法113条1項）。この場合において、相手方は、本人に対し、相当の期間を定めて、その期間内に追認をするかどうかを確答すべき旨の催告をすることができる。この場合において、本人がその期間内に確答をしないときは、追認を拒絶したものとみなす（民法114条）。

④適切でない

代理権を有しない者がした契約は、本人が追認をしない間は、相手方が取り消すことができる。ただし、契約の時において代理権を有しないことを**相手方が知っていた**ときは、**この限りでない**（民法115条）。

問題　37　無効及び取消し

正解　4

① 適切である

行為能力の制限によって取り消すことができる行為は、制限行為能力者（他の制限行為能力者の法定代理人としてした行為にあっては、当該他の制限行為能力者を含む）又はその代理人、承継人若しくは同意をすることができる者に限り、取り消すことができる（民法120条1項）。

② 適切である

取り消された行為は、初めから無効であったものとみなす（民法121条）。

③ 適切である

無効な行為は、追認によっても、その効力を生じない。ただし、当事者がその行為の無効であることを知って追認をしたときは、新たな行為をしたものとみなす（民法119条）。

④ 適切でない

追認をすることができる時以後に、取り消すことができる行為について、①全部又は一部の履行、②履行の請求、③更改、④担保の供与、⑤**取り消すことができる行為によって取得した権利の全部又は一部の譲渡**、⑥強制執行があったときは、追認をしたものとみなす（民法125条）。本肢では、追認をすることができる時よりも「前」に、取り消すことができる行為によって取得した権利の譲渡をしているので、追認したものとはみなされない。

問題　38　債務引受

正解　2

① 適切である

併存的債務引受の引受人は、債務者と連帯して、債務者が債権者

に対して負担する債務と同一の内容の債務を負担する（民法470条
1項）。

②適切でない

　　併存的債務引受は、**債権者と引受人となる者との契約**によってす
ることができる（民法470条2項）。また、併存的債務引受は、**債
務者と引受人となる者との契約**によってもすることができ、この場
合、債権者が引受人となる者に対して承諾をした時に、その効力を
生じる（同3項）。したがって、債権者、債務者及び引受人となる
者との三者間で契約を締結しない場合でも、併存的債務引受は効力
を生じる。

③適切である

　　免責的債務引受の引受人は債務者が債権者に対して負担する債務
と同一の内容の債務を負担し、債務者は自己の債務を免れる（民法
472条1項）。

④適切である

　　免責的債務引受の引受人は、債務者に対して求償権を取得しない
（民法472条の3）。

問題 ㊴ 相殺

正解 1

①適切でない

　　悪意による不法行為に基づく損害賠償の債務の債務者は、相殺を
もって債権者に対抗することができない（民法509条）。本肢は、
債権者であるAからの相殺であるので、損害賠償債権と当該代金債
務とを**相殺することができる**。

②適切である

　　自働債権に同時履行の抗弁権が付着しているとき、相殺はするこ
とができない（大判昭13.3.1）。本肢では、Bは、代金の支払期日に、
Aからの商品の納品と引き換えに、代金をAに支払う旨の約定がな

されているので、Bは同時履行の抗弁権を有している。したがって、Aは、代金の支払期日が到来しても、Bに商品を納品していないときは、当該代金債権と当該借入金債務とを相殺することができない。

③適切である

差押えを受けた債権の第三債務者は、差押え後に取得した債権による相殺をもって差押債権者に対抗することはできないが、差押え前に取得した債権による相殺をもって対抗することができる（民法511条1項）。本肢では、CがBの債権を差し押さえた後に、AがDからBに対する貸金債権を譲り受けているので、Aは、相殺をCに対抗することはできない。

④適切である

相殺の意思表示は、双方の債務が互いに相殺に適するようになった時にさかのぼってその効力を生ずる（民法506条2項）。

問題　40　契約

正解　3

①適切である

申込者が申込みの通知を発した後に死亡し、意思能力を有しない常況にある者となり、又は行為能力の制限を受けた場合において、申込者がその事実が生じたとすればその申込みは効力を有しない旨の意思を表示していたとき、又はその相手方が承諾の通知を発するまでにその事実が生じたことを知ったときは、その申込みは、その効力を有しない（民法526条）。

②適切である

当事者双方の責めに帰することができない事由によって債務を履行することができなくなったときは、債権者は、反対給付の履行を拒むことができる（民法536条1項）。

③適切でない

契約の当事者の一方が第三者との間で契約上の地位を譲渡する旨

の合意をした場合において、その契約の**相手方がその譲渡を承諾し
たとき**は、契約上の地位は、その第三者に移転する（民法539条の
２）。相手方に通知をするだけでは、契約上の地位は第三者に移転
しない。

④ 適切である

　当事者の一方がその解除権を行使したときは、各当事者は、その
相手方を原状に復させる義務を負う。ただし、第三者の権利を害す
ることはできない（民法545条1項）。

問題　㊶　請負契約

正解　4

① 適切である

　請負は、当事者の一方がある仕事を完成することを約し、相手方
がその仕事の結果に対してその報酬を支払うことを約することに
よって、その効力を生ずる（民法632条）。

② 適切である

　物の引渡しを要する請負契約における報酬は、仕事の目的物の引
渡しと同時に、支払わなければならない（民法633条）。

③ 適切である

　請負人が種類又は品質に関して契約の内容に適合しない仕事の目
的物を注文者に引き渡したとき（その引渡しを要しない場合にあっ
ては、仕事が終了した時に仕事の目的物が種類又は品質に関して契
約の内容に適合しないとき）は、注文者は、注文者の供した材料の
性質又は注文者の与えた指図によって生じた不適合を理由として、
履行の追完の請求、報酬の減額の請求、損害賠償の請求及び契約の
解除をすることができない。ただし、請負人がその材料又は指図が
不適当であることを知りながら告げなかったときは、この限りでな
い（民法636条）。

④ 適切でない

請負人が仕事を完成しない間は、**注文者**は、**いつでも損害を賠償**して**契約の解除をすることができる**（民法 641 条）。しかし、請負人は当該契約の解除は認められていない。

問題 42 不法行為及び不当利得

正解 3

①適切である

　数人が共同の不法行為によって他人に損害を加えたときは、各自が連帯してその損害を賠償する責任を負う。共同行為者のうちいずれの者がその損害を加えたかを知ることができないときも、同様とする（民法 719 条 1 項）。

②適切である

　不法行為による損害賠償の請求権は、被害者又はその法定代理人が損害及び加害者を知った時から 3 年間行使しないとき、又は不法行為の時から 20 年間行使しないときは、時効によって消滅する（民法 724 条）。なお、人の生命又は身体を害する不法行為による損害賠償請求権は、被害者又はその法定代理人が損害及び加害者を知った時から 5 年間となる（民法 724 条の 2）。

③適切でない

　法律上の原因なく他人の財産又は労務によって利益を受け、そのために他人に損失を及ぼした者（受益者）は、その**利益の存する限度**において、これを返還する義務を負う（民法 703 条）。そして、悪意の受益者は、その受けた利益に利息を付して返還しなければならない。この場合において、なお損害があるときは、その賠償の責任を負う（民法 704 条）。したがって、受益者が**善意**の場合、受けた利益を返還する際に、**利息を付する必要はない**。

④適切である

　債務者は、弁済期にない債務の弁済として給付をしたときは、その給付したものの返還を請求することができない。ただし、債務者

が錯誤によってその給付をしたときは、債権者は、これによって得た利益を返還しなければならない（民法706条）。

問題 ㊸ 個人情報保護法

正解 1

① 適切である

　　個人情報取扱事業者は、個人情報を取り扱うに当たっては、その利用の目的（利用目的）をできる限り特定しなければならない（個人情報保護法17条1項）。個人情報取扱事業者は、利用目的を変更する場合には、変更前の利用目的と関連性を有すると合理的に認められる範囲を超えて行ってはならない（個人情報保護法17条2項）。

② 適切でない

　　個人情報取扱事業者は、合併その他の事由により他の個人情報取扱事業者から事業を承継することに伴って個人情報を取得した場合は、**あらかじめ本人の同意を得ないで**、承継前における当該個人情報の利用目的の達成に必要な範囲を超えて、当該個人情報を取り扱ってはならない（個人情報保護法18条2項）。本人に通知し、又は公表をするのでは足りない。

③ 適切でない

　　個人情報取扱事業者は、利用目的を変更した場合は、変更された利用目的について、本人に通知し、又は公表しなければならない（個人情報保護法21条3項）。ただし、取得の状況からみて**利用目的が明らかであると認められる場合**には**適用しない**（同条4項4号）。

④ 適切でない

　　個人情報取扱事業者は、本人との間で契約を締結することに伴って契約書その他の書面に記載された当該本人の個人情報を取得する場合その他本人から直接書面に記載された当該本人の個人情報を取得する場合は、あらかじめ、本人に対し、その**利用目的を明示しなければならない**（個人情報保護法21条2項）。本人の同意は不要で

ある。

問題　44　消費者契約法

正解　4

①適切でない

　消費者は、事業者が消費者契約の締結について勧誘をするに際し、当該消費者に対して重要事項について事実と異なることを告げることをしたことにより、当該**告げられた内容が事実であるとの誤認を**し、それによって当該消費者契約の申込み又はその承諾の意思表示をしたときは、これを取り消すことができる（消費者契約法4条1項1号）。

②適切でない

　消費者契約法の規定による取消権は、追認をすることができる時から**1年間**行わないときは、時効によって消滅する。当該消費者契約の締結の時から5年を経過したときも、同様とする（消費者契約法7条1項）。

③適切でない

　事業者が当該消費者契約の締結について勧誘をしている場所から当該消費者が退去する旨の意思を示したにもかかわらず、その場所から当該消費者を退去させず、それにより当該消費者契約の申込み又はその承諾の意思表示をしたときは、これを**取り消すことができる**（消費者契約法4条3項）。契約が無効となるのではない。

④適切である

　消費者契約に基づき支払うべき金銭の全部又は一部を消費者が支払期日（支払回数が二以上である場合には、それぞれの支払期日）までに支払わない場合における損害賠償の額を予定し、又は違約金を定める条項であって、これらを合算した額が、支払期日の翌日からその支払をする日までの期間について、その日数に応じ、当該支払期日に支払うべき額から当該支払期日に支払うべき額のうち既に

支払われた額を控除した額に年14.6％の割合を乗じて計算した額を超えるものについては、当該超える部分が無効となる（消費者契約法9条2号）。

問題 ㊺ 広告に関する規制

正解 2

① 承認は不要である

　協会員は、①テレビCM、②新聞及び雑誌広告、③電話帳広告に個人向け貸付けの契約に係る広告を出稿するにあたり、協会が設ける審査機関から承認を得なければならない（自主規制基本規則45条）。したがって、インターネットによる広告には、審査機関からの承認が不要である。

② 承認は必要である

　肢①の解説参照。**新聞及び雑誌広告**には、審査機関からの**承認が必要である。**

③ 承認は不要である

　チラシによる広告には、審査機関からの承認が不要である。

④ 承認は不要である

　看板広告には、審査機関からの承認が不要である。

問題 ㊻ 個人情報保護法ガイドライン

正解 3

① 適切である

　個人情報取扱事業者は、物理的安全管理措置として、個人データを取り扱う機器、電子媒体及び書類等の盗難又は紛失等を防止するために、適切な管理を行わなければならない（個人情報保護法ガイドライン通則編10－5）。

② 適切である

個人情報取扱事業者は、人的安全管理措置として、従業者に、個人データの適正な取扱いを周知徹底するとともに適切な教育を行わなければならない（個人情報保護法ガイドライン通則編10－4）。

③適切でない

　　個人情報取扱事業者は、情報システム（パソコン等の機器を含む）を使用して個人データを取り扱う場合（インターネット等を通じて外部と送受信等する場合を含む）、**技術的安全管理措置**として、担当者及び取り扱う個人情報データベース等の範囲を限定するために、**適切なアクセス制御**を行わなければならない（個人情報保護法ガイドライン通則編10－6）。

④適切である

　　個人情報取扱事業者は、情報システム（パソコン等の機器を含む。）を使用して個人データを取り扱う場合（インターネット等を通じて外部と送受信等する場合を含む。）、技術的安全管理措置として、個人データを取り扱う情報システムを使用する従業者が正当なアクセス権を有する者であることを、識別した結果に基づき認証しなければならない（個人情報保護法ガイドライン通則編10－6）。

問題 47 **景品表示法**

正解 1

①適切でない

　　「景品類」とは、顧客を誘引するための手段として、その方法が直接的であるか間接的であるかを問わず、くじの方法によるかどうかを問わず、事業者が**自己の供給する商品又は役務の取引**（不動産に関する取引を含む。）**に付随して**相手方に提供する物品、金銭その他の経済上の利益であって、内閣総理大臣が指定するものをいう（景品表示法2条3項）。

②適切である

　　内閣総理大臣は、不当な顧客の誘引を防止し、一般消費者による

自主的かつ合理的な選択を確保するため必要があると認めるときは、景品類の価額の最高額若しくは総額、種類若しくは提供の方法その他景品類の提供に関する事項を制限し、又は景品類の提供を禁止することができる（景品表示法4条）。

③適切である

　　内閣総理大臣は、措置命令に関し、事業者がした表示が第5条第1号に該当するか否かを判断するため必要があると認めるときは、当該表示をした事業者に対し、期間を定めて、当該表示の裏付けとなる合理的な根拠を示す資料の提出を求めることができる。この場合において、当該事業者が当該資料を提出しないときは、同項の規定の適用については、当該表示は同号に該当する表示とみなす（景品表示法7条2項）。

④適切である

　　措置命令に違反した者は、2年以下の懲役又は300万円以下の罰金に処する（景品表示法36条1項）。

問題　48　源泉徴収票等

正解　3

①適切でない

　　給与所得者の収入は、源泉徴収票や給与明細の他にも市区町村が発行する「**住民税納税証明書**」等の支払給与の総額の欄で把握することもできる。

②適切でない

　　単一の事業者のみから給与を受けている給与所得者のうち、給与の年間収入金額が**2,000万円**を超える者は、確定申告書の提出が必要である。

③適切である

　　源泉徴収票には、支払金額、給与所得控除後の金額及び源泉徴収税額が記載される欄はあるが、前年度の市町村民税の控除額が記載

される欄はない。

④適切でない

　源泉徴収票には控除対象配偶者の有無等の欄がある。ここでいう控除対象配偶者とは、その年の 12 月 31 日の現況で、民法の規定による配偶者であること（**婚姻の届出はしていないが事実上婚姻関係と同様の事情にある者は該当しない**）、納税者と生計を一にしていること、年間の合計所得金額が 48 万円以下（給与のみの場合は 103 万円以下）であることの条件を満たす者をいう。

問題　**49**　損益計算書

正解　2

①適切でない

　損益計算書は一定期間における**経営成績**を表す財務諸表である。本肢の記述は貸借対照表の記述である。

②適切である

　売上総損益金額から販売費及び一般管理費の合計額を減じて得た額が零以上の場合を営業利益金額という（会社計算規則 90 条 1 項）。

③適切でない

　営業損益金額に**営業外収益**を加えて得た額から**営業外費用**を減じて得た額が零以上の場合を経常利益金額という（会社計算規則 91 条 1 項）。

④適切でない

　経常利益金額に**特別利益**を加えて得た額から**特別損失**を控除した額が零以上の場合を**税引前当期純利益金額**という（会社計算規則 92 条 1 項）。また、**税引前当期純利益金額**から当期の負担に属する**法人税額、住民税額等**を控除した額が零以上の場合を**当期純利益金額**という（会社計算規則 94 条 1 項）。

正 解 3

① 適切である

　企業会計は、企業の財政状態及び経営成績に関して、真実な報告を提供するものでなければならない。これを一般に「真実性の原則」という（企業会計原則一の1）。

② 適切である

　資本取引と損益取引とを明瞭に区別し、特に資本剰余金と利益剰余金とを混同してはならない。これを一般に「資本・利益区別の原則」という（企業会計原則一の3）。

③ 適切でない

　適切性の原則というものはない。

④ 適切である

　株主総会提出のため、信用目的のため、租税目的のため等種々の目的のために異なる形式の財務諸表を作成する必要がある場合、それらの内容は、信頼しうる会計記録に基づいて作成されたものであって、政策の考慮のために事実の真実な表示をゆがめてはならない。これを一般に「単一性の原則」という（企業会計原則一の7）。

第16回

解答解説

解答解説

問題 ① 貸金業法上の用語の定義

正解 1

a 適切である

　　貸金業とは、金銭の貸付け又は金銭の貸借の媒介（手形の割引、売渡担保その他これらに類する方法によってする金銭の交付又は当該方法によってする金銭の授受の媒介を含む）をいうが、物品の売買、運送、保管又は売買の媒介を業とする者がその取引に付随して行うものは、貸金業から除かれている（貸金業法2条1項3号）。

b 適切でない

　　債務者等とは、債務者又は保証人をいう（貸金業法2条5項）。したがって、債務者等には**債務者であった者及び保証人であった者は含まれない**。また、債務者等に**保証人は含まれる**。

c 適切でない

　　貸付けの契約とは、貸付けに係る契約又は当該契約に係る保証契約をいう（貸金業法2条3項）。しかし、**資金需要者等の利益を損なうおそれがないと認められるものという要件はない**。

d 適切でない

　　手続実施基本契約とは、紛争解決等業務の実施に関し**指定紛争解決機関と貸金業者との間で締結される契約**をいう（貸金業法2条23項）。指定紛争解決機関と貸金業者及び資金需要者等の三者間で締結される契約をいうのではない。

問題　2　貸金業の登録

正解　3

a 適切でない

　　貸金業を営もうとする者は、2以上の都道府県の区域内に営業所又は事務所を設置してその事業を営もうとする場合にあっては内閣総理大臣の登録を受けなければならない（貸金業法3条1項）。しかし、**本店の所在地を管轄する都道府県知事を経由して登録の申請をする旨の規定は存在しない。**

b 適切である

　　貸金業者は、登録の更新を受けようとするときは、その者が現に受けている登録の有効期間満了の日の2か月前までに当該登録の更新を申請しなければならない（貸金業法3条、同施行規則5条）。

c 適切でない

　　貸金業の登録を受けるための登録申請書には、営業所又は事務所ごとに置かれる**貸金業務取扱主任者の氏名及び登録番号**を記載しなければならないが、**住所の記載は不要である**（貸金業法4条1項6号）。

d 適切である

　　貸金業の登録は、3年ごとにその更新を受けなければ、その期間の経過によつて、その効力を失う（貸金業法3条2項）。

問題　3　変更の届出

正解　2

① 適切でない

　　貸金業者は、その**商号、名称又は氏名に変更があったとき**は、その日から**2週間以内**に、その旨をその登録をした内閣総理大臣又は都道府県知事（登録行政庁）に届け出なければならない（貸金業法8条1項、4条1項1号）。あらかじめ届け出るのではない。

②適切である

　貸金業者は、その業務に関して広告又は勧誘をする際に表示等を
する営業所又は事務所の電話番号（場所を特定するもの並びに当該
場所を特定するものに係る着信課金サービス及び統一番号サービス
に係るものに限る）を変更しようとする場合は、あらかじめ、その
旨を登録行政庁に届け出なければならない（貸金業法8条1項、4
条1項7号、同施行規則3条の2第1項1号）。

③適切でない

　貸金業者は、その**業務の種類及び方法に変更があったとき**は、そ
の日から**2週間以内**に、その旨をその登録をした内閣総理大臣又は
都道府県知事（登録行政庁）に届け出なければならない（貸金業法
8条1項、4条1項8号）。あらかじめ届け出るのではない。

④適切でない

　貸金業者は、貸金業の他に事業を行っている場合において、その
事業の種類に変更があったときは、その日から**2週間以内**に、その
旨をその登録をした内閣総理大臣又は都道府県知事（登録行政庁）
に届け出なければならない（貸金業法8条1項、4条1項9号）。
あらかじめ届け出るのではない。

問題 4 　内部管理態勢の整備

正解 3

a 適切でない

　社内規則等については、貸金業者のそれぞれの規模・特性に応じ
て、創意・工夫を生かし、法令及び法の趣旨を踏まえ自主的に策定
する必要があるが、その内容については協会の策定する自主規制規
則に則った内容が求められる。また、**協会員か非協会員かの別なく、**
社内規則等は、**協会の自主規制規則に則った内容となっているか**が
着眼点とされている（監督指針Ⅱ−2−1）。

b 適切である

「内部管理部門」とは、法令及び社内規則等を遵守した業務運営を確保するための内部事務管理部署、法務部署等をいう。そして、内部管理部門において、業務運営全般に関し、法令及び社内規則等に則った適正な業務を遂行するための適切なモニタリング・検証が行われているか。また、重大な問題等を確認した場合、経営陣に対し適切に報告が行われているかが着眼点とされている（監督指針Ⅱ－1（1）⑤）。

c 適切でない

他に貸金業の業務に従事する者がいない個人の貸金業者、又は貸金業の業務に従事する者が1名で且つ当該者が常務に従事する唯一の役員として代表者となっている法人形態の貸金業者においては、これらの者が法に規定された貸金業務取扱主任者であることをかんがみ、内部監査に代わる措置として自己の行う貸金業に関する業務の検証を行う場合には、**自己検証を実施する頻度が少なくとも月1回以上**となっているか等の点を踏まえ、業務の適切性を確保するために十分な態勢を整備しているかが着眼点とされている（監督指針Ⅱ－1（1）⑥ハc）。自己検証の実施頻度は、年3回ではなく月1回以上である。

d 適切である

経営陣は、利益相反が生じる可能性のある業務に係る内部牽制や営業店長の権限に応じた監視などについて、内部管理部門が顧客対応を行う部署に対し、適切な業務運営を確保するためのモニタリング・検証及び改善策の策定等を行う態勢を整備しているかなどが着眼点とされている（監督指針Ⅱ－1（1）②）。

問題 5 従業者証明書

正解 2

a 適切である

貸金業者は、内閣府令で定めるところにより、貸金業の業務に従

事する使用人その他の従業者に、その従業者であることを証する証明書（従業者証明書）を携帯させなければ、その者をその業務に従事させてはならない（貸金業法12条の4第1項）。そして、人事、総務、経理、システム管理等その業務遂行の影響が、通常、資金需要者等に及ばない業務に従事する者は、原則としてこの貸金業の業務に従事する使用人に該当せず、従業者証明書を携帯させる必要はない（監督指針Ⅱ-2-9（2）②）。

b 適切でない

貸金業の業務には、勧誘を伴わない広告のみを行う業務及び営業所等において資金需要者等と**対面することなく行う業務を含まない**ものとする（貸金業法施行規則10条の9第2項）。したがって、**勧誘を伴わない広告のみを行う業務に従事する従業者には、従業者証明書を携帯させる必要はない**。

c 適切でない

従業者が従業者名簿の記載対象となるか否かについては、個別具体的な事実関係に即して判断することになるが、**勧誘や契約の締結を含む営業、審査、債権の管理・回収及びこれらに付随する事務に従事する者**であれば**雇用関係・雇用形態を問わず、該当する**と考えられる（監督指針Ⅱ-2-9（2）②）。したがって、労働者派遣事業を行う事業主Dから派遣労働者Eの派遣を受けてEをAの貸金業の業務に従事させる場合でも、従業者証明書を携帯させる必要がある。

d 適切である

肢cの解説参照。委託先の従業者が貸金業の業務に従事する場合も、従業者証明書を携帯させる必要がある。

問題 6 禁止行為

正解 4

a 該当するおそれが大きい

貸金業者が、契約の締結又は変更に際して、貸付け金額に比し、合理的理由がないのに、**過大な担保又は保証人を徴求すること**は、**偽りその他不正又は著しく不当な行為に該当するおそれが大きい**（監督指針Ⅱ－2－10（2）②イ d）。

b 該当するおそれが大きい

貸金業者が、資金需要者等が身体的・精神的な障害等により**契約の内容が理解困難なことを認識しながら**、**契約を締結すること**は、**偽りその他不正又は著しく不当な行為に該当するおそれが大きい**（監督指針Ⅱ－2－10（2）②ホ）。

c 該当するおそれが大きい

資金需要者等が障害者である場合であって、その家族や介助者等のコミュニケーションを支援する者が存在する場合に、貸金業者が、当該支援者を通じて資金需要者等に契約内容を理解してもらう等の努力をすることなく、**単に障害があることを理由として契約締結を拒否すること**は、**偽りその他不正又は著しく不当な行為に該当するおそれが大きい**（監督指針Ⅱ－2－10（2）②ヘ）。

d 該当するおそれが大きい

貸金業者が、確定判決において消費者契約法第8条から第10条までの規定に該当し無効であると評価され、当該判決確定の事実が消費者庁、独立行政法人国民生活センター又は同法に規定する**適格消費者団体によって公表されている条項と、内容が同一である条項を含む貸付けに係る契約（消費者契約に限る）を締結すること**は、**偽りその他不正又は著しく不当な行為に該当するおそれが大きい**（監督指針Ⅱ－2－10（2）②チ）。

問題 7 収入の金額

正解 3

a 該当する

年間の年金の金額は、年間の給与及びこれに類する定期的な収入

の金額として内閣府令で定めるものに該当する（貸金業法13条の2第2項、同施行規則10条の22第1項1号）。

b 該当しない

　　年間の投資信託の分配金（事業として行う場合を除く）の金額は、年間の給与及びこれに類する定期的な収入の金額として内閣府令で定めるものに**該当しない**（貸金業法13条の2第2項、同施行規則10条の22第1項参照）。

c 該当する

　　年間の定期的に受領する不動産の賃貸収入（事業として行う場合を除く）の金額は、年間の給与及びこれに類する定期的な収入の金額として内閣府令で定めるものに該当する（貸金業法13条の2第2項、同施行規則10条の22第1項3号）。

d 該当する

　　年間の事業所得の金額（過去の事業所得の状況に照らして安定的と認められるものに限る。）は、年間の給与及びこれに類する定期的な収入の金額として内閣府令で定めるものに該当する（貸金業法13条の2第2項、同施行規則10条の22第1項4号）。

問題 ⑧ 個人過剰貸付契約から除かれる契約

正解 1

a 該当する

　　不動産の建設もしくは購入に必要な資金（借地権の取得に必要な資金を含む）又は不動産の改良に必要な資金の貸付けに係る契約は、個人過剰貸付契約から除かれる契約（除外契約）に該当する（貸金業法施行規則10条の21第1項1号）。この場合、当該不動産を担保とすることは要件とされていないので、当該不動産を担保としない場合であっても、除外契約に該当する。

b 該当する

　　自ら又は他の者により、不動産の建設もしくは購入に必要な資金

（借地権の取得に必要な資金を含む）又は不動産の改良に必要な資金の貸付けに係る契約に係る貸付けが行われるまでのつなぎとして行う貸付けに係る契約は、除外契約に該当する（貸金業法施行規則10条の21第1項2号）。

c 該当しない

売却を予定している個人顧客の不動産（借地権を含む）の売却代金により弁済される貸付けに係る契約であって、当該個人顧客の返済能力を超えないと認められるもの（貸付けの金額が当該貸付けに係る契約の締結時における当該**不動産の価格の範囲内であるものに限り**、当該不動産を売却することにより当該個人顧客の生活に支障を来すと認められる場合を除く）は、除外契約に該当する（貸金業法施行規則10条の21第1項7号）。本肢では、貸付けの金額が当該貸付けに係る契約の締結時における当該不動産の価格を超える場合なので、除外契約に該当しない。

d 該当しない

自動車の購入に必要な資金の貸付けに係る契約のうち、当該**自動車の所有権を貸金業者が取得**し、又は当該**自動車が譲渡により担保の目的となっている**ものは、除外契約に該当する（貸金業法施行規則10条の21第1項3号）。本肢では、当該自動車の所有権を貸金業者が取得せず、かつ、当該自動車が譲渡担保の目的となっていない場合なので、除外契約に該当しない。

問題 ⑨ 基準額超過極度方式基本貸付契約に関する調査

正解 4

① 適切でない

極度方式基本契約の契約期間を当該極度方式基本契約を締結した日から同日以後1か月以内の一定の期日までの期間及び当該一定の期日の翌日以後1か月ごとの期間に区分したそれぞれの期間（所定の期間）において、当該期間内に行った当該極度方式基本契約に基

づく極度方式貸付けの金額の合計額が5万円を超え、かつ、当該期間の末日における当該極度方式基本契約に基づく極度方式貸付けの残高の合計額が10万円を超える場合は、基準額超過極度方式基本契約に係る調査が必要となる（貸金業法施行規則10条の24第1項1号）。本肢では、極度方式貸付けの金額の合計額が5万円を超えていないので、調査は不要である。

②適切でない

　　貸金業者は、基準額超過極度方式基本契約に係る調査をしなければならない場合において、極度方式個人顧客合算額が**100万円を超えるとき**は、当該調査を行うに際し、当該個人顧客から源泉徴収票その他の当該個人顧客の収入又は収益その他の資力を明らかにする事項を記載し、又は記録した書面又は電磁的記録として内閣府令で定めるものの提出又は提供を受けなければならない（貸金業法13条の3第3項）。本肢では、Bの極度方式個人顧客合算額が70万円であるから、源泉徴収票等の提出又は提供は不要である。

③適切でない

　　3か月以内の一定の期間の末日における当該極度方式基本契約に基づく極度方式貸付けの残高の合計額が10万円以下である場合又は期間の末日において当該極度方式基本契約について一定の事由により、当該極度方式基本契約に基づく新たな極度方式貸付けの停止に係る措置が講じられている場合は、基準額超過極度方式基本契約に該当するかどうかの調査をする必要はないが、**極度額の減額措置の場合は、調査をする必要がある**（貸金業法施行規則10条の25第3項）。

④適切である

　　極度方式基本契約に基づく極度方式貸付けに係る契約により負う債務の履行を遅滞したことにより当該極度方式基本契約に基づく新たな極度方式貸付けの停止に係る措置を講じていた場合において、当該措置を解除しようとする場合、基準額超過極度方式基本契約に係る調査が必要となる（貸金業法施行規則10条の24第1項2号）。

問題 ⑩ 広告規制

正解 1

① 適切である

　　貸金業者が貸付けの条件について広告をする場合において、貸金業者登録簿に登録されたホームページアドレス又は電子メールアドレスを表示するときは、貸金業者登録簿に登録された電話番号についても表示しなければならない（貸金業法15条1項3号、同施行規則12条1項3号）。

② 適切でない

　　貸金業者が貸付けの条件について広告をするときは、**主な返済例について表示するものとはされていない**（貸金業法施行規則12条1項1号ロ、11条3項1号参照）。

③ 適切でない

　　協会員は、新聞、雑誌又は電話帳へ個人向け貸付けの契約に係る広告を出稿するにあたっては、その表現内容に関し、安易な借入れを助長する表現、又はその疑いのある表現を排除すること、**比較広告を「行わないこと」**、ホームページアドレスを表示する場合には当該ホームページに返済シミュレーションを備えること、に留意しなければならないとされている（自主規制基本規則55条2号）。

④ 適切でない

　　協会員は、新聞又は雑誌へ個人向け貸付けの契約に係る広告を出稿するにあたっては、**ギャンブル専門紙及びギャンブル専門誌、風俗専門紙及び風俗専門誌へ広告を掲出することはしてはならない**（自主規制基本規則56条）。

問題 ⑪ 契約締結前の書面

正解 2

① 適切でない

325

貸金業者が、極度方式基本契約を締結しようとする場合に、当該基本契約の相手方となろうとする者に交付すべき極度方式基本契約における契約締結前の書面の記載事項には、当該基本契約に関し**貸金業者が受け取る書面の内容は含まれない**（貸金業法16条の2第2項参照）。また、**債務者が負担すべき元本及び利息以外の金銭に関する事項は含まれる**（貸金業法16条の2第2項6号、同施行規則12条の2第2項1号ロ）。

②適切である

貸金業者が、極度方式基本契約を締結しようとする場合に、当該基本契約の相手方となろうとする者に交付すべき極度方式基本契約における契約締結前の書面の記載事項には、貸金業者の商号、名称又は氏名及び住所並びにその登録番号（登録番号の括弧書については、記載を省略することができる）が含まれるが、契約の相手方の商号、名称又は氏名及び住所は含まれない（貸金業法16条の2第2項参照）。

③適切でない

貸金業者は、極度方式基本契約における契約締結前の書面の交付に代えて、政令で定めるところにより、当該契約の相手方となろうとする者の「**承諾を得て**」、当該書面より明らかにすべきものとされる事項を**電磁的方法により提供することができる**（貸金業法16条の2第4項）。

④適切でない

極度方式貸付けについては、**契約締結前の書面を交付する必要はない**（貸金業法16条の2第1項）。

問題 12 書面等の保存

正解 4

a 適切でない

貸金業者は、営業所又は事務所ごとに備えた従業者名簿を、**最終**

の記載をした日から **10 年間保存**しなければならない（貸金業法施行規則 10 条の 9 の 2 第 3 項）。営業所等を廃止するまでの間保存しなければならないのではない。

b 適切でない

　貸金業者は、個人顧客との間で貸付けに係る契約を締結した場合、内閣府令で定めるところにより、当該個人顧客の返済能力の調査に関する記録を、当該**貸付けに係る契約に定められた最終の返済期日**（当該貸付けに係る契約に基づく債権が弁済その他の事由により消滅したときにあっては、当該債権の消滅した日）**まで保存しなければならない**（貸金業法施行規則 10 条の 18 第 2 項 1 号）。

c 適切である

　貸金業者は、帳簿を、貸付けの契約ごとに、当該契約に定められた最終の返済期日（当該契約に基づく債権が弁済その他の事由により消滅したときにあっては、当該債権の消滅した日）から少なくとも 10 年間保存しなければならない（貸金業法施行規則 17 条 1 項）。

d 適切である

　加入貸金業者は、指定信用情報機関への信用情報の提供等に係る同意の取得等及び信用情報の提供等に係る配偶者の同意の取得に関する記録を、当該同意に基づき指定信用情報機関が信用情報を保有している間保存しなければならない（貸金業法施行規則 30 条の 16）。

問題　⑬　指定信用情報機関

正解　2

a 適切である

　加入貸金業者は、加入指定信用情報機関に資金需要者等に係る信用情報の提供の依頼（当該資金需要者等に係る他の指定信用情報機関が保有する個人信用情報の提供の依頼を含む）をする場合には、内閣府令で定める場合を除き、あらかじめ、当該資金需要者等から

書面又は電磁的方法による同意を得なければならない（貸金業法
41条の36第1項）。

b 適切でない

　　加入貸金業者は、資金需要者である個人の顧客を相手方とする貸
付けに係る契約を締結したときは、遅滞なく、加入指定信用情報機
関に提供しなければならないが、**極度方式基本契約**を締結した場合
は**提供をする必要はない**（貸金業法41条の35第1項・2項）。

c 適切である

　　加入貸金業者は、加入指定信用情報機関の商号又は名称を公表し
なければならない（貸金業法41条の37）。

d 適切でない

　　途上与信を行うために取得した信用情報を勧誘に二次利用した場
合や信用情報を内部データベースに取り込み当該内部データベース
を勧誘に利用した場合等（**債権の保全を目的とした利用を含む**）で
あっても、**返済能力の調査以外の目的による使用に該当する**ことに
留意する必要がある（監督指針Ⅱ－2－14（1）③ハb（注））。

問題 ⑭ みなし利息

正解 4

a 適切でない

　　貸金業者は、顧客との間で締結した営業的金銭消費貸借に関し債
権者の受ける元本以外の金銭のうち、**債務者の要請**により債権者が
行う、金銭の貸付け及び弁済に用いるため**債務者に交付されたカー
ドの再発行の手数料**については、**利息とみなされない**（利息制限法
6条1項、同施行令1条1号）。

b 適切でない

　　貸金業者は、顧客との間で締結した営業的金銭消費貸借契約にお
いて、口座振替の方法による弁済において、債務者が弁済期に弁済
できなかった場合に行う**再度の口座振替手続に要する費用**について

は、**利息とみなされない**（利息制限法6条1項、同施行令1条3号）。

c 適切である

　貸金業者は、顧客との間で締結した営業的金銭消費貸借契約において、顧客が金銭の受領又は弁済のために利用する現金自動支払機その他の機械の利用料として、現金自動支払機その他の機械を利用して受け取り、又は支払う金額が1万円以下は110円まで、1万円を超える場合は220円までは利息とみなされない（利息制限法6条2項3号、同施行令2条）。

d 適切である

　貸金業者は、顧客との間で締結した営業的金銭消費貸借契約において、債務者に交付された書面の再発行及び当該書面の交付に代えて電磁的方法により債務者に提供された事項の再提供の手数料については、利息とみなされない（利息制限法6条1項、同施行令1条2号）。

問題 ⑮ 登録拒否事由

正解　2

①該当する

　法人でその役員又は政令で定める使用人のうちに、精神の機能の障害により貸金業を適正に行うに当たって必要な認知、判断及び意思疎通を適切に行うことができない者がいる場合、当該法人は貸金業の登録を拒否される（貸金業法6条1項1号、9号、同施行規則5条の2）。

②該当しない

　法人でその役員又は政令で定める使用人のうちに、破産手続開始の決定を受けて**復権を「得ない」**者がいる場合、当該法人は貸金業の登録を拒否される（貸金業法6条1項2号、9号）。しかし、**復権を得れば5年を経過していなくても登録は拒否されない**。

③該当する

法人で␣その役員又は政令で定める使用人のうちに、貸金業法の規定に違反し、罰金の刑に処せられ、その刑の執行を終わった日から5年を経過しない者がいる場合、当該法人は貸金業の登録を拒否される（貸金業法6条1項5号、9号）。

④該当する

法人でその役員又は政令で定める使用人のうちに、貸金業の登録を取り消された法人において、当該取消しの日前30日以内に当該法人の役員であった者で当該取消しの日から5年を経過しないものがいる場合、当該法人は貸金業の登録を拒否される（貸金業法6条1項3号、9号）。

問題 ⓰ 顧客等に関する情報管理態勢

正解 4

①適切である

クレジットカード情報等について、利用目的その他の事情を勘案した適切な保存期間を設定し、保存場所を限定し、保存期間経過後適切かつ速やかに廃棄しているか。業務上必要とする場合を除き、クレジットカード情報等をコンピューター画面に表示する際には、カード番号を全て表示させない等の適切な措置を講じているか。独立した内部監査部門において、クレジットカード情報等を保護するためのルール及びシステムが有効に機能しているかについて、定期的又は随時に内部監査を行っているか等について留意するものとされている（監督指針Ⅱ－2－2（1）②ハc）。

②適切である

法人関係情報を利用したインサイダー取引等の不公正な取引の防止に係る着眼点として、法人関係情報を入手し得る立場にある役職員が当該法人関係情報に関連する有価証券の売買その他の取引等を行った際には報告を義務付ける等、不公正な取引を防止するための適切な措置を講じているか等について留意するものとされている

（監督指針Ⅱ－2－2（1）②ニb）。

③ 適切である

　個人データの第三者提供に関して、特に、その業務の性質や方法に応じて、第三者提供の同意の取得にあたって、優越的地位の濫用や個人である資金需要者等との利益相反等の弊害が生じるおそれがないよう留意しているか。例えば、個人である資金需要者等が、第三者提供先や第三者提供先における利用目的、提供される情報の内容について、過剰な範囲の同意を強いられる等していないかに留意するものとされている（監督指針Ⅱ－2－2（1）④ニ）。

④ 適切でない

　顧客等に関する情報管理態勢に係る着眼点として、**特定役職員に集中する権限等の「分散」**や、**幅広い権限等を有する役職員への管理・けん制の強化**を図る等、顧客等に関する情報を利用した不正行為を防止するための適切な措置を図っているかに留意するものとされている（監督指針Ⅱ－2－2（1）②ロa）。顧客等に関する情報へのアクセス管理の権限等を複数の役職員に分散させることなく特定の役職員に集中させるものとはされていない。

問題 **17** 貸金業務取扱主任者

正解　2

① 適切である

　貸金業者は、営業所等ごとに、内閣府令で定めるところにより、営業所等において貸金業の業務に従事する者の数に対する貸金業務取扱主任者の数の割合が 50 分の1以上となる数の貸金業務取扱主任者を置かなければならない（貸金業法 12 条の3第1項、同施行規則 10 条の8）。

② 適切でない

　常時勤務する者とは、営業時間内に営業所等に「**常時駐在する必要はない**」が、単に所属する営業所等が1つに決まっていることだ

けでは足りず、社会通念に照らし、常時勤務していると認められる
だけの実態を必要とする（監督指針Ⅱ－2－9（2）①）。

③ 適切である

　　内閣総理大臣は、貸金業務取扱主任者がその職務に関し貸金業に
関する法令の規定に違反したとき、又は著しく不適当な行為を行っ
たときは、当該貸金業務取扱主任者の主任者登録を取り消すことが
できる（貸金業法24条の30第4号）。

④ 適切である

　　貸金業者は、貸金業の業務を行うに当たり資金需要者等からの請
求があつたときは、当該業務を行う営業所等の貸金業務取扱主任者
の氏名を明らかにしなければならない（貸金業法12条の3第4項）。

問題 **18** 返済能力の調査

正解 4

① 適切である

　　貸金業者が個人である顧客等と貸付けの契約を締結しようとする
場合には、返済能力の調査を行うに際し、指定信用情報機関が保有
する信用情報を使用しなければならない（貸金業法13条2項）。し
たがって、法人との間で貸付けの契約を締結しようとする場合には、
指定信用情報機関が保有する信用情報を使用する必要はない。

② 適切である

　　肢①の解説参照。貸金業者が個人であるCとの間で、保証契約を
締結しようとする場合、Cの返済能力の調査を行うに際し、指定信
用情報機関が保有する信用情報を使用しなければならない。

③ 適切である

　　貸金業者を債権者とする金銭の貸借の媒介に係る契約について
は、返済能力の調査を行うに際し、指定信用情報機関が保有する信
用情報を使用する必要はない（貸金業法施行規則1条の2の3第5
号、10条の16第2号）。

④ 適切でない

　　貸金業者が、**極度方式貸付けに係る契約**を締結しようとする場合、返済能力の調査を行うに際し、**指定信用情報機関が保有する信用情報を使用する必要はない**（貸金業法 13 条 2 項、同施行規則 10 条の 16 第 1 号）。

問題　⑲　**極度方式基本契約に係る返済能力調査等**

正解　1

① 適切でない

　　貸金業者が既に当該個人顧客の源泉徴収票その他の当該個人顧客の収入又は収益その他の資力を明らかにする事項を記載し、又は記録した書面又は電磁的記録として内閣府令で定めるものの提出又は提供を受けている場合は、源泉徴収票等の提出は不要である（貸金業法 13 条 3 項）。そして、源泉徴収票は、**一般的に発行される直近の期間に係るもの**であることが要件とされている（貸金業法施行規則 10 条の 17 第 2 項 1 号）。したがって、2 年前に源泉徴収票の提出を受けていたとしても、当該貸金業者合算額が 50 万円を超える以上、**改めて源泉徴収票等の提出又は提供を受けなければならない。**

② 適切である

　　極度方式基本契約の相手方と連絡することができないことにより、極度額（貸金業者が極度方式基本契約の相手方に対し当該極度方式基本契約に基づく極度方式貸付けの元本の残高の上限として極度額を下回る額を提示している場合にあっては、当該下回る額）を一時的に減額していた場合（当該相手方の返済能力の低下による場合を除く）に、当該相手方と連絡することができたことにより、極度額をその減額の前の額まで増額する場合は、返済能力の調査は不要となる（貸金業法施行規則 10 条の 19）。したがって、B に返済能力の低下が認められたことにより極度額が減額されている本肢では、極度額を当初の 50 万円に戻す場合にも返済能力の調査が必要

となる。

③ 適切である

肢②の解説参照。相手方の返済能力の低下が認められない場合に、極度方式基本契約の相手方と連絡することができないことにより、極度額を一時的に減額していたときは、当該相手方と連絡することができたことにより、極度額をその減額の前の額まで増額する際に、返済能力の調査は不要となる（貸金業法施行規則10条の19）。

④ 適切である

貸金業者は、極度方式基本契約の極度額（貸金業者が極度方式基本契約の相手方に対し当該極度方式基本契約に基づく極度方式貸付けの元本の残高の上限として極度額を下回る額を提示している場合にあっては、当該下回る額）を増額する場合、返済能力の調査に関する記録を作成し、これを保存しなければならない（貸金業法13条4項、5項）。

問題 ⑳　個人顧客の利益の保護に支障を生ずることがない契約

正解　4

① 適切である

個人顧客の利益の保護に支障を生ずることがない契約（例外契約）に係る貸付けの残高は、個人顧客合算額に算入される（貸金業法13条の2第2項）。

② 適切である

金融機関からの貸付け（正規貸付け）が行われるまでのつなぎとして行う貸付けに係る契約（極度方式基本契約を除く）であって、正規貸付けが行われることが確実であると認められ、かつ、返済期間が1か月を超えないものは、例外契約に該当する（貸金業法施行規則10条の23第1項6号）。

③ 適切である

個人顧客が既に貸金業者以外の者と締結した契約に基づき負担し

ている債務（既存債務）を弁済するために必要な資金の貸付けに係る契約（当該契約）であって、当該契約の1か月の負担が既存債務に係る1か月の負担を上回らず、「当該契約の将来支払う返済金額の合計額」と「当該契約の締結に関し当該個人顧客が負担する元本及び利息以外の金銭の合計額」の合計額が既存債務に係る将来支払う返済金額の合計額を上回らず、当該契約に基づく債権につき物的担保を供させず、かつ、当該契約について保証契約を締結しないものは、例外契約に該当する（貸金業法施行規則10条の23第1項1号）。

④適切でない

個人顧客が特定費用を支払うために必要な資金の貸付けに係る契約として当該個人顧客と貸金業者との間に締結される契約（極度方式基本契約ではないものとする）であって、当該**個人顧客の返済能力を超えない貸付けに係る契約**であると認められ、かつ、**返済期間が3か月を超えないもの**は、例外契約に該当する（貸金業法施行規則10条の23第1項2号の2）。本肢は返済期間が1年を超えないものとしているので、例外契約に該当しない。

問題 ㉑ 極度方式基本契約の契約締結時の書面の再交付

正解 2

①適切である

極度額（貸金業者が極度方式基本契約の相手方に対し貸付けの元本の上限として極度額を下回る額を提示する場合にあっては、当該下回る額又は極度額）を引き下げたときは、変更後の内容を記載した極度方式基本契約に係る書面（基本契約に係る書面）を相手方に再交付する必要はない（貸金業法17条2項、同施行規則13条5項1号）。

②適切でない

極度額（貸金業者が極度方式基本契約の相手方に対し貸付けの元

本の上限として極度額を下回る額を提示する場合にあっては、当該
下回る額又は極度額）**を引き下げた後、元の額を上回らない額まで
引き上げたときは**、変更後の内容を記載した基本契約に係る書面を
相手方に**再交付する必要はない**（貸金業法 17 条 2 項、同施行規則
13 条 5 項 2 号）。

③適切である

　　貸付けの利率を引き下げた場合、変更後の内容を記載した基本契
約に係る書面を相手方に再交付する必要はない（貸金業法 17 条 2
項、同施行規則 13 条 4 項 1 号イ）。

④適切である

　　返済の方法及び返済を受ける場所を変更した場合、当該変更が契
約の相手方の利益となる変更であるか否かを問わず、変更後の内容
を記載した基本契約に係る書面を B に再交付しなければならない
（貸金業法 17 条 2 項、同施行規則 13 条 4 項 1 号ロ）。

問題　㉒　取立て行為の規制

正解　1

①適切でない

　　債務者等から**家族に知られないように要請を受けている場合以外**
においては、債務者等の自宅に電話をかけ家族がこれを受けた場合
に貸金業者であることを名乗り、郵送物の送付に当たり差出人とし
て貸金業者であることを示したとしても、**取立て行為の規制に、直
ちに該当するものではない**ことに留意する（監督指針 II － 2 － 19
（2）④）。

②適切である

　　貸金業を営む者は、債務者に対し支払を催告するために書面を送
付するときには、その書面に封をするなどして債務者以外の者に当
該債務者の借入れに関する事実が明らかにならないようにしなけれ
ばならない（貸金業法施行規則 19 条 2 項）。

③適切である

　　支払を催告するための書面又はこれに代わる電磁的記録に記載又は記録すべき事項には、支払を催告する金額のほか、契約年月日、貸付けの金額及び貸付けの利率が含まれる（貸金業法21条2項、同施行規則19条3項）。

④適切である

　　「当該書面又は電磁的記録を送付する者の氏名」については、当該債権を管理する部門又は営業所等において、当該債権を管理する者の氏名を記載することとされている（監督指針Ⅱ－2－19（2）⑦ロ）

問題 ㉓ 債権譲渡

正解 1

①適切でない

　　貸金業者は、貸付けに係る契約に基づく債権を他人に譲渡する場合、譲受人に対して、当該債権が貸金業者の貸付けに係る契約に基づいて発生したこと及び譲受人が当該債権に関して行う行為について貸金業法の一部の規定の適用がある旨を、内閣府令で定める方法により、通知しなければならない（貸金業法24条1項）。これは、**譲受人が貸金業者である場合でも同様である。**

②適切である

　　貸金業者が、貸付けに係る契約に基づく債権を譲渡した場合、当該債権の譲受人の営業所又は事務所の所在する都道府県の知事は、資金需要者等の利益の保護を図るため必要があると認めるときは、当該職員に、当該債権の譲受人の営業所もしくは事務所に立ち入らせ、その業務に関して質問させ、又は帳簿書類その他の物件を検査させることができる（貸金業法24条第2項、24条の6の10第3項）。

③適切である

　　貸金業者が、貸付けに係る契約に基づく債権を譲渡した場合、当

該債権の譲受人は、貸金業法24条により準用される当該債権の内容を明らかにする同法17条（契約締結時の書面の交付）に規定する書面を、遅滞なく、当該債権の債務者に交付しなければならない（貸金業法24条1項）。

④ 適切である

協会員が債権譲渡を行うにあたっては、債務者等からの問合せ及び取引履歴の開示請求等に適切に対応できるように、債権譲渡契約において譲渡人及び譲受人の双方が行う役割分担を明確にすることに留意し、債務者等に送付する債権譲渡に係る通知書に明記するよう努めるものとし、協会員が廃業等に伴って債権の譲渡を行った場合には、譲渡の日から10年間帳簿を保管して、債務者等からの閲覧又は謄写の請求に応じる措置を講じるよう努めるものとされている（自主規制基本規則79条）。

問題 ㉔ 開始等の届出

正解 4

① 適切である

貸金業者は、貸金業協会に加入又は脱退した場合、その日から2週間以内に、その旨をその登録をした内閣総理大臣又は都道府県知事（以下、「登録行政庁」という）に届け出なければならない（貸金業法24条の6の2第4号、同施行規則26条の25第1項7号）。

② 適切である

貸金業者は、特定の保証業者との保証契約の締結を貸付けに係る契約の締結の通常の条件とすることとなった場合、その日から2週間以内に、その旨を登録行政庁に届け出なければならない（貸金業法24条の6の2第4号、同施行規則26条の25第1項5号）。

③ 適切である

貸金業者は、第三者に貸金業の業務の委託を行った場合又は当該業務の委託を行わなくなった場合、その日から2週間以内に、その

旨を登録行政庁に届け出なければならない（貸金業法24条の6の2第4号、同施行規則26条の25第1項6号）。

④ 適切でない

貸金業者は、貸付けに係る契約に基づく債権を他人に**譲渡した場合**、その日から**2週間以内**に、その旨をその登録をした内閣総理大臣又は都道府県知事に届け出なければならない（貸金業法24条の6の2第4号、同施行規則26条の25第1項3号）。届出が必要なのは「譲渡した」場合であり、「譲り受けた」場合ではない。

問題 ㉕ 貸金業者に対する監督等

正解 3

① 適切である

内閣総理大臣又は都道府県知事（登録行政庁という）は、その登録を受けた貸金業者が、「純資産額が貸金業の業務を適正に実施するため必要かつ適当なものとして政令で定める金額に満たない者（資金需要者等の利益を損なうおそれがないものとして内閣府令で定める事由がある者を除く）」に該当することとなった場合、当該貸金業者に対し登録を取り消し、又は1年以内の期間を定めて、その業務の全部もしくは一部の停止を命ずることができる（貸金業法24条の6の4第1項1号）。

② 適切である

登録行政庁は、その登録を受けた法人である貸金業者の役員の所在を確知できない場合において、内閣府令で定めるところにより、その事実を公告し、その公告の日から30日を経過しても当該貸金業者から申出がないときは、その登録を取り消すことができる（貸金業法24条の6の6第1項1号）。

③ 適切でない

貸金業者は、事業年度ごとに、内閣府令で定めるところにより、貸金業に係る**事業報告書**を作成し、毎事業年度経過後「**3か月**」以

内に、これをその**登録をした内閣総理大臣又は都道府県知事に提出しなければならない**（貸金業法24条の6の9）。30日以内に提出するのではない。

④ 適切である

監督当局は、貸金業者の検査・監督に係る事務処理上の留意点として、非協会員に対しては、報告徴収及び立入検査の規定に基づき、各年の四半期毎に、前四半期に出稿した広告等の写し又はその内容がわかるものを遅滞なく徴収するものとする（監督指針Ⅲ－3－7）。

問題 26 利息制限法

正解 1

① 適切でない

このような規定は存在しない。なお、出資法では、金銭の貸借の媒介を行う者は、その媒介に係る貸借の金額の100分の5に相当する金額（当該貸借の期間が1年未満であるものについては、当該貸借の金額に、その期間の日数に応じ、年5％の割合を乗じて計算した金額）を超える手数料の契約をし、又はこれを超える手数料を受領してはならないとされている（出資法4条1項）。

② 適切である

営業的金銭消費貸借において、元本の額が10万円以上100万円未満の場合、当該営業的金銭消費貸借における利息の上限金利は年1割8分（18％）である（利息制限法1条2号）

③ 適切である

営業的金銭消費貸借上の債務の不履行による賠償額の予定は、その賠償額の元本に対する割合が年2割を超えるときは、その超過部分について、無効とする（利息制限法7条1項）。

④ 適切である

利息の天引きをした場合において、天引額が債務者の受領額を元

本として利息制限法の制限利率により計算した金額を超えるとき
は、その超過部分は、元本の支払に充てたものとみなす（利息制限
法2条）。

問題 ㉗ 保証料の制限

正解 3

① 適切である

　営業的金銭消費貸借上の債務を主たる債務とする保証（業として
行うものに限る）がされた場合における保証料（主たる債務者が支
払うものに限る）の契約は、その保証料が当該主たる債務の元本に
係る法定上限額から当該主たる債務について支払うべき利息の額を
減じて得た金額を超えるときは、その超過部分について、無効とす
る（利息制限法8条1項）。

② 適切である

　主たる債務について支払うべき利息が利息の契約後変動し得る利
率（変動利率）をもって定められている場合における保証料の契約
において、特約上限利率の定めをしていない場合、利息制限法の法
定上限利率の2分の1の金額を超えるときは、その超過部分につい
て、無効とする（利息制限法8条2項2号）。本肢では、元本が80
万円であるから法定上限利率は、18％（14万4千円）となる。そして、
特約上限利率は定めていないので、保証料の上限は18％の2分の
1の9％となり、保証料として受領できる限度額は80万円の9％
である72,000円となる。

③ 適切でない

　保証契約に関し保証人が主たる債務者から受ける保証料以外の金
銭は、一定ものを除き、礼金、手数料、調査料その他いかなる**名義
をもってするかを問わず、保証料とみなす**（利息制限法8条7項）。
しかし、**契約の締結又は債務の弁済費用**は、**保証料から除かれると**
されていない。

④適切である

　　保証料の契約後に債権者と主たる債務者の合意により利息を増加
した場合における利息の契約は、増加後の利息が法定上限額から保
証料の額を減じて得た金額を超えるときは、その超過部分について、
無効とする（利息制限法9条1項）。本肢では、元本が10万円なの
で、利息制限法の上限利率は18％となる。そして、保証料が5,000
円（5％）であるから、当該変更後の利息の約定は、年1割3分（13
％）を超える部分に限り無効となる。

問題　㉘　意思表示

正解　2

①適切でない

　　意思表示は、表意者がその真意ではないことを知ってしたときで
あっても、そのためにその効力を妨げられない。ただし、**相手方が
その意思表示が表意者の真意ではないことを知り**、又は知ることが
できたときは、その意思表示は、**無効とする**（民法93条1項）。本
肢のAには実際に購入するつもりがないので心裡留保に該当する。
そして、相手方BがAに購入の意思がないことを知っているので、
本肢の売買契約は無効となる。

②適切である

　　相手方と通じてした虚偽の意思表示は、無効とする（民法94条
1項）。そして、虚偽表示の意思表示の無効は、善意の第三者に対
抗することができない（同2項）。本肢では、第三者Cが虚偽表示
の事実を知らないので、無効を対抗することができない。

③適切でない

　　意思表示は、表意者が法律行為の基礎とした事情（動機）につい
てのその認識が真実に反する錯誤に基づくものであって、その錯誤
が法律行為の目的及び取引上の社会通念に照らして重要なものであ
るときは、取り消すことができる（民法95条1項2号）。この場合、

その**事情が法律行為の基礎とされていることが表示されていたとき
に限り、取り消すことができる**（同2項）。本肢では、ショッピン
グモール新設が甲建物の売買契約締結の基礎とされていることをB
に「表示していたか否かにかかわらず」としているので適切でない。

④ 適切でない

　　強迫による意思表示を理由として取消しをした場合、**善意の第三
者にも対抗することができる**（民法96条3項反対解釈）。

問題　㉙　無効及び取消し

正解　4

① 適切でない

　　無効な行為は、追認によっても、その効力を生じない。ただし、
当事者がその行為の無効であることを知って追認をしたときは、「**新
たな行為**」をしたものとみなす（民法119条）。行為をした時に遡っ
て有効とみなされるのではない。

② 適切でない

　　行為能力の制限によって取り消すことができる行為は、**制限行為
能力者**（他の制限行為能力者の法定代理人としてした行為にあって
は、当該他の制限行為能力者を含む）又はその代理人、承継人若し
くは同意をすることができる者に限り、**取り消すことができる**（民
法120条1項）。制限行為能力者は、法定代理人等の**同意がなくても、
取り消すことができる**。

③ 適切でない

　　取り消すことができる行為は、法定代理人等一定の者が**追認した
ときは、以後、取り消すことができない**（民法122条）。

④ 適切である

　　錯誤、詐欺又は強迫によって取り消すことができる行為は、瑕疵
ある意思表示をした者又はその代理人もしくは承継人に限り、取り
消すことができる（民法120条2項）。

問題 30 時効

正解 2

① 適切でない

　　裁判上の請求がある場合において、確定判決又は確定判決と同一の効力を有するものによって権利が確定したときは、時効は、**その事由が終了した時から**新たにその進行を始める（民法147条2項）。その事由が終了した時から6か月を経過した時から新たにその進行を始めるのではない。

② 適切である

　　仮差押えがある場合には、その事由が終了した時から6か月を経過するまでの間は、時効は、完成しない（民法149条1号）。

③ 適切でない

　　時効の更新事由である権利の承認をするには、相手方の権利についての処分につき**行為能力の制限を受けていないこと又は権限があることを要しない**（民法152条2項）。

④ 適切でない

　　時効の利益は、**あらかじめ放棄することができない**（民法146条）。

問題 31 連帯保証

正解 4

① 適切でない

　　主たる債務者の意思に反して連帯保証をすることも**認められる**。

② 適切でない

　　主たる債務の目的又は態様が保証契約の締結後に加重されたときであっても、**保証人の負担は加重されない**（民法448条2項）。

③ 適切でない

　　連帯保証人には、**催告の抗弁権及び検索の抗弁権が認められていない**（民法454条）。したがって、連帯保証人は、まず主たる債務

者に催告をすべき旨を請求することができない。

④ 適切である

　連帯保証人に対する履行の請求その他の事由による時効の完成猶予及び更新は、債権者及び主たる債務者が別段の意思を表示したときを除き、主たる債務者に対して、その効力を生じない（民法458条）。

正解 3

① 適切でない

　相殺は、自働債権について弁済期が到来していなければすることができない（民法505条1項参照）。したがって、Aの有する甲債権は弁済期が11月1日であるので、10月15日の時点では**弁済期が到来しておらず、Aは相殺をすることはできない**。

② 適切でない

　相殺の意思表示には、**条件又は期限を付することができない**（民法506条1項）。

③ 適切である

　時効によって消滅した債権がその消滅以前に相殺に適するようになっていた場合には、その債権者は、相殺をすることができる（民法508条）。

④ 適切でない

　差押え後に取得した債権が差押え前の原因に基づいて生じたものであるときは、その第三債務者は、その債権による相殺をもって差押債権者に対抗することができる。ただし、第三債務者が**差押え後に他人の債権を取得したときは、相殺を対抗することができない**（民法511条2項）。

正解 1

① 適切である

　相続人は、相続によって得た財産の限度においてのみ被相続人の債務及び遺贈を弁済すべきことを留保して、相続の承認をすることができる（民法922条）。

② 適切でない

　被相続人の子が、相続の開始以前に死亡したとき、又は相続欠格事由に該当し、もしくは廃除によって、その相続権を失ったときは、その者の子がこれを代襲して相続人となる（民法887条2項）。しかし、被相続人の子が、**相続を放棄した場合は、その者の子は代襲して相続人とならない**。

③ 適切でない

　相続の承認及び放棄は、相続の承認又は放棄をすべき期間内でも、**撤回することができない**（民法919条1項）。

④ 適切でない

　配偶者及び兄弟姉妹が相続人であるときは、**配偶者の法定相続分は4分の3**であり、**兄弟姉妹の法定相続分は4分の1**である（民法900条3号）。

問題 **34** 手形法・電子記録債権法

正解 1

① 適切である

　確定日払いの約束手形の所持人は、支払をなすべき日又はこれに次ぐ2取引日内に支払のため約束手形を呈示して、約束手形の支払を受けることができる（手形法77条1項3号、38条1項）。

② 適切でない

　「手形金を2回に分割して支払う」旨の条件を記載した場合、当

該記載は**有害的記載事項**となるため、当該約束手形自体が無効となる（手形法 75 条 2 号）。

③適切でない

電子記録債権の譲渡は、**譲渡記録**をしなければ、その**効力を生じない**（電子記録債権法 17 条）。

④適切でない

電子記録債権を**分割**（債権者又は債務者として記録されている者が 2 人以上ある場合において、特定の債権者又は債務者について分離をすることを含む）**をすることもできる**（電子記録債権 43 条 1 項）。

問題 ㉟ 民事執行法

正解 4

①適切でない

債権者が自己の貸金返還請求権につき執行証書を有する場合における強制執行は、**執行文が「付された」執行証書の正本**に基づいて実施される（民事執行法 25 条）。

②適切でない

不動産（登記することができない土地の定着物を除く）に対する強制執行は、**強制競売又は強制管理の方法**により行う。これらの方法は、**併用することができる**（民事執行法 43 条 1 項）。

③適切でない

動産に対する強制執行は、**執行官の目的物に対する差押え**により開始する（民事執行法 122 条 1 項）。

④適切である

債務者が会社から受ける給料に係る債権は、その支払期に受けるべき給付の 4 分の 3 に相当する部分は、差し押さえることができない（民事執行法 152 条 1 項 2 号、2 項）。

問題 36 制限行為能力者

正解 2

① 適切である

　一種又は数種の営業を許された未成年者は、その営業に関しては、成年者と同一の行為能力を有する（民法6条1項）。

② 適切でない

　成年後見人には**同意権がないので**、成年被後見人は、成年後見人の**同意を得ても借財又は保証をすることができない**（民法859条参照）。

③ 適切である

　家庭裁判所は、本人、配偶者、四親等内の親族、後見人、後見監督人、保佐人、保佐監督人、検察官又は補助人もしくは補助監督人の請求により、被補助人が特定の法律行為をするにはその補助人の同意を得なければならない旨の審判をすることができる。ただし、その審判によりその同意を得なければならないものとすることができる行為は、保佐人の同意を要する行為の一部に限る（民法17条1項）。

④ 適切である

　制限行為能力者の相手方が、制限行為能力者が行為能力者とならない間に、その法定代理人、保佐人又は補助人に対し、その権限内の行為について、1か月以上の期間を定めて、その期間内にその取り消すことができる行為を追認するかどうかを確答すべき旨の催告をした場合において、これらの者がその期間内に確答を発しないときは、その行為を追認したものとみなされる（民法20条2項）。

問題 37 代理

正解 4

① 適切である

　代理人が本人のためにすることを示さないでした意思表示は、自

己のためにしたものとみなす。ただし、相手方が、代理人が本人のためにすることを知り、又は知ることができたときは、本人に対して直接にその効力を生ずる（民法100条）。

② 適切である

委任による代理人は、本人の許諾を得たとき、又はやむを得ない事由があるときでなければ、復代理人を選任することができない（民法104条）。

③ 適切である

代理権は、代理人の死亡又は代理人が破産手続開始の決定もしくは後見開始の審判を受けたことによって消滅する（民法111条1項）。

④ 適切でない

他人に代理権を与えた者は、代理権の消滅後にその代理権の範囲内においてその他人が第三者との間でした行為について、代理権の消滅の事実を知らなかった第三者に対してその責任を負う。ただし、**第三者が過失によってその事実を知らなかったときは、第三者に対し責任を負わない**（民法112条1項）。

問題 ③8 債権の効力

正解 2

① 適切である

債権者が債務の履行を受けることを拒み、又は受けることができない場合において、その債務の目的が特定物の引渡しであるときは、債務者は、履行の提供をした時からその引渡しをするまで、自己の財産に対するのと同一の注意をもって、その物を保存すれば足りる（民法413条1項）。

② 適切でない

債務の不履行に対する損害賠償の請求は、これによって通常生ずべき損害の賠償をさせることをその目的とする（民法416条1項）。

また、**特別の事情によって生じた損害**であっても、当事者がその事情を「**予見すべきであった**」ときは、債権者は、その**賠償を請求することができる**（同2項）。したがって、特約がなくても、特別の事情によって生じた損害を予見すべきであったときは、その賠償を請求することができる。

③適切である

　当事者は、債務の不履行について損害賠償の額を予定することができる（民法420条1項）。また、賠償額の予定は、履行の請求又は解除権の行使を妨げない（同2項）。

④適切である

　債権者が、損害賠償として、その債権の目的である物又は権利の価額の全部の支払を受けたときは、債務者は、その物又は権利について当然に債権者に代位する（民法422条）。

問題 ❸❾ 債権譲渡

正解 3

①適切である

　債務者は、譲渡制限の意思表示がされた金銭の給付を目的とする債権が譲渡されたときは、その債権の全額に相当する金銭を債務の履行地（債務の履行地が債権者の現在の住所により定まる場合にあっては、譲渡人の現在の住所を含む）の供託所に供託することができる（民法466条の2第1項）。

②適切である

　債権の譲渡は、その意思表示の時に債権が現に発生していることを要しない（民法466条の6第1項）。

③適切でない

　債権の譲渡（現に発生していない債権の譲渡を含む）は、譲渡人が**債務者に通知**をし、又は**債務者が承諾**をしなければ、債務者その他の第三者に対抗することができない（民法467条1項）。**債務者**

に対しては、確定日付のある通知又は承諾でなくても対抗すること
ができる。

④適切である

　債務者が対抗要件具備時より後に取得した譲渡人に対する債権で
あっても、その債権が対抗要件具備時より前の原因に基づいて生じ
た債権であるときは、相殺をもって譲受人に対抗することができる
（民法469条2項1号）。ただし、債務者が対抗要件具備時より後に
他人の債権を取得したときは、この限りでない（同項ただし書）。

問題　40　定型約款

正解　1

①適切でない

　定型取引を行い、又は行おうとする定型約款準備者は、定型取引
合意の前又は定型取引合意の後相当の期間内に「**相手方から請求が
あった場合**」には、遅滞なく、相当な方法でその**定型約款の内容を
示さなければならない**（民法548条の3第1項）。相手方から請求
があった場合に内容を示せばよく、事前に相手方にその定型約款の
内容を示さなければならないのではない。

②適切である

　定型約款の条項のうち、相手方の権利を制限し、又は相手方の義
務を加重する条項であって、その定型取引の態様及びその実情並び
に取引上の社会通念に照らして民法1条2項に規定する基本原則に
反して相手方の利益を一方的に害すると認められるものについて
は、合意をしなかったものとみなされる（民法548条の2第2項）。

③適切である

　定型約款準備者は、定型約款の変更をするときは、その効力発生
時期を定め、かつ、定型約款を変更する旨及び変更後の定型約款の
内容並びにその効力発生時期をインターネットの利用その他の適切
な方法により周知しなければならない（民法548条の4第2項）。

第16回

解答解説

④ 適切である

　定型約款準備者は、定型約款の変更が、相手方の一般の利益に適合するときは、定型約款の変更をすることにより、変更後の定型約款の条項について合意があったものとみなし、個別に相手方と合意をすることなく契約の内容を変更することができる（民法548条の4第1項1号）。

問題 ④41 破産法

正解 3

① 適切である

　この法律において「破産債権」とは、破産者に対し破産手続開始前の原因に基づいて生じた財産上の請求権であって、財団債権に該当しないものをいう（破産法2条5項）。また、破産債権は、この法律に特別の定めがある場合を除き、破産手続によらなければ、行使することができない（同100条1項）。

② 適切である

　破産債権者の共同の利益のためにする裁判上の費用の請求権は、財団債権に該当する（破産法148条1項1号）。そして、財団債権は、破産手続によらないで破産財団から随時弁済を受けることができる（同2条7項）。

③ 適切でない

　「**別除権**」とは、破産手続開始の時において破産財団に属する財産につき特別の先取特権、質権又は抵当権を有する者がこれらの権利の目的である財産について**破産手続によらないで行使することができる**権利をいう（破産法2条9項、65条1項）。

④ 適切である

　破産債権者は、破産手続開始の申立てがあった時より1年以上前に生じた原因に基づき破産者に対して債務を負担するときは、破産手続によらないで、相殺をすることができる（破産法71条2項3

号)。

問題 ④42 犯罪収益移転防止法

正解 4

① 該当する

　　当該顧客等又はその代表者等から当該顧客等の国民健康保険の被保険者証及び国民年金手帳の提示を受ける方法は、本人特定事項の確認方法に該当する（犯罪収益移転防止法施行規則6条1項1号イ、7条1号ハ）。

② 該当する

　　当該顧客等又はその代表者等から国民健康保険の被保険者証の提示を受け、かつ、顧客等又はその代表者等の現在の住居の記載のある電気料金の領収証書（領収日付の押印又は発行年月日の記載があるもので、その日が貸金業者が送付を受ける日前6か月以内のものに限る：補完書類）の写しの送付を受ける方法は、本人特定事項の確認方法に該当する（犯罪収益移転防止法施行規則6条1項1号ハ、7条1号ニ）。

③ 該当する

　　当該顧客等又はその代表者等から、特定事業者が提供するソフトウェアを使用して、本人確認用画像情報（当該顧客等又はその代表者等に当該ソフトウェアを使用して撮影をさせた当該顧客等の容貌及び写真付き本人確認書類の画像情報であって、当該写真付き本人確認書類に係る画像情報が、当該写真付き本人確認書類に記載されている氏名、住居及び生年月日、当該写真付き本人確認書類に貼り付けられた写真並びに当該写真付き本人確認書類の厚みその他の特徴を確認することができるものをいう）の送信を受ける方法は、本人特定事項の確認方法に該当する（犯罪収益移転防止法施行規則6条1項1号ホ、7条1号イ）。

④ 該当しない

当該顧客等又はその代表者等から当該顧客等の本人確認書類の提示を受けるとともに、当該本人確認書類に記載されている当該顧客等の住居に宛てて、預金通帳その他の当該顧客等との取引に係る文書（取引関係文書）を書留郵便もしくはその取扱いにおいて引受け及び配達の記録をする郵便又はこれらに準ずるもの（書留郵便等）により、その取扱いにおいて転送をしない郵便物又はこれに準ずるもの（転送不要郵便物等）として送付する方法で本人特定事項を確認することができるが、**運転免許証の写しにより、当該方法で本人特定事項の確認をすることは認められていない**（犯罪収益移転防止法施行規則6条1項1号ロ、7条1号イ）。したがって、本人特定事項の確認方法に該当しない。

問題 ❹❸ 個人情報保護法

正解 2

① 適切でない

個人識別符号とは、当該情報単体から特定の個人を識別できるものとして個人情報保護法施行令1条に定められた文字、番号、記号その他の符号をいうが、**携帯電話番号やクレジットカード番号は個人識別符号に該当しない**（個人情報保護法2条2項、同施行令1条参照）。

② 適切である

個人情報取扱事業者とは、個人情報データベース等を事業の用に供している者（国の機関、地方公共団体、独立行政法人等及び地方独立行政法人を除く）をいい、個人情報データベース等を事業の用に供している者であれば、当該個人情報データベース等を構成する個人情報によって識別される特定の個人の数の多寡にかかわらず、個人情報取扱事業者に該当する（個人情報保護法16条2項）。

③ 適切でない

「保有個人データ」とは、個人情報取扱事業者が、開示、内容の訂正、

追加又は削除、利用の停止、消去及び第三者への提供の停止を行うことのできる権限を有する個人データであって、その存否が明らかになることにより公益その他の利益が害されるものとして政令で定めるもの以外のものをいう（個人情報保護法16条4項）。開示や内容の訂正等の**いずれかに応じることができるのではなく、すべてに応じることができるものでなければならない。**

④ 適切でない

　「要配慮個人情報」とは、本人の人種、信条、社会的身分、病歴、犯罪の経歴、「**犯罪により害を被った事実**」その他本人に対する不当な差別、偏見その他の不利益が生じないようにその取扱いに特に配慮を要するものとして政令で定める記述等が含まれる個人情報をいう（個人情報保護法2条3項）。

問題　44　消費者契約法

正解　4

① 適切でない

　事業者とは、法人その他の団体及び事業として又は**事業のために契約の当事者となる場合における個人**をいう（消費者契約法2条2項）。

② 適切でない

　事業者が消費者契約の締結について消費者を勧誘するに際し、当該消費者に対してある重要事項又は当該重要事項に関連する事項について当該消費者の利益となる旨を告げ、かつ、当該重要事項について当該消費者の不利益となる事実を故意に告げなかったことにより、当該消費者が、当該事実が存在しないとの誤認をし、それによって当該消費者契約の申込み又はその承諾の意思表示をしたときは、当該消費者契約は**取り消すことができる**（消費者契約法4条2項）。無効となるのではない。

③ 適切でない

消費者契約の解除に伴う損害賠償の額を予定し、又は違約金を定める条項であって、これらを合算した額が、当該条項において設定された解除の事由、時期等の区分に応じ、当該消費者契約と同種の消費者契約の解除に伴い当該事業者に生ずべき平均的な損害の額を超えるものは、当該「**超える部分について**」**無効となる**（消費者契約法9条1号）。条項そのものが無効となるわけではない。

④ 適切である

事業者の債務不履行（当該事業者、その代表者又はその使用する者の故意又は重大な過失によるものに限る）により消費者に生じた損害を賠償する責任の一部を免除し、又は当該事業者にその責任の限度を決定する権限を付与する条項は無効とする（消費者契約法8条1項2号）。

問題 ㊺ 紛争解決等業務

正解 1

① 適切である

貸金業務等関連苦情とは、貸金業務等に関し、その契約者等による当該貸金業務等を行った者に対する不満足の表明をいう（紛争解決規則2条1号）。

② 適切でない

貸金業務関連紛争とは、貸金業務等関連苦情のうち、当該苦情の相手方である貸金業者と当該苦情に係る契約者等の自主的な交渉では解決ができないものであって、**当事者が和解をすることが「できる」ものを**いう（紛争解決規則2条2号）。

③ 適切でない

苦情処理手続の申立人又は相手方は、苦情処理手続において、その**法定代理人、弁護士、認定司法書士**を代理人とすることができる（紛争解決規則38条1項）。単なる司法書士でなく認定司法書士でなければ代理人となることができない。また、**行政書士は代理人に**

なることができない。

④ 適切でない

　契約者等若しくは加入貸金業者である個人、法人又は**権利能力なき社団等**であって貸金業務関連紛争の当事者である者は、貸金業相談・紛争解決センターに対し**紛争解決手続開始の申立てをすることができる**（紛争解決規則59条1項）。

問題 46 個人情報保護法ガイドライン

正解 3

① 適切である

　親子兄弟会社、グループ会社の間で個人データを交換する場合は、①利用目的達成に必要な範囲内において個人データの取り扱いを委託するとき、②合併等で個人データが提供されるとき、③個人データを共同利用するときを除き、第三者提供に該当するとされている（個人情報保護法ガイドライン通則編3-6-1）。

② 適切である

　個人情報取扱事業者は、個人データを共同利用する場合において、「共同利用する者の利用目的」については、社会通念上、本人が通常予期し得る限度と客観的に認められる範囲内で変更することができ、「個人データの管理について責任を有する者の氏名、名称もしくは住所」についても変更することができるが、「共同利用する者の利用目的」については、変更する前に、「個人データの管理について責任を有する者の氏名、名称もしくは住所」については、変更後遅滞なく、本人に通知し、又は容易に知り得る状態に置かなければならない（個人情報保護法ガイドライン通則編3-6-3）。

③ 適切でない

　利用目的の達成に必要な範囲内において、個人データの取扱いに関する業務の全部又は一部を委託することに伴い、当該個人データが提供される場合は、当該提供先は**第三者に該当しない**（個人情報

保護法ガイドライン通則編3 - 6 - 3）。

④適切である

　金融分野における個人情報取扱事業者は、与信事業に係る個人の返済能力に関する情報を個人信用情報機関へ提供するに当たっては、個人情報の保護に関する法律第27条第2項（オプトアウト）の規定を適用しないこととされている（金融分野における個人情報保護ガイドライン12条3項）。

問題 ❹⓻ 広告及び勧誘に関する規制

正解 3

①適切である

　当該資金需要者等が、協会員からの勧誘を一切拒否する旨の強い意思表示を行った場合（例えば、資金需要者等から協会員に対して「今後一切の連絡を断つ」旨の意思の表示が明示的にあった場合等）当該意思の表示のあった日から最低1年間は一切の勧誘を見合わせるものとし、当該期間経過後も架電、ファックス、電子メール若しくはダイレクトメール等の送信又は訪問等、当該資金需要者等の私生活や業務に与える影響が大きい方法による勧誘は行わないこととする（自主規制基本規則67条1項1号）。

②適切である

　当該資金需要者等が、協会員が勧誘を行った取引に係る勧誘を引き続き受けることを希望しない旨の明確な意思の表示を行った場合（例えば、当該勧誘対象者から協会員に対して、勧誘に係る取引について「今はいらない」「当面は不要である」等の一定の期間当該取引に係る勧誘を拒否する旨の意思を明示的に表示した場合等）当該意思表示のあった日から最低6か月間は当該勧誘に係る取引及びこれと類似する取引の勧誘を見合わせるものとする（自主規制基本規則67条1項2号）。

③適切でない

協会員は、資金需要者等が身体的・精神的な障害等により契約の内容が理解困難なことを認識した場合には、貸付けの契約の締結に係る勧誘を行ってはならない。（自主規制基本規則66条4項）。

④ 適切である

協会員は、債務者等に対して貸付けの契約に係る勧誘を行うに際しては、例えば、店頭窓口において口頭での承諾の事実を確認し、当該承諾に係る記録を作成及び保管する方法により、当該債務者等から当該勧誘を行うことについての承諾を得なければならない（自主規制基本規則66条1項1号）。

問題 48 貸借対照表

正解 1

a 適切である

貸借対照表等は、資産、負債及び純資産の各部に区分して表示しなければならない（会社計算規則73条）。

b 適切でない

負債の部は、**流動負債**、**固定負債に区分**して表示しなければならない（会社計算規則140条1項）。繰延負債には区分するものとはされていない。

c 適切でない

前受金（受注工事、受注品等に対する前受金をいう。）は、流動「**負債**」に属するものとされている（会社計算規則75条2項1号ハ）。

d 適切でない

前払費用であって、**1年内に費用となるべきもの**は、流動「**資産**」に属するものとされている（会社計算規則74条3項1号カ）。

問題 ㊾ キャッシュフロー計算書

正解 3

① 適切でない

　　短期借入れによる収入、短期借入金の返済による支出は、**財務活動**によるキャッシュ・フローの区分に掲記される（財務諸表等の用語、様式及び作成方法に関する規則 115 条）。

② 適切でない

　　棚卸資産の増加額又は減少額は、**営業活動**によるキャッシュ・フローの区分に掲記される（財務諸表等の用語、様式及び作成方法に関する規則 113 条 2 号ロ）。

③ 適切である

　　営業活動によるキャッシュ・フローの区分には、営業利益又は営業損失の計算の対象となった取引に係るキャッシュ・フローのほか、投資活動及び財務活動以外の取引に係るキャッシュ・フローが掲記される（財務諸表等の用語、様式及び作成方法に関する規則 113 条）。

④ 適切でない

　　貸付けによる支出、貸付金の回収による収入は、**投資活動**によるキャッシュ・フローの区分に掲記される（財務諸表等の用語、様式及び作成方法に関する規則 114 条）。

問題 ㊿ 企業会計原則

正解 2

① 適切である

　　企業会計は、すべての取引につき、正規の簿記の原則に従って、正確な会計帳簿を作成しなければならない（企業会計原則一の 2）。これを一般に正規の簿記の原則という。

② 適切でない

　　本肢のような原則は存在しない。なお、企業会計は、財務諸表に

よって、利害関係者に対し**必要な会計事実を明瞭に表示**し、企業の状況に関する判断を誤らせないようにしなければならない（企業会計原則一の4）。これを一般的に**明瞭性の原則**という。

③適切である

企業会計は、その処理の原則及び手続を毎期継続して適用し、みだりにこれを変更してはならない（企業会計原則一の5）。これを一般的に継続性の原則という。

④適切である

企業の財政に不利な影響を及ぼす可能性がある場合には、これに備えて適当に健全な会計処理をしなければならない（企業会計原則一の6）。これを一般に保守主義の原則という。

第15回

解答解説

問題　①　貸金業法上の用語の定義

正解　1

a 適切である

　「貸金業」とは、金銭の貸付け又は金銭の貸借の媒介（手形の割引、売渡担保その他これらに類する方法によってする金銭の交付又は当該方法によってする金銭の授受の媒介を含む）で業として行うものをいう（貸金業法2条1項）。そして、事業者がその従業者に対して行うものは、貸金業から除かれる（同4号）。

b 適切でない

　「**資金需要者等**」とは、**顧客等**又は**債務者等**をいう（貸金業法2条6項）。また、「**顧客等**」とは、**資金需要者である顧客又は保証人となろうとする者**をいい（同4項）、「**債務者等**」とは、**債務者**又は**保証人**をいう（同5項）。したがって、保証人となろうとする者及び保証人は資金需要者等に含まれる。

c 適切でない

　「**個人信用情報**」とは、個人を相手方とする貸付けに係る契約（極度方式基本契約その他の内閣府令で定めるものを除く）に係る当該**顧客の氏名及び住所等の41条の35第1項各号に掲げる事項**をいう（貸金業法2条14項）。本肢の記述は、「信用情報」の説明である。

d 適切でない

　「**住宅資金貸付契約**」とは、住宅の建設もしくは購入に必要な資金（**住宅の用に供する土地又は借地権の取得に必要な資金を「含む」**）又は住宅の改良に必要な資金の貸付けに係る契約をいう（貸金業法2条17項）。

正解 2

a 適切である

　　政令で定める使用人は、貸金業の登録を受けようとする者の使用人で、貸金業に関し営業所又は事務所の業務を統括する者その他これに準ずる者で内閣府令で定めるものである（貸金業法施行令3条）。

b 適切でない

　　貸金業者は、**登録の更新**を受けようとするときは、その者が現に受けている登録の有効期間満了の日の**「2か月前」**までに当該登録の更新を申請しなければならない（貸金業法施行規則5条）。有効期間満了までに申請するのではない。

c 適切である

　　貸金業者登録簿には、①**商号、名称又は氏名及び住所**、②法人である場合においては、その役員の氏名、商号又は名称及び政令で定める使用人があるときは、その者の氏名、③個人である場合において、政令で定める使用人があるときは、その者の氏名、④未成年者である場合においては、その法定代理人の氏名、商号又は名称、⑤**営業所又は事務所の名称及び所在地**、⑥営業所又は事務所ごとに置かれる貸金業務取扱主任者の氏名及び登録番号、⑦その業務に関して広告又は勧誘をする際に表示等をする営業所又は事務所の電話番号その他の連絡先等であって内閣府令で定めるもの、⑧**業務の種類及び方法**、⑨他に事業を行っているときは、その事業の種類、⑩登録年月日及び登録番号が登録される（貸金業法5条1項、4条1項）。

d 適切でない

　　「営業所又は事務所」とは、貸金業者又はその代理人が一定の場所で貸付けに関する業務の全部又は一部を継続して営む施設又は設備（**自動契約受付機、現金自動設備**（現金自動支払機及び現金自動受払機をいう）及び**代理店を含む**）をいう。ただし、「**現金自動設備**」

にあっては、**営業所等（現金自動設備を除く）の同一敷地内（隣接地を含む）**に設置されたものは**営業所又は事務所に該当しない**（貸金業法施行規則1条の5第3項）。したがって、**自動契約受付機**は、貸金業者の既存の営業所の隣接地に設置されるものであっても、**営業所又は事務所に該当する**。

問題 ③ 廃業等の届出

正解 4

①**適切でない**

　　法人である貸金業者が**合併及び破産手続開始の決定以外の理由により解散**をした場合、**その時に登録の効力は失われる**（貸金業法10条2項）。届け出た時に効力を失うのではない。

②**適切でない**

　　法人が合併により消滅した場合、消滅した**法人を代表する役員であった者**は、**その日から30日以内**に、その旨をその登録をした**内閣総理大臣又は都道府県知事に届け出なければならない**（貸金業法10条1項2号）。存続会社又は新設会社を代表する役員が届け出るのではない。

③**適切でない**

　　個人である貸金業者について**破産手続開始の決定**があった場合、その**破産管財人**は、**その日から30日以内**に、その旨をその登録をした**内閣総理大臣又は都道府県知事に届け出なければならない**（貸金業法10条1項3号）。破産をした個人が届け出るのではない。

④**適切である**

　　貸金業者が死亡した場合においては、相続人（相続人が2人以上ある場合において、その全員の同意により事業を承継すべき相続人を選定したときは、その者）は、被相続人の死亡後60日間（当該期間内に登録の拒否の処分があったときは、その日までの間）は、引き続き貸金業を営むことができる（貸金業法10条3項）。

正解 1

① 適切である

　　外部委託には、形式上、外部委託契約が結ばれていなくともその実態において外部委託と同視しうる場合や当該外部委託された業務等が海外で行われる場合も含む（監督指針Ⅱ－2－3（1）③（注））。

② 適切でない

　　委託業務に関して契約どおりサービスの提供が受けられない場合、貸金業者は**顧客利便に支障が生じることを未然に防止するための態勢**を整備しているかに留意するものとされている（監督指針Ⅱ－2－3（1）④）。直ちに外部委託先を変更して変更後の外部委託先に対応させるための態勢を整備するのではない。

③ 適切でない

　　外部委託先において**漏えい事故等が発生した場合**に、適切な対応がなされ、**速やかに委託元に報告される体制**になっていることを確認しているか（監督指針Ⅱ－2－3（1）⑧）。監督当局に報告する体制ではない。

④ 適切でない

　　二段階以上の委託が行われた場合には、**外部委託先が再委託先等の事業者に対して十分な監督を行っているか**について確認しているか。また、必要に応じ、再委託先等の事業者に対して貸金業者自身による直接の監督を行っているか（監督指針Ⅱ－2－3（1）⑩）。外部委託先に対して再委託先等の事業者への監督を行わせないとはしていない。

正解 3

① 適切でない

　　従業者が従業者名簿の記載対象となるか否かについては、個別具体的な事実関係に即して判断することになるが、勧誘や契約の締結を含む営業、審査、債権の管理・回収及びこれらに付随する事務に従事する者であれば雇用関係・雇用形態を問わず、該当すると考えられる一方、**人事、総務、経理、システム管理等その業務遂行の影響が、通常、資金需要者等に及ばない業務に従事する者**は、原則として**該当しない**と考えられる（監督指針Ⅱ－2－9（2）②）。

② 適切でない

　　「常時勤務する者」とは、営業時間内に営業所等に常時駐在する必要はないが、単に所属する**営業所等が1つに決まっている**ことだけでは足りず、社会通念に照らし、**常時勤務していると認められるだけの実態**を必要とする（監督指針Ⅱ－2－9（2）①）。したがって、本肢事例においては、2つの営業所等を兼務する貸金業務取扱主任者を置くことはできない。

③ 適切である

　　貸金業者は、貸金業務取扱主任者が助言又は指導に係る職務を適切に遂行できるよう必要な配慮を行わなければならず、貸金業の業務に従事する使用人その他の従業者は、貸金業務取扱主任者が行う同項の助言を尊重するとともに、指導に従わなければならない（貸金業法12条の3第2項）。

④ 適切でない

　　貸金業者は、貸金業の業務に従事する者の数に対し、50分の1以上となる割合の貸金業務取扱主任者を営業所又は事務所ごとに設置しなければならず、**予見し難い事由**により、営業所又は事務所における貸金業務取扱主任者の数が、この割合を下回るに至ったときは、**2週間以内**に、必要な措置をとらなければならない（貸金業法

12条の3第1項、3項)。この「予見し難い事由」には、**会社の都合や定年による退職**など会社として**予見できると思われるものは含まれない**（監督指針Ⅱ－2－9（2）③)。したがって、定年退職により貸金業務取扱主任者が常時勤務する者でなくなった場合は、2週間以内に新たに貸金業務取扱主任者を設置するのでは足りず、事前に設置しておく必要がある。

問題 **6** 禁止行為

正解 2

a 適切である

　保証人となろうとする者に対し、主たる債務者が弁済することが確実であると誤解させるおそれのあることを告げる行為は禁止されている（貸金業法12条の6第3号)。そして、これに違反した場合、その登録を取り消され、又は1年以内の期間を定めて、その業務の全部もしくは一部の停止を命じられることがある（貸金業法24条の6の4第1項2号)。

b 適切でない

　資金需要者等に対し、不確実な事項について**断定的判断を提供**し、又は確実であると**誤認させるおそれのあることを告げる行為**は**禁止されている**（貸金業法12条の6第2号）が、**刑事罰の対象とはされていない**（貸金業法48条1項1の2号参照)。

c 適切である

　資金需要者等から契約の内容について問合せがあったにもかかわらず、当該内容について回答せず、資金需要者等に不利益を与えることは、「貸付けの契約の内容のうち重要な事項を告げない」行為に該当するおそれが大きいことに留意する必要がある（監督指針Ⅱ－2－10（2）①イ)。

d 適切でない

　「不正な」行為とは**違法な行為**、**「不当な」行為**とは客観的に見て、

実質的に**妥当性を欠く又は適当でない行為**で、**不正（違法）な程度にまで達していない行為**をいう（監督指針Ⅱ-2-10（2）②）。

問題 **7** 利息・保証料の制限

正解 2

a 適切である

貸金業者は、その利息（みなし利息を含む）が利息制限法1条に規定する金額（制限利率）を超える利息の契約を締結してはならない（貸金業法12条の8第1項）。また、貸金業者は、利息制限法1条に規定する金額を超える利息を受領し、又はその支払を要求してはならない（同4項）。

b 適切でない

金銭の貸借の媒介を行った貸金業者は、当該媒介により締結された貸付けに係る契約の債務者から当該媒介の手数料を受領した場合において、当該契約につき**更新があったとき**は、これに対する**新たな手数料を受領し**、又は**その支払を要求してはならない**（貸金業法12条の8第10項）。

c 適切である

貸金業者は、貸付けに係る契約について、業として保証を行う者と保証契約を締結しようとするときは、あらかじめ、当該保証契約を締結するまでに、当該保証業者への照会その他の方法により、①当該保証業者と当該貸付けに係る契約の相手方又は相手方となろうとする者との間における保証料に係る契約の締結の有無、②保証料に係る契約を締結する場合には、当該保証料の額を確認しなければならない（貸金業法12条の8第6項）。

d 適切でない

根保証契約（一定の範囲に属する不特定の貸付けに係る債務を主たる債務とする保証契約をいう）については、当該根保証契約において「**3年**」を経過した日より後の日を**元本確定期日として定める**

根保証契約又は元本確定期日の定めがない根保証契約を締結しては
ならない（貸金業法施行規則10条の14第1項2号）。

正解　4

① 適切でない

　　貸金業者が個人である顧客等と貸付けの契約を締結しようとする
場合には、返済能力の調査を行うに際し、原則として、指定信用情
報機関が保有する信用情報を使用しなければならない（貸金業法
13条2項）。ただし、個人顧客との間で**他の貸金業者を債権者とす
る金銭の貸借の媒介に係る契約**を締結しようとする場合は、**指定信
用情報機関が保有する信用情報を使用する必要はない**（同施行規則
10条の16第1項2号、1条の2の3第5号）。

② 適切でない

　　貸金業者は、貸付けの契約を締結しようとする場合には、顧客等
の収入又は収益その他の資力、信用、借入れの状況、返済計画その
他の返済能力に関する事項を調査しなければならない（貸金業法
13条1項）。手形割引も「**金銭の貸付け**」に含まれる（貸金業法2
条1項）ので、**返済能力の調査は必要である**。

③ 適切でない

　　貸金業者は、**当該貸付けの契約（貸付けに係る契約に限る）に係
る貸付けの金額**と当該個人顧客と**当該貸付けの契約以外の貸付けに
係る契約**を締結しているときは、その**貸付けの残高の合計額を合算
した額（当該貸金業者合算額）**が**50万円を超える場合**又は、**当該
貸金業者合算額**と指定信用情報機関から提供を受けた信用情報によ
り判明した当該個人顧客に対する**当該貸金業者以外の貸金業者の貸
付けの残高の合計額（個人顧客合算額）**が**100万円を超える場合**、
資金需要者である個人の顧客から、源泉徴収票その他の当該個人顧
客の収入又は収益その他の**資力を明らかにする事項**を記載し、又は

記録した書面又は電磁的記録として内閣府令で定めるものの**提出又は提供を受けなければならない**（貸金業法13条3項）。本肢では、当該貸金業者合算額は30万円であり、また個人顧客合算額は100万円なので、資力を明らかにする書面等の提出は不要である。

④ 適切である

　　貸金業者は、貸付けに係る契約においては、返済能力の調査に関する記録を、当該貸付けに係る契約に定められた最終の返済期日（当該貸付けに係る契約に基づく債権が弁済その他の事由により消滅したときにあっては、当該債権の消滅した日）までの間保存しなければならない（貸金業法施行規則10条の18第2項1号）。

問題　⑨　返済能力の調査

正解　1

a 適切でない

　　極度方式基本契約の**相手方と連絡することができないことにより、極度額**（貸金業者が極度方式基本契約の相手方に対し当該極度方式基本契約に基づく極度方式貸付けの元本の残高の上限として極度額を下回る額を提示している場合にあっては、当該下回る額）を**一時的に減額していた場合（当該相手方の返済能力の低下による場合を除く）**に、当該相手方と連絡することができたことにより、**極度額をその減額の前の額まで増額する場合**は、返済能力の調査は不要となる（貸金業法施行規則10条の19）。したがって、Bに返済能力の低下が認められたことにより極度額が減額されている本肢では、極度額を当初の30万円に戻す場合にも返済能力の調査が必要となる。

b 適切である

　　貸金業者が個人顧客である極度方式基本契約の相手方に対し、当該極度方式基本契約に基づく極度方式貸付けの元本の残高の上限として極度額を下回る額を提示している場合にあっては、当該下回る

額を増額する場合も、指定信用情報機関が保有する返済能力の調査が必要となる（貸金業法13条2項、5項）。

c 適切でない

　貸金業者は、極度額を増額する場合、**増額後の極度額**と当該個人顧客と**当該極度方式基本契約以外の貸付けに係る契約**を締結しているときは、その**貸付けの残高の合計額を合算した額（当該貸金業者合算額）**が**50万円を超える**場合、又は**当該貸金業者合算額**と指定信用情報機関から提供を受けた信用情報により判明した当該個人顧客に対する**当該貸金業者以外の貸金業者の貸付けの残高の合計額（個人顧客合算額）**が**100万円を超える**場合、資金需要者である個人の顧客から、源泉徴収票その他の当該個人顧客の収入又は収益その他の**資力を明らかにする事項を記載し、又は記録した書面又は電磁的記録**として内閣府令で定めるものの**提出又は提供を受けなければならない**（貸金業法13条3項）。本肢では、増額後の極度額が50万円を超えておらず、また、A以外の貸金業者の貸付けの残高は0円であるから、源泉徴収票等の提出は不要である。

d 適切でない

　貸金業者は、極度方式基本契約の極度額を増額した場合における返済能力の調査に関する記録を、**当該極度方式基本契約の解除の日又は当該極度方式基本契約に基づくすべての極度方式貸付けに係る契約に定められた最終の返済期日のうち最後のもの**（これらの契約に基づく債権のすべてが弁済その他の事由により消滅したときにあっては、その消滅した日）のうちいずれか**「遅い日」**までの間**保存しなければならない**（貸金業法施行規則10条の20第2項）。

問題　⑩　基準額超過極度方式基本契約の調査

正解　4

a 適切でない

　極度方式基本契約の契約期間を当該極度方式基本契約を締結した

日から同日以後１か月以内の一定の期日までの期間及び当該一定の期日の翌日以後１か月ごとの期間に区分したそれぞれの期間（所定の期間）において、当該期間内に行った当該極度方式基本契約に基づく**極度方式貸付けの金額の合計額が５万円を超え、かつ、当該期間の末日における当該極度方式基本契約に基づく極度方式貸付けの残高の合計額が10万円を超える場合**は、**基準額超過極度方式基本契約に係る調査が必要となる**（貸金業法施行規則10条の24第１項１号）。本肢では、極度方式貸付けの金額の合計額が５万円を超えておらず、また、期間の末日における当該極度方式基本契約に基づく極度方式貸付けの残高の合計額が10万円を超えていないので、調査は不要である。

b 適切でない

極度方式基本契約に基づく極度方式貸付けに係る契約により負う債務の履行を遅滞したことにより当該極度方式基本契約に基づく**新たな極度方式貸付けの停止に係る措置を講じていた場合**において、当該**措置を解除「しようとする」場合**、**基準額超過極度方式基本契約に係る調査が必要となる**（貸金業法施行規則10条の24第１項２号）。調査は、解除をする前に行わなければならない。

c 適切である

基準額超過極度方式基本契約に係る調査が必要となる基準を満たした場合（肢ａの解説参照）には、貸金業者は、所定の期間の末日から３週間を経過する日までに、指定信用情報機関に個人信用情報の提供の依頼をしなければならない（貸金業法施行規則10条の24第２項）。

d 適切である

貸金業者は、基準額超過極度方式基本契約に係る調査をしなければならない場合において、極度方式個人顧客合算額が100万円を超えるときは、当該調査を行うに際し、当該個人顧客から源泉徴収票その他の当該個人顧客の収入又は収益その他の資力を明らかにする事項を記載し、又は記録した書面又は電磁的記録として内閣府令で

定めるものの提出又は提供を受けなければならない。ただし、貸金業者が既に当該個人顧客の源泉徴収票その他の当該個人顧客の収入又は収益その他の資力を明らかにする事項を記載し、又は記録した書面又は電磁的記録として内閣府令で定めるものの提出又は提供を受けている場合は、この限りでない（貸金業法13条の3第3項）。

問題 ⑪ 貸付条件等の掲示

正解 3

a 適切でない

　貸金業者は、内閣府令で定めるところにより、営業所又は事務所ごとに、顧客の見やすい場所に、**貸付条件等として、「当該営業所又は事務所に置かれる貸金業務取扱主任者の氏名」を掲示しなければならない**（貸金業法14条1項4号）。しかし、役職及び登録番号は、貸付条件等に該当しないので、掲示する義務はない。

b 適切である

　貸金業者は、内閣府令で定めるところにより、営業所又は事務所ごとに、顧客の見やすい場所に、貸付条件等として、「担保を供することが必要な場合における当該担保に関する事項」を掲示しなければならない（貸金業法14条1項5号、同施行規則11条3項1号ロ）。

c 適切である

　貸金業者は、内閣府令で定めるところにより、営業所又は事務所ごとに、顧客の見やすい場所に、貸付条件等として、「貸付けの利率」を掲示しなければならない（貸金業法14条1項1号）。そして、貸付けの利率を掲示するときは、年率を百分率で少なくとも小数点以下一位まで表示する方法によるものとする（貸金業法施行規則11条4項）。

d 適切でない

　貸付条件の掲示は、当該営業所等で行う貸付けの種類ごとに、見

やすい方法で行わなければならない。ただし、当該営業所等が**現金自動設備**であって、当該現金自動設備があらかじめ定める条件により継続して貸付けを行う契約（**包括契約**という）に基づく金銭の交付又は回収のみを行うものであるときは、**掲示することを要しない**（貸金業法施行規則11条5項）。

問題 ⑫ 契約締結前の書面

正解 1

a 該当しない

貸金業者は、貸付けに係る契約（極度方式基本契約及び極度方式貸付けに係る契約を除く）を締結しようとする場合には、当該契約を締結するまでに、内閣府令で定めるところにより、一定事項を明らかにし、当該契約の内容を説明する書面（契約締結前の書面）を当該契約の相手方となろうとする者に交付しなければならない（貸金業法16条の2第1項）。しかし、**「契約申込年月日」**は、契約締結前の書面に記載し、明らかにしなければならない事項に**該当しない**。

b 該当する

「貸金業者の商号、名称又は氏名及び住所」は、契約締結前の書面に記載し、明らかにしなければならない事項に**該当する**（貸金業法16条の2第1項1号）。

c 該当しない

「契約の相手方となろうとする者の商号、名称又は氏名及び住所」は、契約締結前の書面に記載し、明らかにしなければならない事項に**該当しない**。

d 該当しない

「保証人となろうとする者の商号、名称又は氏名及び住所」は、契約締結前の書面に記載し、明らかにしなければならない事項に**該当しない**。

正解 2

① 適切でない

　　貸金業者は、貸付けの契約に基づく債権の全部又は一部について**弁済を受けたとき**は、その都度、「**直ちに**」、内閣府令で定めるところにより、一定事項を記載した書面を当該**弁済をした者に交付しなければならない**（貸金業法18条1項）。「遅滞なく」交付するのではない。

② 適切である

　　預金又は貯金の口座に対する払込みその他内閣府令で定める方法により弁済を受ける場合にあっては、当該弁済をした者の請求があった場合に限り、受取証書を交付しなければならない（貸金業法18条2項）。

③ 適切でない

　　貸金業者は、極度方式貸付けに係る契約又は当該契約の基本となる極度方式基本契約に係る極度方式保証契約に基づく債権の全部又は一部について弁済を受けた場合において、当該弁済をした者に対し、その者の承諾を得て、内閣府令で定めるところにより、**1か月における貸付け及び弁済その他の取引の状況を記載した書面**として内閣府令で定めるもの（**マンスリーステートメント**）を交付するときは、**受取証書の交付に代えて、①受領年月日、②受領金額を記載した書面（簡素化書面）**をその者に**交付することができる**（貸金業法18条3項、同施行規則15条4項・5項）。弁済を受けた日から1か月以内に受取証書を交付するのではない。

④ 適切でない

　　貸付けの契約に基づく債権についてその**全部の弁済を受けた場合**において**当該債権の証書（債権証書）**を有するときは、**遅滞なく**、これをその「**弁済をした者**」に**返還しなければならない**（貸金業法22条）。債務者ではなく、債権証書を弁済した者に返還しなければ

ならない。

問題 ⑭ 取立て行為に関する規則

正解 4

a 該当するおそれがある

「多人数で訪問すること。例示として、3名以上が挙げられる」は、貸金業法21条第1項（取立て行為の規制）に定める「威迫」及び「その他の人の私生活若しくは業務の平穏を害するような言動」に**該当するおそれがある**（自主規制基本規則69条1項2号）。

b 該当するおそれがある

「不適当な時期に取立ての行為を行うこと。例示として、①親族の冠婚葬祭時、②年末年始（12月31日から1月3日）、③債務者等の入院時、④罹災時が挙げられる」は、「威迫」及び「その他の人の私生活若しくは業務の平穏を害するような言動」に**該当するおそれがある**（自主規制基本規則69条1項3号）。

c 該当するおそれがある

「反復継続した取立て行為を行うこと。例示として、①電話を用いた債務者等への連絡を、1日に4回以上行うこと、②電子メールや文書を用いた連絡を、前回送付または送信から3日以内に行うことが挙げられる」は、「威迫」及び「その他の人の私生活若しくは業務の平穏を害するような言動」に**該当するおそれがある**（自主規制基本規則69条1項5号）。

d 該当するおそれがある

「親族または第三者に対し、支払いの要求をすること。例示として、①各態様において、あたかも返済義務があるような旨を伝えること、②支払い申し出があった際、支払い義務が無い事を伝えないことが挙げられる」は、「威迫」及び「その他の人の私生活若しくは業務の平穏を害するような言動」に**該当するおそれがある**（自主規制基本規則69条1項6号）。

正解 3

① 適切でない

　貸金業者は、貸金業（貸金業の業務に関してする広告若しくは勧誘又は貸付けの契約に基づく債権の取立てに係る業務を含む）を開始し、**休止し、又は再開したとき**は、内閣府令で定めるところにより、その旨をその**登録をした内閣総理大臣又は都道府県知事に届け出なければならない**（貸金業法24条の6の2第1項1号）。

② 適切でない

　内閣総理大臣又は都道府県知事は、貸金業者の営業所若しくは事務所の所在地又は当該貸金業者の所在（法人である場合においては、その役員の所在）を確知できない場合において、内閣府令で定めるところにより、その事実を公告し、その**公告の日から30日を経過**しても当該貸金業者から申出がないときは、**登録を取り消すことができる**（貸金業法26条の6の6第1項1号）。公告の日から2週間ではない。

③ 適切である

　貸金業法24条の6の12第1項に規定する貸金業協会に加入していない貸金業者に対する監督を行うため、内閣総理大臣又は都道府県知事は、貸金業協会に加入していない貸金業者に対して、貸金業協会の定款、業務規程その他の規則を考慮し、当該貸金業者又はその役員もしくは使用人が遵守すべき規則（社内規則）の作成又は変更を命ずることができる（貸金業法24条の6の12第2項）。

④ 適切でない

　内閣総理大臣又は都道府県知事は、その登録を受けた貸金業者の業務の運営に関し、**資金需要者等の利益の保護を図るため必要があると認めるとき**は、当該貸金業者に対して、その必要の限度において、**業務の方法の変更**その他業務の運営の改善に必要な措置を**命ず**

ることができる（貸金業法 24 条の 6 の 3 第 1 項）。貸金業法その他の法令に違反する事実を認定しなくても、業務の方法の変更等を命じることができる。

問題 ⑯ 保証料の制限等

正解 2

① 適切でない

営業的金銭消費貸借上の債務を主たる債務とする保証（業として行うものに限る）がされた場合における保証料の契約は、その**保証料が当該主たる債務の元本に係る法定上限額**から当該**主たる債務について支払うべき利息の額を減じて得た金額を超える**ときは、その**超過部分**について、**無効とする**（利息制限法 8 条 1 項）。本肢では、元本が 100 万円であるから法定上限額は、15％（15 万円）となる。支払利息は 13％（13 万円）であるから、これを減じて得た額は、2％（2 万円）となる。したがって 2 万円を超える部分が無効となり、全部が無効となるのではない。

② 適切である

肢①の解説参照。本肢では、元本が 50 万円であるから法定上限額は、18％（9 万円）となる。支払利息は 14％（7 万円）であるから、これを減じて得た額は、4％（2 万円）となる。したがって、保証料として受領できる限度は 2 万円となる。本肢では、保証料として 1 万 5 千円（3％）の支払を受ける保証契約を締結しているので、営業的金銭消費貸借の利息の利率を 16％に変更すると、支払利息と保証料の合計が 19％となり、法定上限額を超えてしまうので、変更後の利息のうち 15％を超える部分は無効となる。

③ 適切でない

主たる債務について支払うべき利息が利息の契約後変動し得る利率（変動利率）をもって定められている場合における保証料の契約は、保証契約の時に債権者と保証人の合意により債権者が主たる債

務者から支払を受けることができる**利息の利率の上限（特約上限利率）の定め**をし、かつ、**債権者又は保証人が主たる債務者に当該定めを通知したとき**は、**法定上限額から特約上限利率により計算した利息の金額（特約上限利息額）を減じて得た金額を超えるとき**は、その**超過部分について、無効とする**（利息制限法 8 条 2 項 1 号）。本肢では、元本が 80 万円であるから、法定上限額は 18%（14 万 4 千円）となる。特約上限利息額は 16%（12 万 8 千円）であるから、これを減じて得た額は、2%（1 万 6 千円）となる。したがって、保証料として受領できる限度額は 1 万 6 千円となる。

④適切でない

金銭の貸付け（金銭の貸付けを行う者が業として行うものに限る）の**保証（業として行うものに限る）を行う者**が、当該**保証に係る貸付けの利息と合算して当該貸付けの金額の年 20%を超える割合となる保証料の契約をしたとき**は、**5 年以下の懲役**もしくは **1,000 万円以下の罰金**に処し、又はこれを併科する。当該割合を超える割合となる保証料を受領し、又はその支払を要求した者も、同様とする（出資法 5 条の 2 第 1 項）。本肢では、支払利息 12%、保証料が 2 万円（10%）なので、合算すると 22%となり、違法な保証契約を締結した保証業者 C は、出資法上刑事罰の対象となる。しかし、**貸金業者 A は刑事罰の対象ではない。**

問題　⑰　登録の拒否

正解　1

①該当しない

貸金業法 24 条の 6 の 4（監督上の処分）第 1 項の規定により貸金業の登録を取り消された株式会社の取締役を当該**取消しの日の「30 日」前**に退任した者であって、当該**取消しの日から 5 年を経過しないもの**は、**登録拒否事由に該当する**（貸金業法 6 条 1 項 3 号）。本肢では、取消しの日の「60 日」前に退任しているので、登録拒

否事由に該当しない。

②該当する

　破産手続開始の決定を受けて復権を得ない者は、登録拒否事由に該当する（貸金業法6条1項2号）。

③該当する

　禁錮以上の刑に処せられ、その刑の執行を終わり、又は刑の執行を受けることがなくなった日から5年を経過しない者は、登録拒否事由に該当する（貸金業法6条1項4号）。

④該当する

　純資産額が貸金業の業務を適正に実施するため必要かつ適当なものとして政令で定める金額（5,000万円）に満たない者で、再生手続開始の決定又は更生手続開始の決定を受けていないものは、登録拒否事由に該当する（貸金業法6条1項14号、同3項、同施行令3条の2、同施行規則5条の5）。

問題 ⑱ 変更の届出

正解 3

①適切である

　貸金業者は、「商号、名称又は氏名」に変更があった場合には、その日から2週間以内に、その旨を貸金業の登録を受けた内閣総理大臣又は都道府県知事（登録行政庁という）に届け出なければならない（貸金業法8条1項、4条1項1号）。

②適切である

　法人である貸金業者は、その役員（業務を執行する社員、取締役、執行役、代表者、管理人又はこれらに準ずる者をいい、いかなる名称を有する者であるかを問わず、法人に対し、これらの者と同等以上の支配力を有するものと認められる者として内閣府令で定めるものを含む）の氏名に変更があったときは、その日から2週間以内に、その旨を登録行政庁に届け出なければならない（貸金業法8条1項、

4条1項2号)。

③適切でない

　営業所又は事務所ごとに置かれる貸金業務取扱主任者の氏名及び登録番号は貸金業の登録事項であるが、**貸金業務取扱主任者が登録の更新を受けても登録番号に変更はないので、その旨を登録行政庁に届け出る必要はない**（貸金業法8条1項、4条1項6号参照）。

④適切である

　「その業務に関して広告又は勧誘をする際に表示等をする営業所又は事務所の電話番号その他の連絡先等であって内閣府令で定めるもの」を変更しようとするときは、あらかじめ、その旨を登録行政庁に届け出なければならない（貸金業法8条1項、4条1項7号）。そして、営業所等のホームページアドレスも、電話番号その他の連絡先に該当する（貸金業法施行規則3条の2第1項2号）。

問題　⑲　反社会的勢力による被害の防止

　正解　2

①適切である

　反社会的勢力による不当要求への対処として、反社会的勢力からの不当要求があった場合には積極的に警察・暴力追放運動推進センター・弁護士等の外部専門機関に相談するとともに、暴力追放運動推進センター等が示している不当要求対応要領等を踏まえた対応を行うこととしているか。特に、脅迫・暴力行為の危険性が高く緊急を要する場合には直ちに警察に通報を行うこととしているかに留意するものとされている（監督指針Ⅱ-2-6（1）⑥ロ）。

②適切でない

　反社会的勢力対応部署において反社会的勢力に関する情報を積極的に収集・分析するとともに、当該情報を一元的に管理したデータベースを構築し、適切に更新（情報の追加、削除、変更等）する体制となっているか。また、当該情報の収集・分析等に際しては、グ

ループ内で情報の共有に努め、業界団体等から提供された情報を積極的に活用しているか。さらに、当該情報を取引先の審査や当該貸金業者における株主の属性判断等を行う際に、適切に活用する体制となっているかに留意するものとされている（監督指針Ⅱ-2-6（1）②イ）。グループ内で情報共有を行わないとはしていない。

③適切である

反社会的勢力との取引を未然に防止するため、反社会的勢力に関する情報等を活用した適切な事前審査を実施するとともに、契約書や取引約款への暴力団排除条項の導入を徹底するなど、反社会的勢力が取引先となることを防止しているか。提携ローンについては、暴力団排除条項の導入を徹底の上、貸金業者が自ら事前審査を実施する体制を整備し、かつ、提携先の信販会社における暴力団排除条項の導入状況や反社会的勢力に関するデータベースの整備状況等を検証する態勢となっているかに留意するものとされている（監督指針Ⅱ-2-6（1）③）。

④適切である

反社会的勢力との取引解消に向けた取組みとして、いかなる理由であれ、反社会的勢力であることが判明した場合には、資金提供や不適切・異例な取引を行わない態勢を整備しているか（監督指針Ⅱ-2-6（1）⑤ニ）。

問題 ⑳ 返済能力の調査

正解 4

①適切である

貸金業者は、「貸付けの契約」を締結しようとする場合には、顧客等の収入又は収益その他の資力、信用、借入れの状況、返済計画その他の返済能力に関する事項を調査しなければならない（貸金業法13条1項）。そして、「貸付けの契約」には保証契約も含まれる（貸金業法2条3項）ため、返済能力の調査が必要になる。

② 適切である

　　貸金業者が個人である顧客等と貸付けの契約（極度方式貸付けに
　係る契約その他の内閣府令で定める貸付けの契約を除く）を締結し
　ようとする場合には、返済能力に関する事項の調査を行うに際し、
　指定信用情報機関が保有する信用情報を使用しなければならない
　（貸金業法 13 条 2 項）。

③ 適切である

　　貸金業者は、指定信用情報機関が保有する信用情報を使用した返
　済能力調査の場合において、①貸付けに係る契約に係る貸付けの金
　額と当該個人顧客と当該貸付けの契約以外の貸付けに係る契約を締
　結しているときは、その貸付けの残高の合計額（当該貸金業者合算
　額）が 50 万円を超える場合、又は②当該貸金業者合算額と指定信
　用情報機関から提供を受けた信用情報により判明した当該個人顧客
　に対する当該貸金業者以外の貸金業者の貸付けの残高の合計額（個
　人顧客合算額）が 100 万円を超える場合のいずれかに該当するとき
　は、資金需要者である個人の顧客から、源泉徴収票その他の当該個
　人顧客の収入又は収益その他の資力を明らかにする事項を記載し、
　又は記録した書面又は電磁的記録として内閣府令で定めるものの提
　出又は提供を受けなければならない（貸金業法 13 条 3 項）。そして、
　「貸付けに係る契約」には、保証契約は含まれていない（貸金業法
　2 条 3 項）。したがって、保証契約については、資力を明らかにす
　る書面の提供を受ける必要はない。

④ 適切でない

　　貸付けに係る契約の保証契約を締結した場合、貸金業者は、返済
　能力に関する調査の記録を、当該**貸付けに係る契約に定められた最
　終の返済期日**（当該貸付けに係る契約に基づく債権が弁済その他の
　事由により消滅したときにあっては、当該債権の消滅した日）又は
　当該保証契約に基づく債務が消滅した日のうちいずれか「**早い日**」
　まで**保存しなければならない**（貸金業法施行規則 10 条の 18 第 2 項
　2 号）。

問題 ㉑ 個人過剰貸付契約から除かれる契約

正解 3

①該当する

　個人顧客又は当該個人顧客の親族で当該個人顧客と生計を一にする者の健康保険法に規定する高額療養費を支払うために必要な資金の貸付けに係る契約は、個人過剰貸付契約から除かれる契約に該当する（貸金業法施行規則10条の21第1項4号）。

②該当する

　自動車の購入に必要な資金の貸付けに係る契約のうち、当該自動車の所有権を貸金業者が取得し、又は当該自動車が譲渡により担保の目的となっているものは、個人過剰貸付契約から除かれる契約に該当する（貸金業法施行規則10条の21第1項3号）。

③該当しない

　不動産（借地権を含み、個人顧客若しくは担保を提供する者の**居宅、居宅の用に供する土地**若しくは**借地権**又は当該個人顧客若しくは担保を提供する者の**生計を維持するために不可欠なものを除く**）を担保とする貸付けに係る契約であって、当該個人顧客の返済能力を超えないと認められるものは、個人過剰貸付契約から除かれる契約に該当する（貸金業法施行規則10条の21第1項6号）。本肢の居宅を担保とする場合は、個人過剰貸付契約から除かれる契約に該当しない。

④該当する

　手形の割引を内容とする契約であって、割引の対象となる手形が融通手形ではないものは、個人過剰貸付契約から除かれる契約である（貸金業法施行規則10条の21第1項8号、1条の2の3第2号）。

正解 3

① 適切である

　貸金業者は、貸付けに係る契約について保証契約を締結しようとする場合には、当該保証契約を締結するまでに、貸金業法16条の2第3項に規定する書面について、貸金業法施行規則12条の2第6項の規定に基づき当該保証契約の概要を記載した書面及び詳細を記載した書面の2種類の書面を同時に、当該保証契約の保証人となろうとする者に交付しなければならない（貸金業法施行規則12条の2第6項）。

② 適切である

　貸金業者は、貸付けに係る契約について保証契約を締結したときは、遅滞なく、内閣府令で定めるところにより、当該保証契約の内容を明らかにする事項で貸金業法16条の2第3項各号に掲げる事項その他の内閣府令で定めるものを記載した書面（保証契約における契約締結時の書面）を当該保証契約の保証人に交付しなければならない（貸金業法17条3項）。また、貸金業者は、貸付けに係る契約について保証契約を締結したとき、又は貸付けに係る契約で保証契約に係るものを締結したときは、遅滞なく、内閣府令で定めるところにより、貸金業法17条1項各号に掲げる事項についてこれらの貸付けに係る契約の内容を明らかにする書面（貸付けに係る契約における契約締結時の書面）をこれらの保証契約の保証人に交付しなければならない（貸金業法17条4項）。

③ 適切でない

　肢②の解説参照。貸金業者は、貸付けに係る契約について保証契約を締結したときは、保証人に対して保証契約における契約締結時の書面及び貸付けに係る契約における契約締結時の書面を交付しなければならないが、**貸付けに係る契約の相手方**には、**保証契約における契約締結時の書面を交付する必要はない**。

④ 適切である

　貸金業者は、貸付けに係る契約について保証契約を締結した後に当該保証契約における保証期間を変更した場合、当該変更が当該保証契約の保証人の利益となる変更であるときを除き、変更後の保証期間が記載された保証契約における契約締結時の書面を当該保証人に再交付しなければならない（貸金業法17条3項、同施行規則13条7項1号イ）。

問題　㉓　契約変更時の書面交付義務

正解　4

① 適切である

　「貸付けの利率」を「引き上げた」場合、債務者の利益となる変更には該当しないので、貸金業者は、変更後の内容を記載した契約締結時の書面を契約の相手方Bに再交付しなければならない（貸金業法施行規則13条2項1号イ）。

② 適切である

　貸金業者は、「返済の方式」を変更した場合、変更後の内容を記載した契約締結時の書面を契約の相手方Bに再交付しなければならない（貸金業法施行規則13条2項1号ロ）。

③ 適切である

　貸金業者は、「返済の方法及び返済を受ける場所」を変更した場合、当該変更がBの利益となるか否かを問わず、変更後の内容を記載した契約締結時の書面を契約の相手方Bに再交付しなければならない（貸金業法施行規則13条2項1号ロ）。

④ 適切でない

　貸金業者は、**「契約上、返済期日前の返済ができるか否か及び返済ができるときはその内容」**を変更した場合、当該変更が契約の**相手方の利益となるとき**は、変更後の内容を記載した契約締結時の書面を相手方Bに**再交付する必要はない**（貸金業法施行規則13条2項1

号イ)。

したがって、変更がBの利益となるか否かを問わず再交付しなければならないとする本肢は適切ではない。

問題 ㉔ 書類等の保存期間

正解 3

① 適切である

貸金業者は、従業者名簿を、最終の記載をした日から10年間保存しなければならない（貸金業法施行規則10条の9の2第3項）。

② 適切である

貸金業者は、個人過剰貸付契約から除かれる契約を締結した場合には、法令に定められた書面（本肢の不動産の建設工事の請負契約書等）もしくはその写し又はこれらに記載された情報の内容を記録した電磁的記録を、当該貸付けに係る契約に定められた最終の返済期日（当該貸付けに係る契約に基づく債権が弁済その他の事由により消滅したときにあっては、当該債権の消滅した日）までの間保存しなければならない（貸金業法施行規則10条の21第2項）。

③ 適切でない

貸金業者は、個人顧客との間で締結した極度方式基本契約が**基準額超過極度方式基本契約に該当するかどうかの調査**をした場合、内閣府令で定めるところにより、当該調査に関する記録を作成しなければならず、**当該記録を作成後「3年間」保存しなければならない**（貸金業法施行規則10条の27第2項）。

④ 適切である

貸金業者は、極度方式基本契約を締結した場合には、帳簿を当該極度方式基本契約及び当該極度方式基本契約に基づくすべての極度方式貸付けに係る契約について、当該極度方式基本契約の解除の日又はこれらの契約に定められた最終の返済期日のうち最後のもの（これらの契約に基づく債権のすべてが弁済その他の事由により消

滅したときにあっては、その消滅した日）のうちいずれか遅い日から少なくとも10年間保存しなければならない（貸金業法施行規則17条1項）。

正解　1

① 合致しない

　貸金業者において不祥事件が発覚し、当該貸金業者から第一報があった場合は、①**社内規則等に則った内部管理部門への迅速な報告及び経営陣への報告**、②**刑罰法令に抵触しているおそれのある事実については、警察等関係機関等への通報**、③**独立した部署（内部監査部門等）での不祥事件の調査・解明の実施**を確認するものとする（監督指針Ⅱ－2－8（1）①）。直ちに、立入検査を実施するとはされていない。

② 合致する

　不祥事件と貸金業者の業務の適切性の関係については、①不祥事件の発覚後の対応は適切か、②不祥事件への経営陣の関与はないか、組織的な関与はないか、③不祥事件の内容が資金需要者等に与える影響はどうか、④内部牽制機能が適切に発揮されているか、⑤再発防止のための改善策の策定や自浄機能は十分か、関係者の責任の追及は明確に行われているか、⑥資金需要者等に対する説明や問い合わせへの対応等は適切かの着眼点に基づき検証を行うこととする（監督指針Ⅱ－2－8（1）②）。

③ 合致する

　不祥事件の届出があった場合には、事実関係（当該行為が発生した営業所等、当該行為者の氏名・職名・職歴（貸金業務取扱主任者である場合にはその旨）、当該行為の概要、発覚年月日、発生期間、発覚の端緒）、発生原因分析、改善・対応策等について深度あるヒアリングを実施し、必要に応じて貸金業法24条の6の10に基づき

報告書を徴収することにより、貸金業者の自主的な業務改善状況を把握することとする（監督指針Ⅱ－2－8（2））。

④ 合致する

　資金需要者等の利益の保護の観点から重大な問題があると認められるときには、貸金業者に対して、貸金業法24条の6の3の規定に基づく業務改善命令を発出することとする。また、重大・悪質な法令違反行為が認められるときには、貸金業法24条の6の4に基づく業務停止命令等の発出を検討するものとする（監督指針Ⅱ－2－8（2））。

問題　㉖　個人信用情報の提供等

正解　1

① 適切でない

　加入貸金業者は、資金需要者である個人の顧客を相手方とする貸付けに係る契約を締結したときは、遅滞なく、当該貸付けに係る契約に係る個人信用情報を信用情報提供契約を締結した指定信用情報機関に提供しなければならない。ただし、**極度方式基本契約は対象外**とされているので、提供する義務はない（貸金業法41条の35第2項）。

② 適切である

　加入貸金業者は、加入指定信用情報機関に資金需要者等に係る信用情報の提供の依頼（当該資金需要者等に係る他の指定信用情報機関が保有する個人信用情報の提供の依頼を含む）をする場合には、内閣府令で定める場合を除き、あらかじめ、当該資金需要者等から書面又は電磁的方法による同意を得なければならない（貸金業法41条の36第1項）。

③ 適切である

　個人信用情報の提供をした加入貸金業者は、当該提供をした個人信用情報に変更があったときは、遅滞なく、その変更内容を加入指

定信用情報機関に提供しなければならない（貸金業法41条の35第3項）。

④ 適切である

　　加入貸金業者は、信用情報の提供等に係る同意の取得及び信用情報の提供等に係る配偶者の同意の取得に関する記録を、当該同意に基づき指定信用情報機関が信用情報を保有している間保存しなければならない（貸金業法41条の36第3項、同施行規則30条の16）。

問題 27　利息制限法

正解　4

① 適切である

　　債務者が金銭の受領又は弁済のために利用する現金自動支払機その他の機械の利用料のうち、弁済額が1万円以下は110円、1万円を超える場合は220円までは、利息とみなされない（利息制限法6条2項3号、同法施行令2条）。

② 適切である

　　債務者の要請により、金銭の貸付け及び弁済に用いるため債務者に交付されたカードを再発行した場合の手数料は利息とみなされない（利息制限法施行令1条1号）。

③ 適切である

　　契約内容のうち重大な事項を変更したため、変更後の契約締結時の書面を作成し、当該顧客への再交付をしなければならない場合、当該再交付に要した費用は、利息とみなされる（利息制限法施行令1条参照）。なお、営業的金銭消費貸借に関して債務者に交付された書面を「債務者の要請により」再発行する場合の手数料は利息とみなされない。

④ 適切でない

　　口座振替の方法による弁済において、債務者が弁済期に弁済できなかった場合に、**債務者の要請により**行う**再度の口座振替手続に要**

する費用は利息とみなされない（利息制限法施行令1条3号）。

問題 28 制限行為能力者等

正解 4

①適切でない

　　後見人は、被後見人の財産を管理し、かつ、その財産に関する法律行為について被後見人を代表する（民法859条1項）。しかし、**成年後見人**には**同意権がないため**、**成年被後見人が同意をした行為**であっても、**取り消すことができる**（民法9条参照）。

②適切でない

　　制限行為能力者が行為能力者であることを信じさせるため**詐術を用いたとき**は、その行為を**取り消すことができない**（民法21条）。したがって、詐術を用いた制限行為能力者だけでなく、その者の法定代理人も取り消すことができない。

③適切でない

　　一種又は数種の営業を許された未成年者は、その営業に関しては、**成年者と同一の行為能力を有する**（民法6条）。しかし、この営業に関する許可をもって**成年に達したものとみなされるわけではない**。

④適切である

　　法律行為の当事者が意思表示をした時に意思能力を有しなかったときは、その法律行為は、無効とする（民法3条の2）。

問題 29 意思表示

正解 1

①適切である

　　錯誤が表意者の重大な過失によるものであった場合には、原則として、錯誤による意思表示の取消しをすることができない。ただし、

①相手方が表意者に錯誤があることを知り、又は重大な過失によって知らなかったとき、②相手方が表意者と同一の錯誤に陥っていたときのどちらかに該当する場合は、取消しをすることができる（民法95条3項）。本肢では、相手方Bが表意者Aに錯誤があったことを知っていたのであるから、Aは錯誤による意思表示を理由として、契約を取り消すことができる。

② 適切でない

相手方に対する意思表示について第三者が詐欺を行った場合においては、**相手方がその事実を知り、又は知ることができたときに限り、その意思表示を取り消すことができる**（民法96条2項）。本肢では、Bが、Cによる詐欺の事実を知らず、かつ、知ることができなかったのであるから、Aは、詐欺による意思表示を理由として、当該契約を取り消すことができない。

③ 適切でない

強迫による意思表示は取り消すことができる（民法96条1項）。そして、この**強迫による取消しは、善意無過失の第三者に対抗できる**。したがって、Aは、強迫による契約の取消しをCに対抗することができる。

④ 適切でない

虚偽表示による意思表示の無効は、**善意の第三者に対抗することができない**（民法94条2項）。本肢のCは事情を知っている（悪意）ので、AはCに対し、虚偽表示による無効を主張することができる。

問題 ㉚ 無効・取消し

正解 2

① 適切でない

無効な行為は、**追認**によっても、その**効力を生じない**。ただし、当事者がその行為の無効であることを知って**追認をしたときは、新たな行為**をしたものとみなす（民法119条）。初めから有効であっ

たとみなされるのではない。

②適切である

　　行為能力の制限によって取り消すことができる行為は、制限行為能力者（他の制限行為能力者の法定代理人としてした行為にあっては、当該他の制限行為能力者を含む）又はその代理人、承継人若しくは同意をすることができる者に限り、取り消すことができる（民法120条1項）。

③適切でない

　　取り消された行為は、**初めから無効**であったものとみなす（民法121条）。将来に向かって無効となるのではない。

④適切でない

　　取消権は、**追認をすることができる時から5年間**行使しないときは、時効によって消滅する。**行為の時から20年**を経過したときも、同様とする（民法126条）。

問題 ㉛ 抵当権

正解　3

①適切でない

　　抵当権は、**抵当地の上に存する建物を除き**、その目的である不動産に付加して一体となっている物に及ぶ（民法370条1項）。建物には、土地の抵当権の効力は及ばない。

②適切でない

　　同一の不動産について数個の抵当権が設定されたときは、その抵当権の順位は、**登記の前後**による（民法373条）。

③適切である

　　抵当権者は、その抵当権を他の債権の担保とし、又は同一の債務者に対する他の債権者の利益のためにその抵当権若しくはその順位を譲渡し、若しくは放棄することができる（民法376条1項）。

④適切でない

抵当権は、債務者及び抵当権設定者に対しては、その担保する債権と**同時**でなければ、**時効によって消滅しない**（民法396条）。

問題　㉜　債権の目的及び効力

正解　1

①適切である

　債務の不履行に対する損害賠償の請求は、これによって通常生ずべき損害の賠償をさせることをその目的とする（民法416条1項）。特別の事情によって生じた損害であっても、当事者がその事情を予見すべきであったときは、債権者は、その賠償を請求することができる（民法416条2項）。

②適切でない

　債務の履行について不確定期限があるときは、債務者は、その**期限の到来した後に履行の請求を受けた時**又はその**期限の到来したことを知った時**のいずれか早い時から遅滞の責任を負う（民法412条2項）。

③適切でない

　債務の不履行又はこれによる損害の発生若しくは拡大に関して債権者に過失があったときは、裁判所は、**これを考慮して**、**損害賠償の責任及びその額を定める**（民法418条）。

④適切でない

　利息を生ずべき債権について別段の意思表示がないときは、その利率は、その**利息が生じた最初の時点における法定利率**による（民法404条1項）。そして、**法定利率は年3%**とする（民法404条2項）。

問題　㉝　相殺

正解　4

①適切でない

二人が互いに同種の目的を有する債務を負担する場合において、**双方の債務が弁済期にあるとき**は、各債務者は、その対当額について**相殺によってその債務を免れることができる**（民法505条1項）。ただし、**債務者が自ら期限の利益を放棄することは可能である**（民法136条2項）ため、Aは、甲債権の弁済期が到来した10月15日時点で相殺することができる。

②適切でない

　　時効によって消滅した債権がその**消滅以前に相殺に適するようになっていた場合**には、その債権者は、**相殺をすることができる**（民法508条）。したがって、甲債権が時効で消滅した場合でも、それ以前に甲債権と乙債権とが相殺に適するようになっていたときは、Aは、甲債権と乙債権とを相殺することができる。

③適切でない

　　差押えを受けた債権の第三債務者は、**差押え後に取得した債権による相殺をもって差押債権者に対抗することはできない**（民法511条1項）。Bは乙債権を差押命令の送達後に取得しているので、甲債権と乙債権との相殺をもってCに対抗することができない。

④適切である

　　破産債権者は、破産手続開始の時において破産者に対して債務を負担するときは、破産手続によらないで、相殺をすることができる（破産法67条1項）。本肢では、破産債権者Aが、破産手続開始の時において破産者Bに対して債務（Bの有する乙債権）を負担しているので、破産手続によらないで、相殺をすることができる。

問題　34　相続

正解　3

①適切でない

　　被相続人の子が、相続の開始以前に死亡したとき、又は相続人の欠格事由に該当し、もしくは廃除によって、その相続権を失ったと

きは、**その者の子**がこれを**代襲して相続人となる**。ただし、被相続人の**直系卑属でない者**は、**この限りでない**（民法887条2項）。したがって、被相続人の直系卑属であれば、代襲して相続人となることができる。

② 適切でない

配偶者及び兄弟姉妹が相続人であるときは、**配偶者の相続分は、4分の3**とし、**兄弟姉妹の相続分は、4分の1**とする（民法900条3号）。

③ 適切である

兄弟姉妹以外の相続人は、遺留分として、遺留分を算定するための財産の価額に、①直系尊属のみが相続人である場合は3分の1、②それ以外の場合は2分の1を乗じた額を受ける。したがって、配偶者のみが相続人となる場合は、遺留分として被相続人の財産の2分の1に相当する額を受ける。

④ 適切でない

相続人は、自己のために相続の開始があったことを**知った時から3か月以内**に、相続について、単純もしくは限定の承認又は放棄をしなければならない（民法915条1項）。

問題 ㉟ 手形法・電子記録債権法

正解 4

① 適切でない

強迫を理由とする手形行為取消しの抗弁は、原則として、当該強迫を行った相手方に対してのみ主張しうる、いわゆる人的抗弁であるが、**譲受人（所持人）が悪意**である場合は、**対抗することができる**（手形法17条、77条1項1号）。

② 適切でない

満期において手形金の支払がないときは、約束手形の所持人は、裏書人その他の債務者に対してその遡求権を行使することができ

る。また、振出人が破産、支払停止し、又はこれらの者の財産に対する強制執行が効を奏さなかったときは、**満期前に遡求権を行使することができる**（手形法43条）。

③ 適切でない

電子記録債権の譲渡は、**譲渡記録**をしなければその**効力を生じない**（電子記録債権法17条）。譲渡記録は発生要件であり、対抗要件ではない。

④ 適切である

電子記録名義人に対してした電子記録債権についての支払は、当該電子記録名義人がその支払を受ける権利を有しない場合であっても、その効力を有する。ただし、その支払をした者に悪意又は重大な過失があるときは、この限りでない（電子記録債権法21条）。

問題 ㊱ 犯罪収益移転防止法

正解 3

① 適切でない

貸金業者が、株式会社（外国に本店又は主たる事務所を有する法人ではないものとする）である顧客の取引時確認として確認しなければならない事項である事業の内容の確認方法には、当該**取引時確認をする日前「6か月」以内に作成された当該株式会社の設立の登記に係る登記事項証明書又はその写しを確認する方法**がある（犯罪収益移転防止法施行規則7条2号イ）。

② 適切でない

貸金業者は、取引時確認を行った場合には、直ちに、主務省令で定める方法により、当該取引時確認に係る事項、当該取引時確認のためにとった措置その他の主務省令で定める事項に関する記録（確認記録）を作成しなければならない（犯罪収益移転防止法6条1項）。そして、特定事業者（貸金業者）は、**確認記録を、特定取引等に係る契約が終了した日その他の主務省令で定める日から、7年間保存**

しなければならない（犯罪収益移転防止法6条2項）。

③適切である

貸金業者は、特定業務に係る取引を行った場合には、少額の取引その他の政令で定める取引を除き、直ちに、主務省令で定める方法により、顧客等の確認記録を検索するための事項、当該取引の期日及び内容その他の主務省令で定める事項に関する記録（取引記録）を作成しなければならない(犯罪収益移転防止法7条1項)。そして、貸金業者は取引記録等を、当該取引の行われた日から7年間保存しなければならない（犯罪収益移転防止法7条3項）。

④適切でない

貸金業者（その役員及び使用人を含む）は、疑わしい取引の届出を行おうとすること又は行ったことを当該**疑わしい取引の届出に係る顧客等**又は**その者の関係者に漏らしてはならない**（犯罪収益移転防止法8条3項）。

問題 37 代理

正解 1

①適切でない

代理人がその権限内において**本人のためにすることを示してした意思表示**は、**本人に対して直接にその効力を生ずる**（民法99条）。本人が**事前に承認**したり、**事後に追認**をしたりする**必要はない**。

②適切である

法定代理人は、自己の責任で復代理人を選任することができる。この場合において、やむを得ない事由があるときは、本人に対してその選任及び監督についての責任のみを負う（民法105条）。

③適切である

代理権は、①本人又は代理人の死亡、②代理人が破産手続開始の決定を受けたこと、③代理人が後見開始の審判を受けたことによって消滅する（民法111条1項）。

④適切である

　　他人に代理権を与えた者は、代理権の消滅後にその代理権の範囲
内においてその他人が第三者との間でした行為について、代理権の
消滅の事実を知らなかった第三者に対してその責任を負う。ただし、
第三者が過失によってその事実を知らなかったときは、この限りで
ない（民法112条1項）。

問題 38 時効

正解 3

①適切である

　　裁判上の請求は、確定判決又は確定判決と同一の効力を有するも
のによって権利が確定したときは、時効は、当該事由が終了した時
から新たにその進行を始める（民法147条2項）。

②適切である

　　強制執行が申し立てられた場合、当該事由が終了する（申立ての
取下げ又は法律の規定に従わないことによる取消しによってその事
由が終了した場合にあっては、その終了の時から6か月を経過する）
までの間は、時効は、完成しない（民法148条1項）。

③適切でない

　　仮差押え、仮処分があった場合、**その事由が終了した時から6か
月を経過するまでの間は、時効は、完成しない**（時効の完成の猶予：
民法149条）。仮差押え、仮処分については、時効の完成は猶予さ
れるが、**時効の更新はされない。**

④適切である

　　債権は、①債権者が権利を行使することができることを知った時
から5年間行使しないとき、②権利を行使することができる時から
10年間行使しないときのどちらか早い方で、時効によって消滅す
る（民法166条1項）。

正解 1

① 適切でない

　事業のために負担した貸金等債務を主たる債務とする保証契約又は主たる債務の範囲に事業のために負担する貸金等債務が含まれる**根保証契約**は、その契約の締結に先立ち、その**締結の日前 1 か月以内に作成された公正証書**で保証人になろうとする者が**保証債務を履行する意思を表示していなければ**、その**効力を生じない**（民法 465条の 6 第 1 項）。そして、当該公正証書を作成するには、**公証人**が、公正証書は民法に規定する方式に従って作ったものである旨を付記して、これに**署名**し、**印を押す必要がある**（同 2 項 4 号）。したがって、公正証書は C ではなく、公証人が作成しなければならない。

② 適切である

　主たる債務者が期限の利益を有する場合において、その利益を喪失したときは、債権者は、保証人に対し、その利益の喪失を知った時から 2 か月以内に、その旨を通知しなければならない（民法 458条の 3 第 1 項）。そして、期間内に通知をしなかったときは、債権者は、保証人に対し、主たる債務者が期限の利益を喪失した時から同項の通知を現にするまでに生じた遅延損害金（期限の利益を喪失しなかったとしても生ずべきものを除く）に係る保証債務の履行を請求することができない（同 2 項）。

③ 適切である

　肢①の解説参照。主たる債務の範囲に事業のために負担する貸金等債務が含まれる根保証契約についても、その契約の締結に先立ち、その締結の日前 1 か月以内に作成された公正証書で保証人になろうとする者が保証債務を履行する意思を表示していなければ、その効力を生じない。

④ 適切である

　主たる債務者は、事業のために負担する債務を主たる債務とする

保証又は主たる債務の範囲に事業のために負担する債務が含まれる根保証の委託をするときは、委託を受ける者に対し、①財産及び収支の状況、②主たる債務以外に負担している債務の有無並びにその額及び履行状況、③主たる債務の担保として他に提供し又は提供しようとするものがあるときは、その旨及びその内容に関する情報を提供しなければならない（民法465条の10第1項）。

問題 ⑩ 弁済

正解 2

① 適切である

　　債務者が債権者に対して債務の弁済をしたときは、その債権は、消滅する（民法473条）。

② 適切でない

　　弁済をするについて**正当な利益を有する者でない第三者**は、**債務者の意思に反して弁済をすることができない**（民法474条2項）。また、弁済をするについて正当な利益を有する者でない第三者は、**債権者の意思に反して弁済をすることができない**（同3項）。したがって、弁済をするについて正当な利益を有する者でない第三者であっても、**債務者及び債権者の意思に反しないのであれば、弁済をすることができる**。

③ 適切である

　　弁済をすべき場所について別段の意思表示がないときは、特定物の引渡しは債権発生の時にその物が存在した場所において、その他の弁済は債権者の現在の住所において、それぞれしなければならない（民法484条1項）。

④ 適切である

　　債務者は、弁済の提供の時から、債務を履行しないことによって生ずべき責任を免れる（民法492条）。

問題 41 消費貸借契約

正解 4

① 適切である

　借主は、返還の時期の定めの有無にかかわらず、いつでも返還をすることができる（民法591条2項）。

② 適切である

　書面でする消費貸借の借主は、貸主から金銭その他の物を受け取るまで、契約の解除をすることができる。この場合において、貸主は、その契約の解除によって損害を受けたときは、借主に対し、その賠償を請求することができる（民法587条の2第2項）。

③ 適切である

　金銭その他の物を給付する義務を負う者がある場合において、当事者がその物を消費貸借の目的とすることを約したときは、消費貸借は、これによって成立したものとみなす（民法588条）。

④ 適切でない

　貸主は、**特約がなければ**、借主に対して**利息を請求することができない**（民法589条1項）。

問題 42 改正前民法と改正後民法

正解 2

① 適切である

　Aは、2020年3月1日に、Bとの間で金銭消費貸借契約を締結しているので、改正前民法が適用される。改正前民法では、債権の消滅時効は、権利を行使できる時から10年間である（改正前民法167条）。したがって、本肢の債権は、10年間行使しないときは、時効によって消滅する。

② 適切でない

　Aは、2020年5月1日に、Cとの間で、AのBに対する貸付金

債権を譲渡しているので、当該債権譲渡については、改正民法が適用となる。そして、改正後の民法においては、**譲渡禁止特約があっても債権譲渡は可能である**（民法 466 条 2 項）。

③ 適切である

　　改正民法の施行日前に締結された定型取引に係る契約については、契約の当事者の一方（契約又は法律の規定により解除権を現に行使することができる者を除く）により反対の意思の表示が書面でされた場合（その内容を記録した電磁的記録によってされた場合を含む）を除き、改正民法の規定が適用される（民法附則 33 条 1 項・2 項）。本肢の定型取引は、改正後民法の施行前である 2020 年 3 月 1 日に契約が締結されているが、A 又は B が書面又は電磁的記録により反対の意思を表示していないときは、改正民法が適用される。

④ 適切である

　　時効の期間の満了の時に当たり、天災その他避けることのできない事変のため裁判上の請求等又は強制執行等に係る手続を行うことができないときは、その障害が消滅した時から 3 か月を経過するまでの間は、時効は、完成しない（民法 161 条）。本肢では、2020 年 4 月 15 日に天災その他避けることのできない事変が生じたのであるから、改正民法が適用される。したがって、天災等による時効の完成猶予については、改正民法が適用され、その障害が消滅した時から 3 か月を経過するまでの間は、時効は、完成しない。

問題 ㊸ 個人情報保護法

正解 4

① 適切でない

　　個人情報取扱事業者は、個人情報を取り扱うに当たっては、その利用目的をできる限り特定しなければならないが、「**マーケティング活動に用いるため**」という記載は、**具体的に利用目的を特定していない事例に該当する**（個人情報保護法ガイドライン通則編 3 － 1

－1）。

②適切でない

　　個人情報取扱事業者は、個人情報保護法17条1項により特定した利用目的の達成に必要な範囲を超えて、個人情報を取り扱う場合は、あらかじめ本人の同意を得なければならない。ただし、当該**同意を得るために個人情報を利用すること（メールの送信や電話をかけること等）は**、当初特定した利用目的として記載されていない場合でも、**目的外利用には該当しない**（個人情報保護法ガイドライン通則編3－1－3）。

③適切でない

　　個人情報取扱事業者は、個人情報を取得する場合は、あらかじめその利用目的を公にしていることが望ましい。公表していない場合は、取得後速やかに、その利用目的を、本人に通知するか、又は公表しなければならない。そして、**インターネット上で本人が自発的に公にしている個人情報を取得した場合（単に閲覧しただけの場合を除く）**は、利用目的を**本人に通知するか、又は公表しなければならない**（個人情報保護法ガイドライン通則編3－3－3）。

④適切である

　　個人情報取扱事業者は、契約書や懸賞応募はがき等の書面等による記載、ユーザー入力画面への打ち込み等の電磁的記録により、直接本人から個人情報を取得する場合には、あらかじめ、本人に対し、その利用目的を明示しなければならない。そして、アンケートに記載された個人情報を直接本人から取得する場合は、あらかじめ、本人に対し、その利用目的を明示しなければならない（個人情報保護法ガイドライン通則編3－3－4）。ただし、人の生命、身体又は財産の保護のために緊急に必要があるときは、利用目的を明示しなくてもよい（個人情報保護法21条2項）。

問題 ④44 消費者契約法

正解 3

① 適切でない

消費者契約法では、**クーリング・オフ制度は認められていない**。なお、消費者契約法では、消費者は、事業者が消費者契約の締結について勧誘をするに際し、当該消費者に対して一定の行為をしたことにより**消費者が誤認をし、それによって当該消費者契約の申込み又はその承諾の意思表示をしたときは、これを取り消すことができる**としている（消費者契約法4条）。

② 適切でない

「適格消費者団体」とは、不特定かつ多数の消費者の利益のためにこの法律の規定による**差止請求権**を行使するのに必要な適格性を有する法人である消費者団体として、内閣総理大臣の認定を受けた者をいう（消費者契約法2条4項）。しかし、取消権を有するのは、消費者であり、**適格消費者団体に取消権の行使は認められていない**。

③ 適切である

消費者契約法に基づき消費者に認められる取消権は、**追認をすることができる時から1年間**（霊感商法については3年間）行わないときは、時効によって消滅する。当該消費者契約の締結の時から5年（霊感商法については10年）を経過したときも、同様とする（消費者契約法7条1項）。

④ 適切でない

消費者契約の**解除に伴う損害賠償の額を予定し、又は違約金を定める条項**であって、これらを合算した額が、当該条項において設定された解除の事由、時期等の区分に応じ、**当該消費者契約と同種の消費者契約の解除に伴い当該事業者に生ずべき平均的な損害の額を超えるものは、当該「超える部分」が無効となる**（消費者契約法9条1号）。条項そのものが無効となるのではない。

第15回

解答解説

407

正解 1

① 適切である

　　協会員は、債務者等に対して貸付けの契約に係る勧誘を行うに際しては、当該債務者等から当該勧誘を行うことについての承諾を得なければならない。当該承諾の取得方法としては、例えば、①店頭窓口において口頭での承諾の事実を確認し、当該承諾に係る記録を作成及び保管する方法、②協会員のホームページを用いて承諾を取得する方法、③自動契約機又は現金自動設備などのタッチパネル上において承諾を取得する方法、④電話通信の方法により承諾を取得する方法、⑤書面により承諾を取得する方法が考えられる（自主規制基本規則66条1項）。

② 適切でない

　　協会員は、勧誘リスト等を作成するにあたっては、当該勧誘リストに**個人信用情報の記載等をすることがないよう**留意しなければならない（自主規制基本規則66条5項）。

③ 適切でない

　　協会員は、新聞又は雑誌へ個人向け貸付けの契約に係る広告を出稿するにあたっては、①**ギャンブル専門紙及びギャンブル専門誌**、②**風俗専門紙及び風俗専門誌へ広告を掲出することはしてはならない**（自主規制基本規則56条）。そもそもギャンブル専門紙等に広告を掲出することができない。

④ 適切でない

　　協会員は、新聞、雑誌又は電話帳へ個人向け貸付けの契約に係る広告を出稿するにあたっては、その表現内容に関し、①安易な借入れを助長する表現、又はその疑いのある表現を排除すること、②**比較広告を行わないこと**、③ホームページアドレスを表示する場合、当該ホームページに啓発文言の表示があること、また、当該ホームページに返済シミュレーションを備えることに留意しなければなら

ない（自主規制基本規則 55 条）。そもそも、比較広告をすることができない。

問題 46 **景品表示法**

正解 **2**

① 適切である

「表示」とは、顧客を誘引するための手段として、事業者が自己の供給する商品又は役務の内容又は取引条件その他これらの取引に関する事項について行う広告その他の表示であって、内閣総理大臣が指定するものをいう（景品表示法 2 条 4 項）。

② 適切でない

内閣総理大臣は、景品表示法 4 条（景品類の制限及び禁止）の規定による制限もしくは禁止又は同法 5 条（不当な表示の禁止）の規定に違反する行為があるときは、当該事業者に対し、その行為の差止めもしくはその行為が再び行われることを防止するために必要な事項又はこれらの実施に関連する公示その他必要な事項を命ずることができる。そして、当該命令は、**当該違反行為が既になくなっている場合においてもすることができる**（景品表示法 7 条 1 項）。

③ 適切である

内閣総理大臣は、景品表示法 7 条（措置命令）1 項の規定による命令に関し、事業者がした表示が同法 5 条（不当な表示の禁止）1 号に該当する表示（優良誤認表示という）か否かを判断するため必要があると認めるときは、当該表示をした事業者に対し、期間を定めて、当該表示の裏付けとなる合理的な根拠を示す資料の提出を求めることができる。この場合において、当該事業者が当該資料を提出しないときは、当該表示は優良誤認表示とみなされる（景品表示法 7 条 2 項）。

④ 適切である

内閣総理大臣は、事業者が正当な理由がなくて景品表示法 26 条

1 項の規定（事業者が講ずべき景品類の提供及び表示の管理上の措置）に基づき事業者が講ずべき措置を講じていないと認めるときは、当該事業者に対し、景品類の提供又は表示の管理上必要な措置を講ずべき旨の勧告をすることができる。当該勧告を行った場合において当該事業者がその勧告に従わないときは、その旨を公表することができる（景品表示法 28 条 1 項、2 項）。

問題 47 紛争解決等業務

正解 3

① 適切である

　契約者等による紛争解決手続開始の申立てが受理され、相手方に対してその旨の通知がなされた場合、申立ての受理とその旨の通知を受けた相手方である協会員等は、正当な理由がある場合を除き、紛争解決手続に応じなければならない（紛争解決規則 62 条 1 項）。

② 適切である

　紛争解決委員は、当事者もしくは参考人から意見を聴取し、もしくは文書もしくは口頭による報告を求め、又は当事者から参考となるべき帳簿書類その他の物件の提出もしくは提示を求めることができる（紛争解決規則 83 条 1 項）。

③ 適切でない

　紛争解決委員は、申立てに係る紛争の解決に必要な和解案を作成し、当事者に対し提示して、その受諾を勧告することができる（紛争解決規則 89 条 1 項）。そして、**当事者双方が紛争解決委員の和解案を受諾したときには、「その時点」で当該和解案の内容で和解が成立したものとする**（同 2 項）。裁判所に届け出ることで和解が成立したものとされるのではない。

④ 適切である

　紛争解決委員は、和解案の受諾の勧告によっては当事者間に和解が成立する見込みがない場合において、事案の性質、当事者の意向、

当事者の手続追行の状況その他の事情に照らして相当であると認めるときは、貸金業務関連紛争の解決のために必要な特別調停案を作成し、理由を付して当事者に提示することができる（紛争解決規則90条）。

問題 (48) 損益計算書

正解 1

売上高から売上原価を控除したものは、売上総利益である（企業会計原則二の3 D）。したがって、（ a ）には、**売上総利益**が入る。売上総利益から、販売費及び一般管理費を控除したものは**営業利益**である（企業会計原則二の3 F）。したがって、（ b ）には、営業利益が入る。営業利益に営業外収益を加え、これから営業外費用を控除したものは、**経常利益**である。したがって、（ c ）には、経常利益が入る。

以上より、a－**売上総利益** b－**営業利益** c－**経常利益**となり、肢①が正解である。

問題 (49) 企業会計原則

正解 3

① 適切である

企業会計は、企業の財政状態及び経営成績に関して、真実な報告を提供するものでなければならない。これを一般に真実性の原則という（企業会計原則一の1）。

② 適切である

企業会計は、財務諸表によって、利害関係者に対し必要な会計事実を明瞭に表示し、企業の状況に関する判断を誤らせないようにしなければならない。これを一般に明瞭性の原則という（企業会計原則一の4）。

③適切でない

　　堅実性の原則というものは、**企業会計原則にない。**

④適切である

　　株主総会提出のため、信用目的のため、租税目的のため等種々の目的のために異なる形式の財務諸表を作成する必要がある場合、それらの内容は、信頼し得る会計記録に基づいて作成されたものであって、政策の考慮のために事実の真実な表示をゆがめてはならない。これを一般に単一性の原則という（企業会計原則一の7）。

問題 ⑤0 **貸借対照表**

　　正解 2

①適切である

　　固定資産に係る項目は、有形固定資産、無形固定資産及び投資その他の資産に区分しなければならない（会社計算規則74条2項）。

②適切でない

　　資産の部は、**流動資産**、**固定資産**及び**繰延資産**に区分しなければならない（会社計算規則74条1項）。金融資産ではない。

③適切である

　　社債、長期借入金等の長期債務は、固定負債に属するものとする（会社計算規則75条2項2号）。

④適切である

　　未払費用は、流動負債に属するものとする（会社計算規則75条2項1号）。

第14回

解答解説

問題　1　貸金業法上の用語の定義

正解　2

a 適切でない

　「貸金業」とは、金銭の貸付け又は金銭の貸借の媒介（**手形の割引、売渡担保その他これらに類する方法によってする金銭の交付**又は当該方法によってする**金銭の授受の媒介**を含む）で業として行うものをいう（貸金業法2条1項）。

b 適切である

　「貸付けの契約」とは、貸付けに係る契約又は当該契約に係る保証契約をいう（貸金業法2条3項）。

c 適切である

　「顧客等」とは、資金需要者である顧客又は保証人となろうとする者をいう（貸金業法2条4項）。

d 適切でない

　「信用情報」とは、**資金需要者である顧客又は債務者**の借入金の**返済能力**に関する情報をいう（貸金業法2条13項）。しかし、**保証人の保証能力に関する情報は含まれない**。

問題　2　変更の届出

正解　2

① 適切でない

　貸金業者は、**商号の変更**をした場合、**変更の日から2週間以内**にその旨をその登録をした内閣総理大臣又は都道府県知事（以下、登録行政庁という）に届け出なければならない（貸金業法8条1項、

4条1項1号)。

② 適切である

　　貸金業者は、**業務の種類及び方法を変更**した場合、**変更の日から
2週間以内**にその旨を登録行政庁に届け出なければならない（貸金
業法8条1項、4条1項8号）。

③ 適切でない

　　貸金業者は、**営業所又は事務所の名称及び所在地の変更**をしよう
とするときは、「**あらかじめ**」その旨を登録行政庁に届け出なけれ
ばならない（貸金業法8条1項、4条1項5号）。

④ 適切でない

　　貸金業者は、貸金業の業務に関して**広告又は勧誘をする際に表示
等をする営業所又は事務所の電話番号その他の連絡先等**であって内
閣府令で定めるものを変更しようとする場合は、「**あらかじめ**」そ
の旨を登録行政庁に届け出なければならない（貸金業法8条1項、
4条1項7号）。

問題　③　貸金業務取扱主任者

正解　2

a 適切である

　　「常時勤務する者」とは、営業時間内に営業所等に常時駐在する
必要はないが、単に所属する営業所等が1つに決まっていることだ
けでは足りず、社会通念に照らし、常時勤務していると認められる
だけの実態を必要とする（監督指針Ⅱ-2-9（2）①）。

b 適切でない

　　貸金業者は、内閣府令で定めるところにより、**営業所又は事務所
ごとに、従業者名簿**を備え、①従業者の氏名、②住所、③従業者証
明書の番号、④生年月日、⑤主たる職務内容、⑥**貸金業務取扱主任
者であるか否かの別**、⑦**貸金業務取扱主任者であるときは、その登
録番号**、⑧当該営業所等の従業者となった年月日、⑨当該営業所等

の従業者でなくなったときは、その年月日、⑩貸付けの業務に1年以上従事した者（常勤の役員又は使用人であるものに限る）に該当するか否かの別を記載し、これを保存しなければならない（貸金業法12条の4第2項、同施行規則10条の9の2）。

c 適切である

「予見し難い事由」とは、個別具体的に判断されるが、急な死亡や失踪など限定的に解釈されるべきであり、会社の都合や定年による退職など会社として予見できると思われるものは含まれない（監督指針Ⅱ－2－9（2）③）。

d 適切でない

「必要な措置」とは、**営業所等への貸金業務取扱主任者の設置又は当該営業所等の廃止**などが該当する（監督指針Ⅱ－2－9（2）④）。

問題　④　禁止行為

正解　3

① 適切でない

資金需要者等から契約の内容について問合せがあったにもかかわらず、当該**内容について回答せず、資金需要者等に不利益を与えることは、「貸付けの契約の内容のうち重要な事項を告げない」行為**に該当するおそれが大きいことに留意する必要があるが、「告げる」又は「告げない」行為とは**必ずしも口頭によるものに限られない**としている（監督指針Ⅱ－2－10（2）①イ）。つまり、口頭で告げることが可能であり、書面で回答しなければ「貸付けの契約の内容のうち重要な事項を告げない」行為に該当というわけではない。

② 適切でない

「**不正な**」行為とは**違法**な行為、「**不当な**」行為とは客観的に見て、実質的に**妥当性を欠く又は適当でない行為**で、不正（違法）な程度にまで達していない行為をいう（監督指針Ⅱ－2－10（2）②）。

③適切である

　貸金業者は、その貸金業の業務に関し、資金需要者等に対し、**虚偽のことを告げてはならない**（貸金業法12条の6第1号）。そして、この規定に違反した場合、**1年以下の懲役もしくは300万円以下の罰金**に処し、又はこれを併科される（貸金業法48条第1項1号の2）。

④適切でない

　貸金業者は、その貸金業の業務に関し、資金需要者等に対し、不確実な事項について**断定的判断を提供し、又は確実であると誤認させるおそれのあることを告げる行為**をしてはならない（貸金業法12条の6第2号）。しかし、この規定に違反した場合、**行政処分の対象にはなっても、罰則の適用はない**。

問題 ⑤ 利息・保証料等に係る制限等

正解 4

①適切でない

　貸金業者は、その利息（みなし利息を含む）が**利息制限法第1条に規定する金額を超える利息の契約を締結してはならない**（貸金業法12条の8第1項）。そして、この規定に違反した場合、業務停止命令や登録の取消等の行政処分の対象となるが、**罰則の適用はない**（貸金業法24条の6の4第1項2号）。罰則の適用があるのは、出資法に規定する割合（年20％）を超える場合である。

②適切でない

　貸金業者は、**利息制限法第1条に規定する金額を超える利息を受領し、又はその支払を要求してはならない**（貸金業法12条の8第4項）。そして、この規定に違反した場合、**行政処分の対象となる**（貸金業法24条の6の4第1項2号）。

③適切でない

　貸金業者は、貸付けに係る契約について、業として保証を行う者

（保証業者）と保証契約を締結しようとするときは、**あらかじめ、**当該保証契約を締結するまでに、当該保証業者への照会その他の方法により、①当該保証業者と当該貸付けに係る契約の相手方又は相手方となろうとする者との間における**保証料に係る契約の締結の有無**及び②保証料に係る契約を締結する場合には、当該**保証料の額**を確認しなければならない（貸金業法 12 条の 8 第 6 項）。あらかじめの照会が必要であり、保証契約を締結したときに遅滞なく行うのではない。

④ 適切である

　　貸金業者は、保証業者との間で根保証契約を締結しようとする場合において、当該根保証契約において、「3 年」を経過した日より後の日を元本確定期日として定める根保証契約又は元本確定期日の定めがない根保証契約を締結してはならない（貸金業法 12 条の 8 第 9 項、同施行規則 10 条の 14 第 2 号）。したがって、根保証契約の締結の日から 5 年を経過した日を主たる債務の元本確定期日として定める根保証契約を締結してはならない。

問題 ❻ 信用情報を使用した返済能力の調査義務

正解 1

a 使用する必要はない

　　貸金業者が個人である顧客等と貸付けの契約（**極度方式貸付けに係る契約その他の内閣府令で定める貸付けの契約を除く**）を締結しようとする場合には、返済能力の調査を行うに際し、指定信用情報機関が保有する信用情報を使用しなければならない（貸金業法 13 条 2 項）。したがって、極度方式貸付けの場合は、指定信用情報機関が保有する信用情報を使用する必要がない。

b 使用しなければならない

　　肢 a の解説参照。「貸付けの契約」には保証契約も含まれるため、保証人となろうとする者の返済能力の調査に際し、指定信用情報機

関が保有する信用情報を使用しなければならない。

c 使用する必要はない

　　手形の割引を内容とする契約を締結しようとする場合は、指定信用情報機関が保有する**信用情報の使用は強制されない**（貸金業法施行規則 10 条の 16 第 2 号、 1 条の 2 の 3 第 2 号）。

d 使用する必要はない

　　個人顧客との間で**他の貸金業者を債権者とする金銭の貸借の媒介に係る契約**を締結しようとする場合は、指定信用情報機関が保有する**信用情報の使用は強制されない**（貸金業法施行規則 10 条の 16 第 2 号、 1 条の 2 の 3 第 5 号）。

問題　7　資力を明らかにする書面等

正解　4

① 適切でない

　　貸金業者は、当該貸付けの契約（貸付けに係る契約に限る）に係る貸付けの金額と当該個人顧客と当該貸付けの契約以外の貸付けに係る契約を締結しているときは、その貸付けの残高を合算した額（**当該貸金業者合算額**）が **50 万円を超える**場合は、資金需要者である個人の顧客から、源泉徴収票その他の当該個人顧客の収入又は収益その他の**資力を明らかにする事項を記載し、又は記録した書面**又は電磁的記録として内閣府令で定めるものの提出又は提供を受けなければならない（貸金業法 13 条 3 項 1 号）。そして、資力を明らかにする書面として源泉徴収票の提出を受ける場合、一般的に発行される**直近の期間に係るものが必要**になるため、**1 年前に源泉徴収票の提出を受けていても、改めて資力を明らかにする書面の提出を求めなければならない**（貸金業法施行規則 10 条の 17 第 2 項 1 号）。

② 適切でない

　　「当該貸金業者合算額」に**保証残高は含まれない**。したがって、本肢では貸付けの金額が 50 万円であるため、資力を明らかにする

書面の提出又は提供は不要である（貸金業法13条3項）。

③ 適切でない

　貸金業者は、個人顧客との間で締結した極度方式基本契約が**基準額超過極度方式基本契約に該当するかどうかの調査**をしなければならない場合において、当該顧客に係る**極度方式個人顧客合算額が100万円を超えるとき**は、**資力を明らかにする書面等の提出を求めなければならないが、過去3年以内に発行がされたもの**（貸金業者が、当該書面等が発行された日から起算して2年を経過した日以後1年以内に当該個人顧客の勤務先に変更がないことを確認した場合には、過去5年以内に発行がされたもの）**又はその写しの提供を受けている場合は、新たに資力を明らかにする書面の提出又は提供は不要である**（貸金業法施行規則10条の26第2項）。

④ 適切である

　個人顧客との間で締結した極度方式基本契約が基準額超過極度方式基本契約に該当するかどうかの調査をしなければならない場合において、極度方式個人顧客合算額が100万円を超える場合は、資力を明らかにする書面の提出又は提供を受けなければならないが、極度方式個人顧客合算額には、住宅資金貸付け契約等に係る貸付けの残高は含まれない（貸金業法13条の3第3項）。

問題 ⑧ 返済能力の調査

正解 3

a 刑事罰の対象とならない

　貸金業者は、貸付けの契約を締結しようとする場合において、返済能力の調査により、当該貸付けの契約が**個人過剰貸付契約**その他顧客等の返済能力を超える貸付けの契約と認められるときは、当該**貸付けの契約を締結してはならない**（貸金業法13条の2第1項）。しかし、この規定に違反しても行政処分の対象となるが、**罰則の適用はない**（貸金業法24条の6の3）。

b 刑事罰及び行政処分の対象となる

　貸金業者が個人である顧客等と貸付けの契約（極度方式貸付けに係る契約その他の内閣府令で定める貸付けの契約を除く）を締結しようとする場合には、返済能力の調査を行うに際し、指定信用情報機関が保有する信用情報を使用しなければならない（貸金業法13条2項）。そして、この規定に違反した場合、行政処分の対象となるほか（貸金業法24条の6の3）、1年以下の懲役もしくは300万円以下の罰金に処し、又はこれを併科される（貸金業法48条第1項1号の4）。

c 刑事罰及び行政処分の対象となる

　貸金業者は、当該貸金業者合算額が50万円を超える場合又は当該個人顧客合算額が100万円を超える場合、資金需要者である個人の顧客から源泉徴収票その他の当該個人顧客の収入又は収益その他の資力を明らかにする事項を記載し、又は記録した書面又は電磁的記録として内閣府令で定めるものの提出又は提供を受けなければならない（貸金業法13条3項）。そして、この規定に違反した場合、行政処分の対象となるほか（貸金業法24条の6の4）、100万円以下の罰金に処される（貸金業法49条1項3号の2）。

d 刑事罰及び行政処分の対象となる

　貸金業者は、顧客等と貸付けの契約を締結した場合には、内閣府令で定めるところにより、返済能力の調査に関する記録を作成し、これを保存しなければならない（貸金業法13条4項）。そして、この規定に違反した場合、行政処分の対象となるほか（貸金業法24条の6の3）、100万円以下の罰金に処される（貸金業法49条1項3号の3）。

問題　9　個人過剰貸付け契約から除かれる契約

正解　3

a 該当しない

売却を予定している**個人顧客の不動産**（借地権を含む）の売却代金により弁済される貸付けに係る契約であって、当該**個人顧客の返済能力を超えないと認められるもの**（貸付けの金額が当該貸付けに係る契約の締結時における当該不動産の価格の範囲内であるものに限り、当該不動産を売却することにより当該個人顧客の生活に支障を来すと認められる場合を除く）は**「個人過剰貸付契約から除かれる契約」に該当する**（貸金業法施行規則 10 条の 21 第 1 項 7 号）。しかし、本肢では個人顧客の不動産ではなく、**配偶者の不動産**としているので、**「個人過剰貸付契約から除かれる契約」に該当しない。**

b 該当する

不動産の建設もしくは購入に必要な資金又は不動産の改良に必要な資金の貸付に係る契約は「個人過剰貸付契約から除かれる契約」に該当する（貸金業法施行規則 10 条の 21 第 1 項 1 号）。

c 該当しない

不動産（借地権を含み、個人顧客もしくは担保を提供する者の**居宅、居宅の用に供する土地**もしくは借地権又は当該個人顧客もしくは担保を提供する者の**生計を維持するために不可欠なものを除く**）を担保とする貸付けに係る契約であって、当該個人顧客の返済能力を超えないと認められるもの（貸付けの金額が当該貸付けに係る契約の締結時における当該不動産の価格の範囲内であるものに限る）は「個人過剰貸付契約から除かれる契約」に該当する（貸金業法施行規則 10 条の 21 第 1 項 6 号）。しかし、本肢では**居宅を担保**としているので、**「個人過剰貸付契約から除かれる契約」に該当しない。**

d 該当する

肢 c の解説参照。不動産を担保とする貸付けに係る契約（居宅を担保とする契約等法令に定める契約を除く）であって、当該個人顧客の返済能力を超えないと認められるものは「個人過剰貸付契約から除かれる契約」に該当する。

正解 3

① 適切でない

　貸金業者は、貸付けに係る契約を締結しようとする場合には、当該契約を締結する時までに、当該契約の内容を説明する書面（契約締結前の書面）を当該契約の相手方になろうとする者に交付しなければならない（貸金業法16条の2第1項）。しかし、**極度方式貸付けの場合には、契約締結前の書面を交付する義務はない。**

② 適切でない

　貸金業者は、貸付けに係る契約について保証契約を締結しようとする場合には、当該**保証契約を締結するまでに**、内閣府令で定めるところにより、当該**保証契約の内容を説明する書面**を当該保証契約**の保証人となろうとする者**に交付しなければならない（貸金業法16条の2第3項）。しかし、当該**貸付けに係る契約**についての貸金業法第16条の2第1項に規定する書面（**貸付けに係る契約締結前の書面**）については**交付する義務はない。**

③ 適切である

　「貸付けに関し貸金業者が受け取る書面の内容」は、契約締結前の書面の記載事項ではない（貸金業法16条の2第1項参照）。なお、「貸付けに関し貸金業者が受け取る書面の内容」は契約締結時の書面の記載事項である（貸金業法施行規則13条1項1号ハ）。

④ 適切でない

　「保証人となろうとする者の商号、名称又は氏名及び住所」は、契約締結前の書面の**記載事項ではない**（貸金業法16条の2第1項参照）。

問題 11 契約締結時の書面

正解 1

a 適切である

契約締結時の書面に記載した「貸金業者の商号、名称又は氏名及び住所」を変更した場合、変更後の内容を記載した契約締結時の書面を再交付する必要はない（貸金業法 17 条 1 項、同施行規則 13 条 2 項参照）。

b 適切でない

契約締結時の書面に記載した「各回の返済期日及び返済金額」を変更した場合、その内容が相手方にとって有利か不利かを問わず、常に変更後の内容を記載した契約締結時の書面を再交付する必要がある（貸金業法 17 条 1 項、同施行規則 13 条 2 項 1 号ロ）。

c 適切でない

保証人の追加があった場合、変更後の保証人の商号、名称又は氏名及び住所を記載した契約締結時の書面を再交付する必要がある（貸金業法 17 条 1 項、同施行規則 13 条 2 項 1 号ロ）。

d 適切でない

「期限の利益の喪失の定めがあるときは、その旨及びその内容」を変更した場合、当該変更が相手方に有利になる変更の場合は、契約締結時書面の再交付義務が課されていない（貸金業法施行規則 13 条 2 項 1 号イ）。

問題 12 書面の保存

正解 1

a 適切である

返済能力の調査に関する記録は、当該貸付けに係る契約に定められた最終の返済期日（当該貸付けに係る契約に基づく債権が弁済その他の事由により消滅したときにあっては、当該債権の消滅した日）

又は当該保証契約に基づく債務が消滅した日のうちいずれか早い日までの間保存しなければならない（貸金業法施行規則10条の18第2項2号）。

b 適切である

　加入貸金業者は、貸金業法41条の36第1項及び第2項に規定する同意（指定信用情報機関への信用情報の提供等に係る同意）を得た場合には、内閣府令で定めるところにより、当該同意に関する記録を作成し、当該記録を、当該同意に基づき指定信用情報機関が信用情報を保有している間保存しなければならない（貸金業法施行規則30条の16）。

c 適切でない

　貸金業者は、貸金業法19条の**帳簿**を貸付けの契約ごとに、当該契約に定められた**最終の返済期日**（当該契約に基づく債権が弁済その他の事由により消滅したときにあっては、当該債権の消滅した日）から少なくとも**10年間**保存しなければならない（貸金業法施行規則17条1項）。

d 適切でない

　貸金業者は、**基準額超過極度方式基本契約に該当するかどうかの調査をした場合の記録**をその**作成後3年間**保存しなければならない（貸金業法施行規則10条の27第2項）。

問題 ⑬ 生命保険契約に関する制限等

正解 2

① 適切でない

　貸金業者は、貸付の契約（**住宅資金貸付契約その他の内閣府令で定める契約を除く**）の相手方又は相手方になろうとする者の死亡によって保険金の支払を受けることとなる保険契約を締結しようとする場合には、当該保険契約において、**自殺による死亡を保険事故としてはならない**（貸金業法12条の7）。

② 適切である

　　貸金業を営む者は、貸付けの契約について、公的給付がその受給
権者である債務者等又は債務者等の親族その他の者の預金又は貯金
の口座に払い込まれた場合に当該預金又は貯金の口座に係る資金か
ら当該貸付けの契約に基づく債権の弁済を受けることを目的とし
て、特定受給権者に当該預金又は貯金の払出しとその払い出した金
銭による当該債権の弁済をその預金又は貯金の口座のある金融機関
に委託して行うことを求める行為をしてはならない（貸金業法20
条の2第1項2号）。

③ 適切でない

　　貸金業を営む者は、貸付の契約について、債務者等から当該債務
者等が特定公正証書の作成を**公証人に嘱託することを代理人に委任
することを証する書面**を**取得してはならない**（貸金業法20条1項）。

④ 適切でない

　　貸金業を営む者は、貸付の契約について、債務者等が特定公正証
書の作成を公証人に嘱託することを代理人に委任する場合には、当
該**代理人の選任に関し推薦その他これに類する関与をしてはならな
い**（貸金業法20条2項）。

　問題　14　**行政庁への届出**

　　正解　2

a 届出は不要である

　　日本国外において合弁事業として金銭の貸付けを行うことになっ
た場合に、**届出が必要となる旨の規定は存在しない。**

b 届け出なければならない

　　役員又は使用人に貸金業の業務に関し法令に違反する行為又は貸
金業の業務の適正な運営に支障を来す行為があったことを知った場
合、その日から2週間以内に、その旨を登録行政庁に届け出なけれ
ばならない（貸金業法施行規則26条の25第1項4号）。

c 届け出なければならない

　　特定の保証業者との保証契約の締結を貸付けに係る契約の締結の通常の条件とすることとなった場合には、その日から２週間以内に届け出なければならない（貸金業法施行規則26条の25第１項５号）。

d 届出は不要である

　　貸付けに係る契約に基づく債権を他人に「譲渡」した場合には届出が必要となるが、**譲渡を「受けた」場合には届出は不要である**（貸金業法施行規則26条の25第１項３号）。

問題　⑮　登録の取消し

正解　1

①取り消さなければならない

　　貸金業者は、自己の名義をもって、他人に貸金業を営ませてはならず、これに違反した場合には、その登録を取り消さなければならない（貸金業法24条の6の5第１項４号、12条）。

②必要的取消事由に該当しない

　　純資産額が5,000万円に満たなくなったときは、登録拒否事由に該当するが、登録を取り消さなければならない事由に該当しない。

③必要的取消事由に該当しない

　　取立て制限者に対して貸付けに係る契約に基づく債権を譲渡したときは、登録を取り消さなければならない事由に該当しない。

④必要的取消事由に該当しない

　　貸金業者について破産手続開始の決定があった場合、**その時に貸金業の登録は効力を失うのであって、登録を取り消さなければならないわけではない**（貸金業法10条１項３号、２項）。

問題 16 個人信用情報の提供

正解 4

a 適切でない

　加入貸金業者は、資金需要者である個人の顧客を相手方とする貸付けに係る契約（**極度方式基本契約その他の内閣府令で定めるものを除く**）を締結したときは、遅滞なく、当該貸付けに係る契約に係る**個人信用情報を、加入指定信用情報機関に提供しなければならない**（貸金業法 41 条の 35 第 2 項）。したがって、極度方式基本契約を締結した場合は、個人信用情報を提供する義務はない。

b 適切でない

　勤務先の商号又は名称は、個人信用情報に含まれる情報である（貸金業法施行規則 30 条の 13 第 1 項 5 号）。したがって、**勤務先の商号又は名称の変更の際にはその変更内容を当該加入指定信用情報機関に提供する必要がある**（貸金業法 41 条の 35 第 3 項）。

c 適切である

　運転免許証等の番号は個人信用情報に含まれる（貸金業法施行規則 30 条の 13 第 1 項 6 号）。

d 適切である

　貸金業者は貸付けに係る契約を締結した際に取得した個人信用情報については、取得当日中に指定信用情報機関に提供することを原則とする等に留意するものとされている（監督指針 II − 2 − 14（2）①イ）。

問題 17 利息制限法

正解 4

① 適切でない

　営業的金銭消費貸借上の債務を既に負担している債務者が**同一の債権者**から重ねて営業的金銭消費貸借による貸付けを受けた場合に

おける当該貸付けに係る営業的金銭消費貸借上の利息は、当該**既に負担している債務の残元本の額**と当該**貸付けを受けた元本の額**との**合計額を元本の額とみなす**（利息制限法 5 条 1 号）。本肢では、第一契約として 8 万円を貸し付け、残元本が 5 万円の時点で、第二契約として、5 万円を貸し付けている。したがって、第二契約の元本額は第一契約の残元本 5 万円との合計額である 10 万円であり、利息の約定は 18% を超える部分が無効となる。しかし、**第一契約の利率については影響がないので、18% を超える部分も無効とならず 20% となる。**

② 適切でない

債務者が**同一の債権者**から**同時に** 2 以上の営業的金銭消費貸借による貸付けを受けた場合におけるそれぞれの貸付けに係る営業的金銭消費貸借上の利息は、当該**2 以上の貸付けを受けた元本の額の合計額**を**元本の額とみなす**（利息制限法 5 条 2 号）。本肢では、第一契約として 9 万円を貸し付けると同時に第二契約として 100 万円を貸し付けている。したがって、第一契約及び第二貸付契約の合計額である 109 万円が元本額とみなされるので、第一契約及び第二契約の利息の約定は、年 15% を超過する部分が無効となる。

③ 適切でない

保証料の契約は、**主たる債務の元本に係る法定上限額**から当該**主たる債務について支払うべき利息の額を減じて得た金額**を超えるときは、その**超過部分**について、**無効とする**（利息制限法 8 条 1 項）。本肢での元本 50 万円の上限金利は 18% であり利息と保証料を合わせて 9 万円が上限となる。そして、貸付けの契約の利率が 13% であり、利息は 6 万 5 千円となるため、保証料の上限は 2 万 5 千円となる。

④ 適切である

肢③の解説参照。本肢では、元本が 20 万円であるため法定の上限利率は 18% となり利息は 3 万 6 千円となる。そして、保証料を 8 千円支払っているため、利息は 2 万 8 千円が上限となる。これを

金利に直すと 14％となり、これを超過する部分については無効となる。

問題 ⑱ 利息制限法

正解 1

①適切である

貸金業者は、返済の方式を変更した場合、変更後の内容を記載した契約締結時の書面を再交付しなければならない（貸金業法 17 条 1 項）。これは、貸金業法に基づき貸金業者に交付が義務付けられている書面であるから、当該書面の再交付に要した費用については利息とみなされる。なお、債務者が書面を紛失した等の理由により再発行に要する費用については利息とみなされない（利息制限法施行令 1 条 2 号）。

②適切でない

顧客の要請により**カードを再発行**しその手数料を受領した場合、当該**手数料は利息とみなされない**（利息制限法施行令 1 条 1 号）。

③適切でない

公租公課に充てられるべき費用を顧客から受領した場合、**利息とみなされない**（利息制限法 6 条 2 項 1 号）。

④適切でない

口座振替の方法による弁済において、当該顧客が弁済期に弁済できなかったため、当該**顧客の要請を受けて行った再度の口座振替手続に要した費用**は**利息とみなされない**（利息制限法施行令 1 条 3 号）。

問題 ⑲ 登録の拒否

正解 1

①該当しない

貸金業法、出資法等に違反し、罰金の刑に処せられ、その刑の執行を終わり、又は刑の執行を受けることがなくなった日から5年を経過しない者は、登録の拒否事由に該当するが、**不正競争防止法**に違反して**罰金の刑**に処せられても**登録拒否事由には該当しない**（貸金業法6条1項5号・9号）。

②該当する

　貸金業法第24条の6の4（監督上の処分）第1項の規定により貸金業の登録を取り消された法人において、当該取消しの日前30日以内に当該法人の役員であった者で、その取消しから5年を経過しない者がいる場合、登録は拒否される（貸金業法6条1項3号・9号）。

③該当する

　役員のうちに、禁錮以上の刑に処せられ、その刑の執行を終わり、又は刑の執行を受けることがなくなった日から5年を経過しない者がいる場合、登録は拒否される（貸金業法6条1項4号・9号）。

④該当する

　登録に際し、常務に従事する役員のうちに貸付けの業務に3年以上従事した経験を有する者が必要である（貸金業法施行規則5条の7第1項2号）。

問題 ⑳　廃業等の届出

正解　1

①適切でない

　個人である貸金業者が死亡した場合、その相続人は死亡の事実を「**知った日から**」**30日以内**に、登録行政庁に届け出なければならない（貸金業法10条1項1号）。死亡の日から30日以内に届け出るのではない。

②適切である

　法人である貸金業者が他の貸金業者との合併により消滅した場

第14回

解答解説

合、当該消滅した法人を代表する役員であった者は、その日から30日以内に、その旨を登録行政庁に届け出なければならない（貸金業法10条1項2号）。

③ 適切である

　貸金業者について破産手続開始の決定があった場合、その破産管財人は、その日から30日以内に、その旨を登録行政庁に届け出なければならない（貸金業法10条1項3号）。

④ 適切である

　株式会社である貸金業者が解散した場合、その清算人は、その日から30日以内に、その旨を登録行政庁に届け出なければならない（貸金業法10条1項4号）。

問題 ㉑　サイバーセキュリティ事案

正解　3

① 合致する

　ファイアウォールの設置、抗ウィルスソフトの導入、不正侵入検知システム・不正侵入防止システムの導入は、**入口対策の例**として合致する（監督指針Ⅱ－2－4（1）⑤ハ）。

② 合致する

　特権ID・パスワードの適切な管理、不要なIDの削除、特定コマンドの実行監視等は、**内部対策の例**として合致する（監督指針Ⅱ－2－4（1）⑤ハ）。

③ 合致しない

　システム部門から独立した内部監査部門による実効性のある内部監査、外部監査人による第三者評価は、**入口対策・内部対策・出口対策のどれにも合致しない**。実効性のある内部監査、外部監査人による第三者評価は、システム統合を実施する際のプロジェクトマネジメントの検証に当たっての具体的な着眼点である（監督指針Ⅱ－2－4（1）⑫ル）。

④合致する

　通信ログ・イベントログ等の取得と分析、不適切な通信の検知・遮断は、**出口対策の例**として合致する（監督指針Ⅱ－2－4（1）⑤ハ）。

問題 22　個人顧客の利益の保護に支障を生じることがない契約

正解　4

①該当する

　個人顧客又は当該個人顧客の親族で当該個人顧客と生計を一にする者の緊急に必要と認められる医療費を支払うために必要な資金の貸付けに係る契約であって、当該個人顧客の返済能力を超えないと認められるもの（当該個人顧客が現に当該貸付けに係る契約を締結していない場合に限る）は、「個人顧客の利益の保護に支障を生ずることがない契約」に該当する（貸金業法施行規則10条の23第1項2号）。

②該当する

　現に事業を営んでいない個人顧客に対する新たな事業を行うために必要な資金の貸付けに係る契約であって、事業計画、収支計画及び資金計画の確認その他の方法により確実に当該事業の用に供するための資金の貸付けであると認められ、かつ、当該個人顧客の事業計画、収支計画及び資金計画に照らし、当該個人顧客の返済能力を超えないものは、「個人顧客の利益の保護に支障を生ずることがない契約」に該当する（貸金業法施行規則10条の23第1項5号）。

③該当する

　金融機関からの貸付け（以下「正規貸付け」という）が行われるまでのつなぎとして行う貸付けに係る契約（極度方式基本契約を除く）であって、正規貸付けが行われることが確実であると認められ、かつ、返済期間が1ヵ月を超えないものは、「個人顧客の利益の保護に支障を生ずることがない契約」に該当する（貸金業法施行規則

10 条の 23 第 1 項 6 号)。

④ 該当しない

　個人顧客が外国において緊急に必要となった費用（特定費用）を支払うために必要な資金の貸付けに係る契約として当該個人顧客と貸金業者との間に締結される契約（極度方式基本契約ではないものとする）であって、当該契約が当該個人顧客の返済能力を超えない貸付けに係る契約であると認められ、当該**契約の貸付けの金額が10万円を超えず、返済期間が3ヵ月を超えないもの**は、「**個人顧客の利益の保護に支障を生ずることがない契約**」に該当する（貸金業法施行規則 10 条の 23 第 1 項 2 号の 2）。本肢では、金額が 10 万円を超えており（30 万円）、また、期間も 3 ヵ月を超えている（1年）ので、「個人顧客の利益の保護に支障を生ずることがない契約」に該当しない。

問題 ㉓ 基準額超過極度方式基本契約の調査

正解 2

① 適切である

　「債務者と連絡することができないこと」等の合理的な理由により本件基本契約に基づく新たな極度方式貸付けの停止に係る措置を講じ、かつ当該措置を講じた旨、その年月日及び当該理由が貸金業法 19 条の帳簿に貸付けの契約に基づく債権に関する債務者等その他の者との交渉の経過の記録として記載されているときは、本件調査を行う必要はない（貸金業法施行規則 10 条の 25 第 3 項 3 号ロ）。

② 適切でない

　期間の末日における当該極度方式基本契約に基づく極度方式貸付けの残高（当該極度方式基本契約の相手方である個人顧客と締結している**当該極度方式基本契約以外の極度方式基本契約に基づく極度方式貸付けの残高を含む**）の合計額が **10 万円以下**である場合は、**調査が不要となる**（貸金業法施行規則 10 条の 25 第 3 項 1 号）。本

肢では、「他の極度方式基本契約に基づく極度方式貸付けの残高に
かかわらず」としているため、他の極度方式基本契約に基づく極度
方式貸付けの残高と合算して 10 万円を超える可能性があり、調査
が不要とはいえない。

③ 適切である

　　本件調査を行わなければならない場合、所定の期間の末日から 3
週間を経過する日までに、指定信用情報機関に債務者の個人信用情
報の提供の依頼をしなければならない（貸金業法施行規則 10 条の
25 第 2 項）。

④ 適切である

　　本件調査により、本件基本契約が基準額超過極度方式基本契約に
該当すると認められるときは、本件基本契約が基準額超過極度方式
基本契約に該当しないようにするため必要な本件基本契約の極度額
を減額する措置、又は本件基本契約に基づく新たな極度方式貸付け
を停止する措置を講じなければならない（貸金業法 13 条の 4、同
施行規則 10 条の 29）。

問題 ㉔ 貸付け条件の広告

正解 3

① 適切である

　　貸金業法 15 条（貸付条件の広告等）1 項に規定する「貸付けの
条件について広告をする」とは、同法 15 条 1 項 2 号、同法施行規
則 12 条（貸付条件の広告等）1 項 1 号及び 2 号に掲げる事項（担
保の内容が貸付けの種類名となっている場合にあっては、同法施行
規則 11 条（貸付条件の掲示）3 項 1 号ロの「担保に関する事項」
には当たらない）又は貸付限度額、その他の貸付けの条件の具体的
内容を 1 つでも表示した広告をすることをいう（監督指針 II − 2 −
15（2）①）。

② 適切である

貸金業者は、貸付けの条件について広告をする場合において、貸
　金業者登録簿に登録されたホームページアドレス又は電子メールア
　ドレスを表示するときは、貸金業者登録簿に登録された電話番号を
　併せて表示しなければならない（貸金業法施行規則 12 条 1 項 3 号）。
③適切でない

　　「**期限の利益の喪失の定めがあるときは、その旨及びその内容**」は、
　貸金業者が貸付けの条件について広告をするときに**表示しなければ
　ならない事項ではない**（貸金業法 15 条、貸金業法施行規則 12 条参
　照）。
④適切である

　　貸金業者が、多数の者に対して同様の内容でダイレクトメールを
　送付して貸付けの契約の締結について勧誘をする場合において、そ
　のダイレクトメールに電話番号を表示するときは、貸金業者登録簿
　に登録された電話番号以外のものを表示してはならない（賃金業法
　15 条 2 項）。

問題 25　契約締結時の書面

正解　4

①含まれる

　　「債務者が負担すべき元本及び利息以外の金銭に関する事項」は
　契約締結時書面の記載事項に含まれる（貸金業法施行規則 13 条 1
　項 1 号ニ）。
②含まれる

　　「貸付けに関し貸金業者が受け取る書面の内容」は契約締結時書
　面の記載事項に含まれる（貸金業法施行規則 13 条 1 項 1 号ハ）。
③含まれる

　　「契約上、返済期日前の返済ができるか否か及び返済ができると
　きはその内容」は、契約締結時書面の記載事項に含まれる（貸金業
　法施行規則 13 条 1 項 1 号リ）。

④含まれない

　　「将来支払う返済金額の合計額」は、契約締結時書面の**記載事項**
に含まれるが、「その内訳」は契約締結時書面の**記載事項ではない**（貸
金業法施行規則 13 条 1 項 1 号タ）。

問題 **26** **債権譲渡等の規制**

正解 3

①適切である

　　貸金業者は、貸付けに係る契約に基づく債権を他人に譲渡するに
当たっては、その者に対し、当該債権が貸金業者の貸付けに係る契
約に基づいて発生したことその他内閣府令で定める事項、及びその
者が当該債権に係る貸付けの契約に基づく債権に関してする行為に
ついて貸金業法 24 条 1 項に規定する条項の適用がある旨を、内閣
府令で定める方法により、通知しなければならない（貸金業法 24
条 1 項）。

②適切である

　　貸金業法 17 条に規定する契約（債権）の内容を明らかにする書
面の交付義務は、貸金業者から貸付けに係る契約に基づく債権を譲
り受けた者に準用されている（貸金業法 24 条 2 項）。したがって、
債務者に対して契約の内容を明らかにする書面を交付する義務があ
るのは、債権の譲受人である。

③適切でない

　　貸金業者は、貸付けに係る契約に基づく**債権を譲渡した場合**で
あっても、**帳簿の保存義務は免除されない**（貸金業法 19 条）。

④適切である

　　受取証書の交付義務は、貸金業者から貸付けに係る契約に基づく
債権を譲り受けた者に準用されている（貸金業法施行規則 23 条 1
項）。したがって、債権の譲受人は、当該貸付けに係る契約に基づ
く債権の全部又は一部について弁済を受けたときに、貸金業法 24

条2項により準用される同法18条（受取証書の交付）1項に規定する書面に、当該債権の譲受年月日、当該債権に係る貸付けの契約の契約年月日等を記載し、当該書面を当該弁済をした者に直ちに交付しなければならない。

問題 ㉗ 利息制限法・出資法

正解 4

① 適切である

　金銭の貸借の媒介を行う者が、その媒介に係る貸借の金額の100分の5に相当する金額（貸借の期間が1年未満であるものについては、当該貸借の金額に、その期間の日数に応じ、年5％の割合を乗じて計算した金額）を超える手数料の契約をし、又はこれを超える手数料を受領してはならない（出資法4条1項）。これに違反した者は、3年以下の懲役もしくは300万円以下の罰金に処し、又はこれを併科する（出資法8条3項1号）。

② 適切である

　出資法5条（高金利の処罰）、5条の2（高保証料の処罰）及び5条の3（保証料がある場合の高金利の処罰）の規定の適用については、1年分に満たない利息を元本に組み入れる契約がある場合においては、元利金のうち当初の元本を超える金額は利息とみなす（出資法5条の4第3項）。

③ 適切である

　営業的金銭消費貸借の債権者が保証契約を締結しようとする場合において、主たる債務について既に他の保証契約があるときは、あらかじめ、保証人となるべき者に対し、その旨の通知をしなければならない（利息制限法8条8項）。

④ 適切でない

　営業的金銭消費貸借上の債務の不履行による**賠償額の予定**は、その賠償額の元本に対する割合が**年2割**を超えるときは、その**超過部**

分について、**無効とする**（利息制限法 7 条 1 項）。

問題 ㉘ 制限行為能力者

正解 1

① 適切である

制限行為能力者の相手方は、その制限行為能力者が行為能力者となった後、その者に対し、1 ヵ月以上の期間を定めて、その期間内にその取り消すことができる行為を追認するかどうかを確答すべき旨の催告をすることができる。この場合において、その者がその期間内に確答を発しないときは、その行為を追認したものとみなす（民法 20 条 1 項）。

② 適切でない

被保佐人とは、精神上の障害により**事理を弁識する能力が「著しく不十分」である者**で、本人、配偶者、四親等内の親族、後見人、後見監督人、補助人、補助監督人又は検察官の請求により、家庭裁判所が保佐開始の審判をした者をいう（民法 11 条）。**「精神上の障害により事理を弁識する能力を欠く常況にある者」は成年被後見人**である（民法 7 条）。

なお、被保佐人が借財又は保証をするには、その保佐人の同意を得なければならない（民法 13 条 1 項 2 号）。

③ 適切でない

未成年者が法律行為をするには、その法定代理人の同意を得なければならない。ただし、単に権利を得、又は**義務を免れる法律行為**については、**同意を得る必要はない**（民法 5 条 1 項）。

④ 適切でない

後見人は、被後見人の財産を管理し、かつ、その財産に関する法律行為について被後見人を代理する（民法 859 条 1 項）。しかし、**成年後見人には同意権がないため**、**成年被後見人が同意をした行為**であっても、**取り消すことができる**（民法 9 条参照）。

正解 **3**

① 適切でない

　　委任による代理人は、本人の許諾を得たとき、又は**やむを得ない事由があるときでなければ、復代理人を選任することができない**（民法104条）。したがって、やむを得ない事由があるときは、復代理人を選任することができる。

② 適切でない

　　法定代理人は、**自己の責任**で復代理人を選任することができる。この場合において、**やむを得ない事由**があるときは、本人に対してその**選任及び監督についての責任**のみを負う（民法105条）。

③ 適切である

　　代理権を有しない者がした契約は、本人が追認をしない間は、相手方が取り消すことができる。ただし、契約の時において代理権を有しないことを相手方が知っていたときは、この限りでない（民法115条）。

④ 適切でない

　　他人の代理人として契約をした者は、**自己の代理権を証明したとき**、又は**本人の追認を得たとき**を除き、相手方の選択に従い、相手方に対して**履行又は損害賠償の責任を負う**（民法117条1項）が、①他人の代理人として契約をした者が代理権を有しないことを**相手方が知っていたとき**、②他人の代理人として契約をした者が代理権を有しないことを相手方が過失によって知らなかったとき（ただし、他人の代理人として契約をした者が自己に代理権がないことを知っていたときは、この限りでない）、③他人の代理人として契約をした者が行為能力の制限を受けていたときは、**責任を負わない**（同2項）。

正解 2

① 適切でない

　日、週、月又は年によって期間を定めたときは、**期間の初日は、算入しない**（民法140条）。したがって、本件契約に基づく返済期限は同年11月1日である。

② 適切である

　書面でする消費貸借は、当事者の一方が金銭その他の物を引き渡すことを約し、相手方がその受け取った物と種類、品質及び数量の同じ物をもって返還をすることを約することによって、その効力を生ずる（民法587条の2第1項）。そして、利息を支払う旨の特約があるときは、貸主は、借主が金銭その他の物を受け取った日以後の利息を請求することができる（同589条2項）。したがって、利息の支払義務も、契約の効力が生じ、金銭を貸し付けた10月15日から生じることとなる。

③ 適切でない

　当事者が返還の時期を定めなかったときは、貸主は、「**相当の期間**」を定めて**返還の催告をすることができる**（民法591条1項）。したがって、直ちに返還をしなければならないわけではない。

④ 適切でない

　期間の末日が日曜日、国民の祝日に関する法律に規定する休日その他の休日に当たるときは、その日に取引をしない慣習がある場合に限り、期間は、その「翌日」に満了する（民法142条）。したがって、期間の末日が日曜日に当たる場合において、日曜日に取引をしない慣習があるときは、本件契約に基づく返済期限は、当該期間の末日の翌日である月曜日である。

問題 ㉛ 債権

正解 4

① 適切でない

　債務の履行について不確定期限があるときは、債務者は、その**期限の到来した後に履行の請求を受けた時**又はその**期限の到来したことを知った時**のいずれか早い時から遅滞の責任を負う（民法 412 条2 項）。したがって、期限の到来した後に履行の請求を受けておらず、また、期限の到来を知らない場合は、遅滞の責任を負わない。

② 適切でない

　債権者が、損害賠償として、その債権の**目的である物又は権利の価額の全部の支払を受けたときは、債務者**は、その物又は権利について**当然に債権者に代位する**（民法 422 条）。

③ 適切でない

　金銭の給付を目的とする債務の不履行の損害賠償については、債権者は、**損害の証明をすることを要しない**（民法 419 条2 項）。また、金銭の給付を目的とする債務の不履行の損害賠償については、不可抗力をもって抗弁とすることができない（同3 項）。

④ 適切である

　当事者は、債務の不履行について損害賠償の額を予定することができる（民法 420 条1 項）。また、**賠償額の予定は、履行の請求又は解除権の行使を妨げない**（同2 項）。

問題 ㉜ 保証

正解 3

① 適切でない

　保証債務は、主たる債務に関する利息、**違約金、損害賠償その他その債務に従たるすべてのものを包含する**（民法 447 条1 項）。特約がなくても、当然に主たる債務に関する違約金及び損害賠償を包

合する。

②適切でない

　債権者が主たる債務者に催告をした後であっても、「**保証人**」が**主たる債務者に弁済をする資力があり**、かつ、**執行が容易であることを証明したとき**は、債権者は、まず**主たる債務者の財産**について**執行をしなければならない**（民法453条）。主たる債務者に弁済をする資力があり、かつ、執行が容易であることは、債権者が調査をするのではなく、保証人が証明しなければならない。

③適切である

　債務者が保証人を立てる義務を負う場合には、その保証人は、①行為能力者であること及び②弁済をする資力を有することという要件を具備する者でなければならない（民法450条1項）。そして、保証人が②の要件を欠くに至ったときは、債権者は、要件を具備する者をもってこれに代えることを請求することができる（同2項）が、①の要件が欠けた場合にはこの請求は認められない。いったん有効に保証債務が成立すれば、途中で保証人が制限行為能力者になっても資力に影響を与えるわけではないし、履行ができなくなるわけでもないからである。

④適切でない

　主たる債務者の意思に反して保証をすることも認められている（民法462条2項参照）。なお、この場合、主たる債務者が現に利益を受けている限度においてのみ求償権を有する。

問題 ㉝ 弁済

正解　4

①適切でない

　弁済の費用について**別段の意思表示がないとき**は、その費用は、**債務者の負担**とする。ただし、債権者が住所の移転その他の行為によって弁済の費用を増加させたときは、その増加額は、債権者の負

担とする（民法485条）。

②適切でない

　債務者が同一の債権者に対して同種の給付を目的とする数個の債務を負担する場合において、弁済として提供した給付がすべての債務を消滅させるのに足りないときは、**弁済をする者**は、給付の時に、**その弁済を充当すべき債務を指定することができる**（民法488条1項）。これについて、弁済を受領する者がその充当に対して**直ちに異議を述べることができる旨の規定は存在しない**。なお、弁済をする者が指定をしないときは、弁済を受領する者は、その受領の時に、その弁済を充当すべき債務を指定することができるが、これについては、弁済をする者がその充当に対して直ちに異議を述べることで、法定充当とすることができる旨の規定が存在する（同2項）。

③適切でない

　弁済の提供は、債務の本旨に従って現実にしなければならない。ただし、**債権者があらかじめその受領を拒み**、又は債務の履行について債権者の行為を要するときは、**弁済の準備をしたことを通知**してその**受領の催告**をすれば足りる（民法493条）。

④適切である

　債権者に代位した者は、債権の効力及び担保としてその債権者が有していた一切の権利を行使することができる（民法501条1項）。そして、代位者による権利の行使は、債権者に代位した者が自己の権利に基づいて債務者に対して求償をすることができる範囲内に限り、することができる（同2項）。

問題 ❸❹ 相殺

正解 3

①適切でない

　相殺は、当事者の一方から相手方に対する意思表示によってする。この場合において、その意思表示には、**条件又は期限を付すること**

ができない（民法 506 条 1 項）。

②適切でない

　相殺は、双方の債務の**履行地が異なるときであっても、すること
ができる**。なお、この場合において、相殺をする当事者は、相手方
に対し、これによって生じた損害を賠償しなければならない（民法
507 条）。

③適切である

　二人が互いに同種の目的を有する債務を負担する場合において、
双方の債務が弁済期にあるときは、各債務者は、その対当額につい
て相殺によってその債務を免れることができる。（民法 505 条 1 項）。
ただし、債務者が自ら期限の利益を放棄することは可能であるため、
Ａは、甲債権の弁済期が到来した時点で乙債権についての期限の利
益を放棄して、甲債権と乙債権とを相殺することができる（大判昭
8.5.30）。

④適切でない

　①悪意による不法行為に基づく損害賠償の債務又は②人の生命又
は身体の侵害による損害賠償の債務の債務者は、**相殺をもって債権
者に対抗することができない**（民法 509 条）。

問題 ㉟ 手形法・電子債権法

正解 2

①適切でない

　約束手形には「一定の金額を支払うべき旨の単純な約束」を記載
しなければならず（手形法 75 条 1 項 2 号）、**これに反する記載をし
た場合は、手形自体が無効となる**（有害的記載事項）。したがって、「商
品の受領と引換えに手形金を支払う」旨の記載がある手形自体が無
効となる。

②適切である

　電子記録債権の譲渡は、**譲渡記録**をしなければ、その**効力を生じ**

ない（電子記録債権法 17 条）。

③ 適切でない

　電子記録債務者は、原則として、電子記録債権の債権者に当該電子記録債権を譲渡した者に対する**人的関係に基づく抗弁**をもって当該**債権者に対抗することができない**（電子記録債権法 20 条 1 項）。したがって、Ｂは Ａの債務不履行を理由として契約を解除しても、それを Ｃに主張することができず、Ｃの請求を拒むことはできない。なお、当該債権者が、当該電子記録債務者を害することを知って当該電子記録債権を取得したときは、対抗することができる。

④ 適切でない

　手形により請求を受けた者は、原則として、振出人その他所持人の前者に対する**人的関係に基づく抗弁**をもって**所持人に対抗することができない**。ただし、所持人が債務者を害することを知って手形を取得したときは、対抗することができる（手形法 17 条）。

問題　㊱　無効・取消し・追認

正解　2

① 適切である

　無効な行為は、追認によっても、その効力を生じない。ただし、当事者がその行為の無効であることを知って追認をしたときは、新たな行為をしたものとみなす（民法 119 条）。

② 適切でない

　取り消すことができる行為の追認は、**取消しの原因となっていた状況が消滅し**、かつ、**取消権を有することを知った後**にしなければ、その効力を生じない（民法 124 条 1 項）。したがって、成年被後見人は、行為能力者となり、かつ、取消権を有することを知った後でなければ追認をすることができないが、成年後見人であった者の同意を得る必要はない。

③ 適切である

取り消された行為は、初めから無効であったものとみなす（民法121条）。

④適切である

追認をすることができる時以後に、取り消すことができる行為について、①全部又は一部の履行、②履行の請求、③更改、④担保の供与、⑤取り消すことができる行為によって取得した権利の全部又は一部の譲渡、⑥強制執行があったときは、追認をしたものとみなす。ただし、異議をとどめたときは、この限りでない（民法125条）。

問題 ㊲ 条件

正解 1

①適切でない

債務者が担保を滅失させ、損傷させ、又は**減少させたとき**は、債務者は、**期限の利益を主張する**ことができない（民法137条1項2号）。

②適切である

条件の成否が未定である間における当事者の権利義務は、一般の規定に従い、処分し、相続し、もしくは保存し、又はそのために担保を供することができる（民法129条）。

③適切である

法律行為に始期を付したときは、その法律行為の履行は、期限が到来するまで、これを請求することができない（民法135条1項）。そして、法律行為に終期を付したときは、その法律行為の効力は、期限が到来した時に消滅する（同2項）。

④適切である

解除条件付法律行為は、解除条件が成就した時からその効力を失う（民法127条2項）。

問題 ③⑧ 根抵当権

正解 3

① 適切である

　　根抵当権の担保すべき不特定の債権の範囲は、債務者との特定の継続的取引契約によって生ずるものその他債務者との一定の種類の取引によって生ずるものに限定して、定めなければならない（民法398条の2第2項）。

② 適切である

　　根抵当権の極度額の変更は、利害関係を有する者の承諾を得なければ、することができない（民法398条の5）。

③ 適切でない

　　根抵当権の担保すべき元本については、その確定すべき期日を定め又は変更することができる（民法398条の6第1項）。そして、この期日は、これを定め又は**変更した日から5年以内**でなければならない（同3項）。

④ 適切である

　　債務者又は根抵当権設定者が破産手続開始の決定を受けたときは、根抵当権の担保すべき元本は、確定する（民法398条の20第1項4号）。

問題 ③⑨ 債権譲渡

正解 1

① 適切でない

　　本肢では、債務者Bが債権者Aに対して**確定日付のある証書によらないで承諾**をし、譲受人Cに対して本件**債権の弁済をしている**ため、**この時点で債権は消滅している**。そして、債務者は、対抗要件具備時までに**譲渡人に対して生じた事由をもって譲受人に対抗することができる**（民法468条1項）ので、Bは、既にCに弁済したこ

とを主張して、Dに対する弁済を拒絶することができる。

②適切である

　債権譲渡の通知又は承諾は、確定日付のある証書によってしなければ、債務者以外の第三者に対抗することができない（民法467条2項）。したがって、確定日付のある証書によらない通知と、確定日付のある証書による通知が債務者に到達した場合、確定日付のある証書による通知が優先されるため、DはAD間の債権譲渡をCに対抗することができる（大判大8.3.28）。

③適切である

　二重譲受人双方ともに確定日付のない通知しか具備していない場合、債務者は、いずれの譲受人からの請求も拒めるが、いずれかの譲受人に弁済すれば、その弁済は有効であり、債務者は免責されると解されている。

④適切である

　二重譲受人双方への債権譲渡について、AがBに対して確定日付のある証書による通知をした場合、早く到達した方が優先されるため、CはAC間の債権譲渡をDに対抗することができる（最判昭49.3.7）。

問題 ④⓪ 契約

正解 4

①適切である

　承諾者が、申込みに条件を付し、その他変更を加えてこれを承諾したときは、その申込みの拒絶とともに新たな申込みをしたものとみなす（民法528条）。

②適切である

　契約又は法律の規定により当事者の一方が解除権を有するときは、その解除は、相手方に対する意思表示によってする（民法540条1項）。そして、解除の意思表示は、撤回することができない（同

２項)。

③適切である

契約の性質又は当事者の意思表示により、特定の日時又は一定の期間内に履行をしなければ契約をした目的を達することができない場合において、債務者が履行をしないでその時期を経過したときは、債権者は、履行の催告をすることなく、直ちに契約の解除をすることができる（民法542条１項４号）。

④適切でない

当事者の一方がその解除権を行使したときは、各当事者は、その相手方を**原状に復させる義務を負う**（民法545条１項）。したがって、各当事者は、**未だ履行していない義務があるときはその義務を免れる**が、**既に給付したものがあるとき**は、それを**返還しなければならない**。そして、**金銭を返還するとき**は、その受領の時から利息を付さなければならず（同２項）、**金銭以外の物**を返還するときは、その**受領の時以後に生じた果実をも返還しなければならない**（同３項）。したがって、**現に利益を受けている限度**において相手方にこれを**返還する義務を負うのではない**。

問題 ⑪ 相続

正解 3

①適切である

本肢では、被相続人Ａに子及び直系尊属がいないため兄弟姉妹であるＣは相続人となる（民法889条１項２号）。そして、被相続人の兄弟姉妹が、相続の開始以前に死亡したとき、又は相続欠格事由の規定に該当し、もしくは廃除によって、その相続権を失ったときは、その者の子（甥・姪）がこれを代襲して相続人となる（民法889条２項、87条２項）。しかし、兄弟姉妹の場合は、再代襲相続が認められていないので、Ｃの孫であるＤは相続人とはならない（民法889条２項における887条３項の不準用）。

②適切である

　金銭債務などの可分債務は、相続の開始と同時に法律上は当然に分割され、相続人がそれぞれの相続分に応じて債務を引き継ぐ（最判昭34.6.19）。したがって、Dは、B及びCに対して、当該借入金債務に係るそれぞれの法定相続分の割合に相当する債務の弁済を請求することができる。

③適切でない

　相続人が数人あるときは、限定承認は、**共同相続人の全員が共同してのみこれをすることができる**（民法923条）。

④適切である

　本肢では、被相続人Aの配偶者Bと子Eが相続人となるが、子Eは先に死亡しているため、孫C及びDが代襲相続人となる（民法889条2項）。したがって、配偶者Bが2分の1、孫C及びDがそれぞれ4分の1ずつ相続することになる。

問題 ㊷ 倒産処理

正解 2

①適切である

　破産手続開始の決定があった場合には、破産財団に属する財産の管理及び処分をする権利は、裁判所が選任した破産管財人に専属する（破産法78条1項）。なお、破産手続開始の決定と同時に廃止決定がされる場合、破産手続は終了してしまうので、破産管財人は選ばれない。

②適切でない

　再生債務者（経済的に窮境にある債務者であって、その者について、再生手続開始の申立てがされ、再生手続開始の決定がされ、又は再生計画が遂行されているもの）は、再生手続が開始された後も、**その業務を遂行**し、又は**その財産**（日本国内にあるかどうかを問わない）**を管理**し、もしくは**処分する権利を有する**（民事再生法38

条1項)。

③ **適切である**

　　更生手続開始の決定があった場合には、更生会社の事業の経営並びに財産（日本国内にあるかどうかを問わない）の管理及び処分をする権利は、裁判所が選任した管財人に専属する（会社更生法72条1項）。

④ **適切である**

　　特別清算が開始された場合には、清算人は、債権者、清算株式会社及び株主に対し、公平かつ誠実に清算事務を行う義務を負う（会社法523条）。

問題 ㊸ 個人情報保護法ガイドライン

正解　4

① **適切でない**

　　「**個人情報**」とは、**生存する個人に関する情報**をいうが、「個人に関する情報」とは、氏名、住所、性別、生年月日、顔画像等個人を識別する情報に限られず、個人の身体、財産、職種、肩書等の属性に関して、事実、判断、評価を表すすべての情報であり、評価情報、公刊物等によって公にされている情報や、映像、音声による情報も含まれ、**暗号化等によって秘匿化されているかどうかを問わない**（個人情報保護法ガイドライン通則編2－1）。

② **適切でない**

　　「個人データ」とは、個人情報取扱事業者が管理する「**個人情報データベース等**」を**構成する個人情報**をいう。そして、個人情報データベース等から外部記録媒体に保存された個人情報や個人情報データベース等から紙面に出力された帳票等に印字された個人情報も個人データに該当するが、**個人情報データベース等を構成する前の入力帳票に記載されている個人情報**は、**個人データに該当しない**（個人情報保護法ガイドライン通則編2－6）。

③ 適切でない

　「公表」とは、広く一般に自己の意思を知らせること（不特定多数の人々が知ることができるように発表すること）をいい、公表に当たっては、事業の性質及び個人情報の取扱状況に応じ、合理的かつ適切な方法によらなければならない。そして、自社のホームページのトップページから1回程度の操作で到達できる場所への掲載や**自社の店舗や事務所等、顧客が訪れることが想定される場所におけるポスター等の掲示**、パンフレット等の備置き・配布、通信販売用のパンフレット・カタログ等への掲載等が**公表に該当する**（個人情報保護法ガイドライン通則編2－15）。

④ 適切である

　「提供」とは、個人データ、保有個人データ、個人関連情報、仮名加工情報又は匿名加工情報（以下「個人データ等」という）を、自己以外の者が利用可能な状態に置くことをいう。個人データ等が、物理的に提供されていない場合であっても、ネットワーク等を利用することにより、個人データ等を利用できる状態にあれば（利用する権限が与えられていれば）、「提供」に当たる（個人情報保護法ガイドライン通則編2－17）。

問題　44　消費者契約法

正解　4

① 適切でない

　「適格消費者団体」とは、不特定かつ多数の消費者の利益のために消費者契約法の規定による**差止請求権**を行使するのに必要な適格性を有する法人である消費者団体として、内閣総理大臣の認定を受けた者をいう（消費者契約法2条4項）。しかし、適格消費者団体に**取消権の行使は認められていない**。

② 適切でない

　事業者の債務不履行により消費者に生じた**損害を賠償する責任の**

全部を免除し、又は当該事業者にその責任の有無を決定する権限を付与する条項は、**無効とする**（消費者契約法8条1項1号）。契約を取り消せるのではない。

③ 適切でない

消費者契約の解除に伴う損害賠償の額を予定し、又は違約金を定める条項であって、これらを合算した額が、当該条項において設定された解除の事由、時期等の区分に応じ、当該消費者契約と同種の消費者契約の解除に伴い当該事業者に生ずべき**平均的な損害の額を超えるもの**については、当該**超える部分が無効となる**（消費者契約法9条1号）。条項そのものが無効となるのではない。

④ 適切である

消費者の不作為をもって当該消費者が新たな消費者契約の申込み又はその承諾の意思表示をしたものとみなす条項その他の法令中の公の秩序に関しない規定の適用による場合に比して消費者の権利を制限し又は消費者の義務を加重する消費者契約の条項であって、民法第1条第2項に規定する基本原則に反して消費者の利益を一方的に害するものは、無効とする（消費者契約法10条）。

問題 45 景品表示法

正解 3

① 適切でない

「景品類」とは、顧客を誘引するための手段として、その方法が直接的であるか間接的であるかを問わず、くじの方法によるかどうかを問わず、**事業者が自己の供給する商品又は役務の取引に付随して相手方に提供する物品、金銭その他の経済上の利益であって内閣総理大臣が指定するものをいう**（景品表示法2条3項）。

② 適切でない

「表示」とは、顧客を誘引するための手段として、事業者が自己の供給する商品又は役務の内容又は取引条件その他これらの取引に

関する事項について行う広告その他の表示であって、**内閣総理大臣が指定するもの**をいう（景品表示法2条4項）。

③ 適切である

　事業者は、自己の供給する商品又は役務の取引について、景品類の提供又は表示により不当に顧客を誘引し、一般消費者による自主的かつ合理的な選択を阻害することのないよう、景品類の価額の最高額、総額その他の景品類の提供に関する事項及び商品又は役務の品質、規格その他の内容に係る表示に関する事項を適正に管理するために必要な体制の整備その他の必要な措置を講じなければならない（景品表示法26条1項）。

④ 適切でない

　事業者が、景品表示法第5条の規定（**不当な表示の禁止**）に違反する行為をしたときは、内閣総理大臣は、当該事業者に対し、当該課徴金対象行為に係る課徴金対象期間に取引をした当該課徴金対象行為に係る商品又は役務の政令で定める方法により算定した売上額に100分の3を乗じて得た額に相当する額の**課徴金を国庫に納付することを命じなければならない**（景品表示法8条1項）。しかし、第4条の規定（**景品類の制限及び禁止**）に違反する行為をしたときに、**課徴金の納付を命じなければならない旨の規定は存在しない**。

問題　**46**　**個人情報保護法**

正解　**3**

① 適切である

　個人情報取扱事業者は、個人データを第三者に提供したときは、個人情報保護委員会規則で定めるところにより、当該個人データを提供した年月日、当該第三者の氏名又は名称その他の個人情報保護委員会規則で定める事項に関する記録を作成しなければならない（個人情報保護法29条1項）。そして、個人情報取扱事業者は、この記録を、当該記録を作成した日から個人情報保護委員会規則で定

める期間保存しなければならない（同2項）。

② 適切である

　　個人情報取扱事業者は、第三者から個人データの提供を受けるに
際しては、個人情報保護委員会規則で定めるところにより、①当該
第三者の氏名又は名称及び住所並びに法人にあっては、その代表
者（法人でない団体で代表者又は管理人の定めのあるものにあって
は、その代表者又は管理人）の氏名及び②当該第三者による当該個
人データの取得の経緯の確認を行わなければならない。ただし、当
該個人データの提供が第27条（第三者提供の制限）第1項各号（法
令に基づく場合等）又は第5項各号（合併による承継等）のいずれ
かに該当する場合は、この限りでない（個人情報保護法30条1項）。

③ 適切でない

　　**フランチャイズ組織の本部と加盟店の間で個人データを交換する
場合**は、**第三者提供に該当する**（個人情報保護法ガイドライン通則
編3-6-1）。

④ 適切である

　　個人データの第三者提供についての同意を得る際には、原則とし
て、書面によることとし、当該書面における記載を通じて、①個人
データの提供先の第三者、②提供先の第三者における利用目的、③
第三者に提供される個人データの項目を本人に認識させた上で同意
を得ることとする（金融分野における個人情報保護法ガイドライン
12条1項）。

問題 47　貸付自粛

正解 2

① 適切である

　　貸付自粛とは、本人が、自らに浪費の習癖があることもしくは
ギャンブル等依存症により本人やその家族の生活に支障を生じさせ
るおそれがあることその他の理由により自らを自粛対象者とする旨

又は親族のうち一定の範囲の者が金銭貸付による債務者を自粛対象者とする旨を協会もしくは全銀協センターに対して申告することにより、協会が、これに対応する情報を個人信用情報機関に登録を依頼し、当該情報を登録した個人信用情報機関が、一定期間、当該個人信用情報機関の会員に対して当該情報を提供することをいう（貸付自粛対応に関する規制2条2号）。

② 適切でない

　自粛対象者本人又はその親権者、後見人、保佐人、補助人（ただし、補助人にあっては借財について同意する権限を有する者に限る）は、いつでも、協会に対し、貸付自粛の申告をすることができる（貸付自粛対応に関する規制7条1項）。しかし、自粛対象者の**配偶者又は二親等内の親族**は、**一定の事由に該当する場合**でなければ、**申告をすることができない**（同2項）。

③ 適切である

　配偶者が同意を得ずに自粛対象者についての貸付自粛の申告をした場合、当該対象者はいつでも当該申告を取り消すことができる（貸付自粛対応に関する規則10条2）。

④ 適切である

　協会員は、個人信用情報機関と個人信用情報の提供を受けることに関し契約を締結している場合において、個人顧客との間で貸付けに係る契約（貸金業法施行規則1条の2の3第2号から第5号のいずれかに該当する契約及び極度方式貸付けに係る契約を除く。）を締結しようとするときは、当該個人信用情報機関に対し、貸付自粛情報の提供を求めなければならない（貸付自粛対応に関する規則17条1項）。

問題 48 企業会計原則

正解 4

① 適切でない

株主総会提出のため、信用目的のため、租税目的のため等種々の異なる目的のために**異なる形式の財務諸表を作成する必要がある場合**、それらの内容は、**信頼しうる会計記録**に基づいて作成されたものであって、政策の配慮のために**真実な表示をゆがめてはならない**。これを一般に**単一性の原則**という（企業会計原則一の７）。異なる形式の財務諸表を作成してはならないのではない。

② 適切でない

このような原則はない。なお、資本取引と損益取引を明瞭に区別し、特に資本剰余金と利益剰余金とを混同してはならない。これを**資本利益区別の原則**という（企業会計原則一の３）。

③ 適切でない

このような原則はない。なお、企業会計は、すべての取引につき、正規の簿記の原則に従って、正確な会計帳簿を作成しなければならない。これを一般に**正規の簿記の原則**という（企業会計原則一の２）。

④ 適切である

企業会計は、その処理の原則及び手続を毎期継続して適用し、みだりにこれを変更してはならない。これを一般に**継続性の原則**という（企業会計原則一の５）。

問題 49 貸借対照表原則

正解 1

① 適切である

資産は、流動資産に属する資産、固定資産に属する資産及び繰延資産に属する資産に区別しなければならない。仮払金、未決算等の勘定を貸借対照表に記載するには、その性質を示す適当な科目で表示しなければならない（企業会計原則三の４（一））。

② 適切でない

取引先との通常の商取引によって生じた支払手形、買掛金等の債務及び期限が１年以内に到来する債務は、流動負債に属するものと

する（貸借対照表原則第三の四（二）A）。しかし、**社債、退職給付引当金、特別修繕引当金**は、**固定負債**に属する（企業会計原則三の4（二）B）。

③適切でない

　　資本は、資本金に属するものと剰余金に属するものとに区別しなければならない。資本金の区分には、法定資本の額を記載する。剰余金は、資本準備金、利益準備金及びその他の剰余金に区分して記載しなければならない（企業会計原則三の4（三）A・B）。しかし、**欄外に注記するものとはされていない**。

④適切でない

　　貸借対照表に記載する資産の価額は、原則として、当該資産の**取得原価**を基礎として計上しなければならない（企業会計原則三の5）。

問題　50　損益計算書原則

正解　2

①適切である

　　損益計算書は、企業の経営成績を明らかにするため、一会計期間に属するすべての収益とこれに対応するすべての費用とを記載して経常利益を表示し、これに特別損益に属する項目を加減して当期純利益を表示しなければならない（企業会計原則二の1）。

②適切でない

　　すべての費用及び収益は、その支出及び収入に基づいて計上し、その発生した期間に正しく割り当てられるように処理しなければならない。ただし、**未実現収益**は、原則として、当期の損益計算に**計上してはならない**（企業会計原則二の1A）。

③適切である

　　前払費用及び前受収益は、これを当期の損益計算から除去し、未払費用及び未収収益は、当期の損益計算に計上しなければならない

（企業会計原則二の 1 A）。

④ 適切である

　費用及び収益は、総額によって記載することを原則とし、費用の項目と収益の項目とを直接に相殺することによってその全部又は一部を損益計算書から除去してはならない（企業会計原則二の 1 B）。

MEMO

2024年度版 貸金業務取扱主任者 過去問題集
（平成24年度版 2012年7月1日 初版 第1刷発行）
2024年5月23日 初 版 第1刷発行

編 著 者　Ｔ Ａ Ｃ 株 式 会 社
　　　　　　（貸金業務取扱主任者講座）
発 行 者　多 　田 　敏 　男
発 行 所　Ｔ Ａ Ｃ 株 式 会 社　出版事業部
　　　　　　（ＴＡＣ出版）
〒101-8383
東京都千代田区神田三崎町3-2-18
電話 03(5276)9492（営業）
FAX 03(5276)9674
https://shuppan.tac-school.co.jp
印　　刷　株式会社　光　　　　邦
製　　本　株式会社　常　川　製　本

© TAC 2024　　Printed in Japan　　ISBN 978-4-300-11099-7
N.D.C. 338

貸金業務取扱主任者

全国公開模試

TACの「全国公開模試」は、出題可能性の高い論点を精選して予想問題を出題します。緊張感の中、冷静に問題を読み取り、時間配分、問題の取捨選択を行えるかをトレーニングできる機会としても活用してください。

ココが POINT!

1 本試験レベルの予想問題を出題!

TACの「全国公開模試」は、近年の本試験の出題傾向を徹底分析したうえで、出題可能性の高い論点を精選して出題します。これまでも多くの本試験的中しているTACの全国公開模試を受験し、万全の状況で本試験に望んでください。

2 本試験までの指針となる充実の成績表!

得点分布表では、科目ごとに全体順位が一目でわかり、個人別成績表では、各問ごとに正答率が示されるため、どの問題を優先して復習しなければならないかが明確になり、本試験までの効果的・効率的な学習の指針となります。

3 詳細な解答解説だから復習もスムーズ!

効率的に復習できるよう、解答解説冊子のほか、解答解説講義もWeb配信します。根拠法令などの記載も充実しており、スムーズに復習することができます。

受験方法

◎**会場受験**

〔会 場〕 TAC八重洲校
　　　　　TAC渋谷校
〔実施日〕 2024年
10/6(日)
13:00~15:00

◎**自宅受験**

10月上旬にTACより問題を発送します。
答案提出締切日までに受験し、返送してください。

受験料
（消費税10%込）
¥8,500

「全国公開模試」の詳細は、8月下旬に「TACホームページ」および「全国公開模試パンフレット」でご案内予定です。

直前5点アップ講座 (3時間×2回)

「直前5点アップ講座」では、毎年出題される重要論点や今年度出題が予想される論点を中心に、知識をわかりやすく、覚えやすく整理していきます。当講座を活用して、合格を確実なものとしてください。

当講座の特長!

1 解法テクニックを覚えておけば確実に得点できる問題を押さえていきます!

2 数字の違いが問われる問題は図表で整理!視覚的にも覚えやすく直前チェックに最適です!

3 出題パターンの決まっている問題、上手に知識を整理しておけば確実に得点できる問題を解説していきます!

学習メディア

◎教室講座(TAC八重洲校)
‥‥‥‥‥‥‥‥‥‥‥‥‥‥‥‥‥‥‥11月上旬開講予定

◎Web通信講座
‥‥‥‥‥‥‥‥‥‥‥‥‥‥‥‥‥‥‥10月中旬配信予定

受講料
(教材費・消費税10%込)
¥13,000

「直前5点アップ講座」の詳細は、8月下旬に「TACホームページ」および「直前5点アップパンフレット」でご案内予定です。

TAC出版 書籍のご案内

TAC出版では、資格の学校TAC各講座の定評ある執筆陣による資格試験の参考書をはじめ、資格取得者の開業法や仕事術、実務書、ビジネス書、一般書などを発行しています！

TAC出版の書籍

*一部書籍は、早稲田経営出版のブランドにて刊行しております。

資格・検定試験の受験対策書籍

- ○日商簿記検定
- ○建設業経理士
- ○全経簿記上級
- ○税　理　士
- ○公認会計士
- ○社会保険労務士
- ○中小企業診断士
- ○証券アナリスト

- ○ファイナンシャルプランナー(FP)
- ○証券外務員
- ○貸金業務取扱主任者
- ○不動産鑑定士
- ○宅地建物取引士
- ○賃貸不動産経営管理士
- ○マンション管理士
- ○管理業務主任者

- ○司法書士
- ○行政書士
- ○司法試験
- ○弁理士
- ○公務員試験(大卒程度・高卒者)
- ○情報処理試験
- ○介護福祉士
- ○ケアマネジャー
- ○電験三種　ほか

実務書・ビジネス書

- ○会計実務、税法、税務、経理
- ○総務、労務、人事
- ○ビジネススキル、マナー、就職、自己啓発
- ○資格取得者の開業法、仕事術、営業術

一般書・エンタメ書

- ○ファッション
- ○エッセイ、レシピ
- ○スポーツ
- ○旅行ガイド (おとな旅プレミアム/旅コン)

書籍の正誤に関するご確認とお問合せについて

書籍の記載内容に誤りではないかと思われる箇所がございましたら、以下の手順にてご確認とお問合せをしてくださいますよう、お願い申し上げます。

なお、正誤のお問合せ以外の**書籍内容に関する解説および受験指導などは、一切行っておりません。**
そのようなお問合せにつきましては、お答えいたしかねますので、あらかじめご了承ください。

1 「Cyber Book Store」にて正誤表を確認する

TAC出版書籍販売サイト「Cyber Book Store」の
トップページ内「正誤表」コーナーにて、正誤表をご確認ください。

CYBER TAC出版書籍販売サイト
BOOK STORE

URL：https://bookstore.tac-school.co.jp/

2 1の正誤表がない、あるいは正誤表に該当箇所の記載がない
⇒ 下記①、②のどちらかの方法で文書にて問合せをする

★ご注意ください★

お電話でのお問合せは、お受けいたしません。

①、②のどちらの方法でも、お問合せの際には、「お名前」とともに、

「対象の書籍名（○級・第○回対策も含む）およびその版数（第○版・○○年度版など）」
「お問合せ該当箇所の頁数と行数」
「誤りと思われる記載」
「正しいとお考えになる記載とその根拠」

を明記してください。

なお、回答までに1週間前後を要する場合もございます。あらかじめご了承ください。

---

① ウェブページ「Cyber Book Store」内の「お問合せフォーム」より問合せをする

【お問合せフォームアドレス】

https://bookstore.tac-school.co.jp/inquiry/

---

② メールにより問合せをする

【メール宛先　TAC出版】

syuppan-h@tac-school.co.jp

※土日祝日はお問合せ対応をおこなっておりません。
※正誤のお問合せ対応は、該当書籍の改訂版刊行月末日までといたします。

乱丁・落丁による交換は、該当書籍の改訂版刊行月末日までといたします。なお、書籍の在庫状況等により、お受けできない場合もございます。

また、各種本試験の実施の延期、中止を理由とした本書の返品はお受けいたしません。返金もいたしかねますので、あらかじめご了承くださいますようお願い申し上げます。

（2022年7月現在）